复旦卓越·人力资源管理和社会保障系列教材

人力资源大数据分析

主　编　郑振华　杨　平
副主编　张慧霞　曹　洋　曹　慧
　　　　李晓婷　高宇嵩

复旦大学出版社

内容提要

本书由新道科技股份有限公司与高校开展校企双元合作共同开发，采用活页式教材形式，依据人力资源大数据分析岗位的工作任务和能力清单，引入企业真实业务案例，体现"项目导向、任务驱动"的理念。全书以学生为中心，通过设计个人任务和小组任务等互动环节，设置操作留白环节，引导学生完成从业务理解到分析报告撰写的完整工作流程。

本书在内容架构上，分为基础模块和实践模块。

基础模块侧重介绍人力资源大数据分析的基本理论与通用流程，包含六个项目：认识人力资源大数据分析、人力资源大数据收集、人力资源大数据处理、人力资源大数据分析与挖掘、人力资源大数据可视化，以及数据分析报告的撰写。

实践模块以用友薪道云人力资源大数据系统为平台，围绕真实业务项目开展教学，包括人才盘点、人才需求画像、员工敬业度分析、薪酬评估、绩效分析五个项目，项目下的每项任务均包括任务描述、操作步骤与结果解读三部分。任务描述创设真实工作情境，操作步骤提供具体指导路径，结果解读用于学习评估与反思。

本书可扫码查看操作步骤视频演示。

本书线上学习资料

前言 *Qianyan*

以大智移云为代表的数字化技术带来人力资源管理模式的变革,企业正面临数字化人力资源管理的转型,即综合运用大数据、人工智能、移动通信、云计算等数字技术手段,实现业务全周期自动化管理的人力资源管理新模式。大数据技术则通过收集、整理、提取和处理海量数据,构建更高效、更具人性化的人力资源管理模式,实现人力资源的价值创造。企业对人力资源大数据分析的人才需求快速增长,也促使人力资源管理专业进行数字化升级,更新课程和迭代教材。人力资源管理相关专业的高职学生,需要培养大数据思维,掌握大数据分析流程,利用大数据工具和技术解决实际业务问题,提供数据支持和决策辅助,让数据赋能人力资源价值创造,不断提升个人绩效和组织绩效。

本书将大数据技术引入人力资源管理业务领域,以培养人力资源大数据分析应用能力为目的,介绍人力资源大数据分析的思维、理论、方法、流程、工具、技术,并借助用友新道云为大数据分析系统提供各种典型实际案例。

本书具有以下特点:

第一,采用活页编写。活页式教材是职业教育教学改革的新形态教材,实现了教材的结构化、模块化和重组化。无论是基础篇还是实践篇,都注重理实一体化培养,增加学习互动环节的留白设计,如思考、讨论、个人任务、小组任务等,更加强调将教材变为学材的编排理念。

第二,突出校企合作。与新道科技股份有限公司深度合作,引入企业人力大数据分析系统前沿技术,真实人才盘点、敬业度分析、薪酬评估、人才需求画像业务和数据,全程给予系统服务和技术指导。

第三，符合实际学情。以学习者为中心，符合高职人力资源管理专业学生学情特点，每个任务都有任务描述、操作步骤图文与视频演示、结果解读，满足学生自主学习需求。

第四，紧盯前沿技术。引入目前大数据分析与挖掘的常用方法，如描述性分析、决策树、逻辑回归、聚类分析、线性回归、时间序列、文本挖掘等分析和挖掘方法，培养使用工具软件进行实践操作的能力。

第五，强调实际应用。无论是理论知识还是实际操作，均从理解和运用的角度出发编排内容，训练大数据分析流程的实际应用。

本书编写人员分工如下：北京劳动保障职业学院郑振华、新道科技股份有限公司杨平担任主编，设计提纲、内容并进行统稿；项目一、项目九由郑振华编写，项目二、项目十一由曹洋编写，项目三、项目四由张慧霞编写，项目五、项目六由李晓婷编写，项目七、项目十由曹慧编写，项目八由新道科技股份有限公司原培训讲师高宇嵩编写，操作视频由新道科技股份有限公司杨平制作。

本书出版得到了复旦大学出版社的大力支持，在此表示衷心感谢。本书力求符合高职人力资源大数据分析教学需要和工作需要，但限于编者的水平和经验，书中难免有不当之处，恳请广大读者批评指正。

编　者

2024年5月于北京

目 录

模块一 人力资源大数据分析基础

项目一 认识人力资源大数据分析 ························· 3
工作情境 ··· 3
工作任务 ··· 3
学习目标 ··· 3
任务一 定义人力资源大数据分析 ······················· 4
任务二 初识人力资源大数据分析常用技术及工具 ··········· 7
任务三 体验人力资源大数据分析流程 ····················· 9
任务四 解析人力资源大数据分析应用案例 ················ 15
学以致用 ·· 17
思维导图 ·· 18

项目二 人力资源大数据收集 ···························· 19
工作情境 ·· 19
工作任务 ·· 19
学习目标 ·· 19
任务一 识别人力资源大数据类型 ······················· 20
任务二 区分人力资源大数据来源 ······················· 22
任务三 采集人力资源大数据 ··························· 25
任务四 采集上交所上市公司财报信息 ···················· 33
学以致用 ·· 35

思维导图 ··· 36

项目三　人力资源大数据处理 ·· 37

　　工作情境 ··· 37
　　工作任务 ··· 38
　　学习目标 ··· 38
　　任务一　人力资源数据处理的认知 ·· 39
　　任务二　人力资源管理大数据处理的认知 ······························ 46
　　任务三　大数据处理的实训 ··· 50
　　学以致用 ··· 52
　　思维导图 ··· 53

项目四　人力资源大数据分析与挖掘 ·· 54

　　工作情境 ··· 54
　　工作任务 ··· 54
　　学习目标 ··· 54
　　任务一　认识数据挖掘 ··· 55
　　任务二　认识大数据挖掘技术之决策树 ································· 60
　　任务三　认识大数据挖掘技术之逻辑回归 ····························· 67
　　任务四　认识大数据挖掘技术之聚类分析 ····························· 72
　　任务五　认识大数据挖掘技术之线性回归 ····························· 78
　　任务六　认识大数据挖掘技术之文本挖掘 ····························· 81
　　学以致用 ··· 84
　　思维导图 ··· 85

项目五　人力资源大数据可视化 ·· 86

　　工作情境 ··· 86
　　工作任务 ··· 86
　　学习目标 ··· 86
　　任务一　认识数据可视化 ·· 87
　　任务二　制作可视化图表 ·· 90
　　学以致用 ··· 97
　　思维导图 ··· 98

项目六　数据分析报告撰写 · 99

工作情境 · 99

工作任务 · 99

学习目标 · 99

任务一　认识数据分析报告 · 100

任务二　撰写数据分析报告 · 104

学以致用 · 107

思维导图 · 108

模块二　人力资源大数据分析实践

项目七　人才盘点 · 111

工作情境 · 111

工作任务 · 112

学习目标 · 112

任务一　人才盘点业务理解 · 113

任务二　人才盘点数据收集 · 117

任务三　人才盘点数据预处理 · 119

任务四　人才盘点数据可视化分析 · 119

任务五　人才盘点数据分析与挖掘 · 121

任务六　人才盘点分析报告撰写 · 125

学以致用 · 126

思维导图 · 127

项目八　人才需求画像 · 128

工作情境 · 128

工作任务 · 130

学习目标 · 130

任务一　人才需求画像业务理解 · 131

任务二　人才需求画像数据收集 · 132

任务三　人才需求画像数据预处理 · 135

任务四　人才需求画像数据可视化分析 · 136

任务五　人才需求画像数据分析与挖掘 · 138

任务六　人才需求画像分析报告撰写 · 139

学以致用 · 140

思维导图 … 141

项目九　员工敬业度分析 … 142

工作情境 … 142

工作任务 … 142

学习目标 … 143

任务一　员工敬业度业务理解 … 143

任务二　员工敬业度数据收集 … 147

任务三　员工敬业度数据预处理 … 153

任务四　员工敬业度数据可视化分析 … 154

任务五　员工敬业度数据分析与挖掘 … 157

任务六　员工敬业度分析报告撰写 … 158

学以致用 … 159

思维导图 … 161

项目十　薪酬评估 … 162

工作情境 … 162

工作任务 … 163

学习目标 … 163

任务一　薪酬评估业务理解 … 164

任务二　薪酬评估数据收集 … 167

任务三　薪酬评估数据预处理 … 169

任务四　薪酬评估数据可视化分析 … 171

任务五　薪酬评估数据分析与挖掘 … 175

任务六　薪酬评估分析报告撰写 … 177

学以致用 … 178

思维导图 … 179

项目十一　绩效分析 … 180

工作情境 … 180

工作任务 … 181

学习目标 … 182

任务一　绩效分析业务理解 … 183

任务二　绩效数据收集 … 190

任务三　绩效数据预处理 … 192

任务四　绩效数据可视化分析 ………………………………………………… 193
任务五　绩效数据分析与挖掘 ………………………………………………… 194
任务六　绩效分析报告撰写 …………………………………………………… 198
学以致用 ………………………………………………………………………… 199
思维导图 ………………………………………………………………………… 200

参考文献 ………………………………………………………………………… 201

模块一　人力资源大数据分析基础

项目一

认识人力资源大数据分析

🔍 工作情境

大数据技术已得到广泛应用,数字化人力资源管理已成为当前的热点,企业对人力资源大数据分析人才的需求日益增长。什么是人力资源大数据?如何对人力资源大数据进行分析?人力资源大数据分析在企业人力资源管理中如何应用?企业对人力资源大数据分析人才的要求有哪些?这些是人力资源大数据分析相关工作岗位从业人员需要解决的问题。

🔍 工作任务

利用后羿采集器等数据采集工具爬取并分析你感兴趣的人力资源管理从业人员的岗位薪资数据,体验人力资源大数据分析的流程。

学习目标

知识目标

1. 了解并能陈述大数据的概念、特征及应用;
2. 理解并能解释人力资源大数据的概念;
3. 掌握人力资源大数据分析岗位职责及能力要求;
4. 掌握人力资源大数据分析的流程;
5. 了解人力资源大数据分析常用技术及工具,重点掌握常用的应用类工具;
6. 了解人力资源大数据分析的应用案例。

能力目标

① 能利用非编程类的大数据分析工具完成一个大数据分析的完整流程，能对大数据分析结果进行解释和展示；
② 能搜集大数据分析岗位招聘信息，并将岗位职责及能力要求与个人进行对比分析；
③ 能搜集人力资源大数据分析的应用案例，并能利用 AI 技术进行案例加工，制作成视频。

素质目标

① 培养解决人力资源管理领域问题的大数据思维，能对人力资源管理业务问题进行理解转化；
② 培养对新技术的好奇心、敏感性和学习力；
③ 培养解决问题的思维和能力，建立流程思维；
④ 培养沟通表达能力，能简洁、明晰地表达数据分析结果。

任务一　定义人力资源大数据分析

北美著名猎头公司 SourceCon 曾举办一场别开生面的行业竞赛，要求参赛者从 5 500 份真实简历中，筛选出最匹配公司要求的 3 个职位的人选。参与此次竞赛的除了北美地区最顶尖的 8 名猎头，还有一台能够进行人工智能匹配的机器人 Brilent。这个机器人只用了 3.2 秒就筛选出了合适的候选人，精确度在参赛者中排名第三；而获得第一的那名猎头用了整整 25 个小时。如果你是这家公司的老板，你愿意花费更高的薪酬聘请一个顶尖猎头用 3 个工作日的时间完成这次招聘，还是愿意让 Brilent 帮你呢？人工智能（AI）和大数据的关系十分紧密，简单来说，数据是人工智能系统的动力源，"秒筛"的 AI 技术其实是基于简历的大数据分析。

一、什么是大数据

（一）大数据的定义

在维克托·迈尔-舍恩伯格及肯尼思·库克耶编写的《大数据时代》中提到，大数据指不用随机分析法（抽样调查）这种捷径，而采用对所有数据进行分析处理的方法。高德纳咨询公司（Gartner Group）给出了这样的定义，"大数据"是因具有海量、高增长率和多样化等特征而需要新处理模式，以具备更强决策力、洞察力和流程优化能力的信息资产。麦肯锡全球研究院在《大数据：创新、竞争和生产力的下一个前沿》中指出，大数据是指大小超出了传统数据库软件工具的抓取、存储、管理和分析能力的数据群。我国国务院在 2015 年发布的《促进大数据发展行动纲要》中指出,大数据是以容量大、类型多、存取速度快、应用价值高为主要特征的数据集合,正快速发展为对数量巨大、来源分散、格式多样的数据进行采集、存储和关联分析,从中发现新知识、创造新价值、提升新能力的新一代信息技术和服务业态。

从以上大数据的定义,我们会发现大数据是在互联网的发展中应运而生的,与传统的数据具有很大的不同,其数量巨大,导致对数据的采集、存储和分析需要新的处理模式,更重要的是洞察数据间的关联,发现其中的价值,从而提供决策服务。

【小组任务】 请采用"旋转木马谈话法"表达和倾听大数据在实际工作或生活中应用的案例,最终由小组代表汇总本组案例并发言。

1-1-1 旋转木马谈话法

(二) 大数据的特点

业界普遍认为大数据具有"5V"的特征,即规模性(Volume)、高速性(Velocity)、多样性(Variety)、真实性(Veracity)、价值性(Value),见图1-1。

Volume 指的是大数据的规模。随着科技的发展,数据呈指数级增长。大数据的特点就是数据量非常庞大,远远超过了传统数据处理方法的能力。大数据的处理需要借助分布式计算和存储技术,如 Hadoop 和云计算等。

Velocity 指的是数据的产生和传输速度。现代社会中,数据的产生速度非常快,这主要归因于社交媒体和物联网设备的广泛使用。大数据需要实时或近实时地处理和分析这些高速产生的数据,以便及时做出决策、应对变化。

Variety 指的是数据的种类和格式的多样性。大数据不仅包括结构化数据(如数据库中的表格数据),

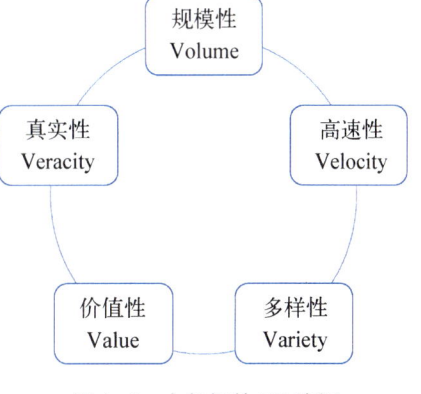

图1-1 大数据的5V特征

而且包括非结构化数据(如文本、图像、音频、视频等)。大数据处理需要能够分析各种类型和格式的数据,以获取更全面的信息。

Veracity 指的是数据的准确性和可信度。大数据中可能存在着大量的噪声(错误和不准确的数据)。在处理大数据时,需要对数据进行清洗、验证和校正,以确保数据的真实性和可靠性。

Value 指的是从大数据中提取出有用信息,发挥大数据的价值。大数据的价值在于能够通过分析和挖掘数据,发现隐藏在数据中的模式、趋势和关联性,从而为决策和创新提供支持。同时大数据也具有价值密度低的特征,数据无处不在、无时不在,每一秒钟都产生大量数据,但真正有价值的数据却需要经历大浪淘沙才能得到。

(三) 传统数据与大数据的区别

传统数据主要来源于业务运营支撑系统、企业管理系统等,比如财务收入、业务发展等结构化数据。大数据主要来源于互联网、移动互联网等,比如图片、文本、音频、视频等非结构化数据。

(四)大数据思维

大数据时代要求人们具有以下四种大数据思维。

总体思维要求转变原有的样本思维。大数据是基于所有数据,而非小样本数据。

容错思维要求转变原有的精确思维。在小数据时代,我们习惯了抽样。由于抽样从理论上讲结论就是不稳定的,为保证抽样得出的结论相对靠谱,人们对抽样的数据精益求精,容不得半点差错。大数据时代,因为我们采集了全样数据,而不是一部分数据,数据中的异常、纰漏、疏忽、错误都是数据的实际情况,其结果是最接近客观事实的。

相关思维要求转变原有的因果思维。大数据出现之前,人们比较重视因果关系,因为没有办法通过有限的数据推测出一系列相关关系。但是大数据出现之后,人们可以通过相关思维来了解到更多的相关信息,因此人们不再局限于对因果关系的追求。

智能思维要求转变原有的自然思维。AI已经融入各个行业,冰冷、简单的机器已经不能满足人们的需要。AI可以对数据进行更全面、更好的分析,在很多方面也有突破性的进展,能够模拟人脑对事物做出判断。

二、什么是人力资源大数据分析

(一)人力资源大数据

人力资源大数据是在信息技术和互联网技术发展的背景中产生的,可动态反映组织及其个人的行为、关系或状态,并能够用于宏微观层面人力资源管理研究的海量数据集。其外部渠道主要是招聘网站,内部渠道主要包括HR系统实时数据、个人绩效数据、培训与职业发展数据和内部沟通获得的数据。

(二)人力资源大数据分析

人力资源大数据分析是充分运用大数据技术和其他数据处理技术,获取和分析包括人力资源大数据在内的一切有价值的数据,并将其转化为与人力资源管理相关的商业洞察,用于指导人力资源管理实践,最终实现商业价值提升的人力资源管理模式。

三、人力资源大数据分析岗位职责及要求

【个人任务】 每人从招聘网站搜索三个人力资源大数据分析岗位的职责及要求。示例见表1-1。

表1-1 人力资源大数据分析岗位示例

岗位:人力资源大数据分析
职位描述: 1. 深入了解客户需求,为人力资源部门客户提供相应数据支持及决策依据;   2. 负责数据、报告、图表的需求支持;   3. 利用统计数据对人力数据进行处理和分析,输出人力分析常规报告及专题洞察报告,支持和优化管理者决策;   4. 挖掘人力资源数据价值,提供分析支持、完成数据可视化呈现并进行应用指导。   任职要求: 1. 本科及以上学历,人力资源、心理学、统计学、计算机等相关专业优先;   2. 对数据敏感,细致,有逻辑化及概念化思维;   3. 有数据统计、报表分析等相关工作经验者优先。

【小组任务】 小组对岗位要求的关键词进行汇总,通过制作词云图进行可视化分析和展示。

任务二 初识人力资源大数据分析常用技术及工具

大数据分析的技术和工具可以分为大数据采集、大数据存储与管理、大数据预处理、大数据分析与挖掘、大数据可视化等。一般的大数据分析平台都会包括这些流程。最流行的是基于 Hadoop 开源的大数据分析平台。这是一个开发和运行处理大规模数据的软件平台,实现了在大量计算机组成的集群中对海量数据的分布式计算,即把一组计算机通过网络相互连接,组成分散系统,然后将需要处理的大量数据分散成多个部分,交由分散系统内的单台计算机同时计算,最后将这些计算结果合并,得到最终的结果。

一、大数据分析常用技术

(一) 大数据采集

大数据采集是通过多种渠道如网络、业务系统、感知设备等获得结构化、半结构化及非结构化的海量数据的过程。主要采集方法如下。

1. 数据库采集

传统企业会用关系型数据库 MySQL 和 Oracle 等存储数据,随着大数据时代的到来,非关系型数据库 NoSQL 也常用于数据的采集。企业通过在采集端部署大量数据库,如员工信息管理、招聘测评、绩效管理、培训与发展等方面的数据库,来完成大数据采集工作。

2. 系统日志采集

系统日志采集主要是收集公司业务平台日常产生的大量日志数据。例如,采集员工的工作习惯、使用偏好、绩效表现等行为数据,采集员工的登录及活动记录,采集工作流程数据,以发现瓶颈和问题等。

3. 网络数据采集

网络数据采集是指通过网络爬虫(Web crawler)或网站公开 API 等方式从网站上获取数据信息的过程。例如,用网络爬虫可以自动抓取各大招聘网站上的招聘信息,再将其整理成结构化数据,并进一步分析和筛选。这大大提升了招聘的效率,还能减少人为错误的出现,为人力资源管理者提供更准确、全面的信息支持。

需要注意的是,在使用网络爬虫技术时,需要遵守相关法律法规和隐私政策,确保数据的合法性和安全性;同时,对收集到的数据进行适当的数据清洗和处理,以保证数据的质量和可用性。

4. 感知设备数据采集

感知设备涵盖传感器、摄像头和其他智能终端,能够自动采集信号、图片或录像来获取数据。例如,在面试过程中,可以通过感知设备数据采集来评估应聘者的能力和表现。通过语音识别技术提取应聘者的语言内容,通过视频分析技术提取应聘者的面部表情和动作等信息。这些数据可以与预设的标准进行比较,或者与其他应聘者的数据进行比较,得出评估结果。同时,也可以将评估结果及时反馈给应聘者,以便他们了解自己的表现和需要改进的地方。

（二）大数据存储与管理

大数据存储与管理技术是用于存储和管理大数据的技术，具有高可扩展性、高可靠性、高性能、实时性等特点，能处理多样化的数据类型。大数据存储技术主要包括分布式存储技术、NoSQL 数据库、对象存储、冷存储等。

1. 分布式存储技术

分布式存储技术是将数据分散到多个独立的节点上，通过网络进行连接和访问。这种技术可以提供高可用性、高可靠性和高性能的数据存储服务。

2. NoSQL 数据库

NoSQL 数据库是一种非关系型数据库，它不依赖于传统的关系型数据库模型，而是采用键值对、文档、列式存储等模型来存储数据。NoSQL 数据库具有高性能、可扩展性和灵活性等特点，适用于大数据场景。

3. 对象存储

对象存储是一种基于对象的存储技术，它将数据和元数据一起存储在一个对象中。对象存储具有高可用性、高可靠性和可扩展性等特点，适用于大量非结构化数据的存储。

4. 冷存储

冷存储是一种将数据备份到离线存储设备上的技术，如磁带库、光盘库等。冷存储具有低成本、高可靠性和安全性等特点，适用于需要长期保存的数据。

（三）大数据预处理

大数据预处理是大数据处理流程中的重要环节，主要依托数据清洗、数据集成、数据变换和数据规约等技术来实现。

1. 数据清洗

数据清洗的手段有填补缺失值、平滑噪声数据、处理或删除离群点、纠正数据不一致问题。对于缺失的数据，可以依据变量的分布特性和重要性采用不同的方法处理。

2. 数据集成

大数据处理常常涉及数据集成，即将来自多个数据源（如数据库、数据立方、普通文件等）的数据，结合在一起并形成一个统一的数据集合，以便为数据处理工作的顺利完成提供完整的数据基础。

3. 数据变换

数据变换就是将数据进行转换或归并，从而构成一个适合数据处理的描述形式。

4. 数据规约

在数据预处理过程中，我们常常需要进行数据规约，以降低数据的复杂性，同时保留其原始数据的特性。

（四）大数据分析与挖掘

大数据分析挖掘技术是利用统计学、机器学习、人工智能等理论和技术，从大量数据中提取有用信息和知识的过程，这些技术和方法可以帮助我们更好地理解和应用大数据，挖掘数据内在价值，为决策提供支持。常见的大数据分析与挖掘方法主要包括回归分析、决策树、支持向量机、关联分析、聚类分析、因子分析、判别分析、神经网络等。

（五）大数据可视化

大数据可视化是一种将大量数据转化为视觉形式的过程，能让人们更容易地理解和分析数据。大数据可视化的主要目的是将复杂的数据以直观、易于理解的方式呈现，从而帮助用户更好地利用数据。在大数据可视化的过程中，通常会使用各种图表、图形、图像等视觉元素来展示数据关系和趋势。例如，人力资源管理仪表盘是为企业领导及高管提供的人才分析系统，它打破了数据隔离，实现了人才数据的流通、分析及可视化；通过详尽的仪表盘界面，可实时反映企业人才状态，将采集的数据形象化、直观化、具体化，仪表盘还可以展示人员结构、招聘数据、离职数据、考勤数据、薪酬数据等，帮助管理者更好地了解人力资源状况，为决策提供支持。

二、大数据分析常用工具

大数据分析流程常用以下几类工具，如大数据采集工具、大数据存储管理工具、大数据预处理工具、大数据分析与挖掘工具、大数据可视化工具。具体见表1-2。此外，大数据分析中常用的计算机编程语言工具有 Python、R、Java 等。

表 1-2　大数据分析流程常用工具

大数据分析流程	工　　具
大数据采集	数据库采集系统 如 MySQL、Oracle、NoSQL 等
	系统日志采集系统，如 Flume、Logstash、Sqoop、Kafka 等
	网络爬虫工具，如八爪鱼、后羿采集器、火车头等
大数据存储管理	大数据存储如谷歌的 GFS 和 Hadoop 的 HDFS，大数据管理最常用的是 HBase
大数据预处理	如 Kettle、Informatica、Datastage 等
大数据分析与挖掘	如 RapidMiner、Oracle Data Mining、IBM SPSS Modeler、Stata 等
大数据可视化	如 Excel、SPSS、Power BI、Tableau 等软件，镝数图表等网站

【个人任务】　下载安装后羿采集器、Power BI、Tableau 等工具进行试用，熟悉基本操作和使用方法。

任务三　体验人力资源大数据分析流程

人力资源大数据分析流程主要包括业务理解、数据收集、数据预处理、数据分析与挖掘、数据可视化，最终可以通过分析报告呈现分析结果。作为人力资源管理专业的学生，你的理想月薪是多少呢？你了解人力资源从业人员的月薪吗？知己知彼，方能在日后就业时有正确认知。在此，以理想月薪和实际月薪对比分析为例，介绍人力资源大数据分析的流程。

一、业务理解

人力资源大数据分析必须与业务紧密结合，围绕业务需求明确待解决的问题，通过数据洞察和分析问题,才能发挥数据的最大价值。例如,H 公司深入分析城市经理目前的绩效状况,通过比较绩优与绩差城市经理的行为差异,探寻城市经理绩效差异的影响因素。基于大数据分析与挖掘的手段,H 公司不仅分析了城市经理发展面临的问题,还提出了针对性的人才管理优化建议。这就需要搞清楚人力资源管理各个模块中哪个问题可能造成上述绩效差异。根据各个模块的常见问题,列举几个与 H 公司城市经理绩效行为与人才发展策略相关的问题。

二、数据收集

以人力资源管理专业学生理想月薪和实际月薪的数据收集为例,介绍内部数据和外部数据收集。

(一)搜索招聘网站薪酬数据

以拉勾网为例,注册登录网站后,通过筛选关键词搜索招聘数据,如职位"人力资源",工作地点"北京",行政区"不限",工作经验"3 年及以下",学历要求"大专",见图 1-2。

图 1-2 拉勾网筛选招聘信息界面

(二)利用后羿采集器爬取薪酬数据

将按关键词筛选后的网址复制到后羿采集器的网址采集框后,点击"智能采集",网站会自动识别不同数据并按列呈现,如岗位名称、薪酬要求、工作经验、行业领域、公司规模等;点击"开始采集",会自动爬取网站上的数据,如图 1-3 所示;还可以根据需要选择筛选要爬取的数据,可以将不需要的字段点右键直接删除,只保留岗位和薪酬所在的字段。

(三)导出爬取数据

数据爬取完成后,可以导出数据,默认导出文件类型是 Excel 格式,如图 1-4 所示。

三、数据预处理

无论收集的是内部数据还是外部数据,均需要通过数据的审核及处理方能进入下一步的分析流程。

图 1-3 后羿采集器界面

	A	B
1	标题	p-bom__J1Nur
2	人力资源[朝阳区]	4k-8k经验不限 / 大专
3	人力资源专员[朝阳区]	6k-12k经验不限 / 大专
4	人力资源主管[朝阳区]	10k-20k经验不限 / 大专
5	人力资源系统管理[古城]	6k-9k经验不限 / 大专
6	人力资源专员[东小口]	5k-8k经验1-3年 / 大专
7	人力资源专员[李桥]	5k-10k经验1-3年 / 大专
8	人力资源主管/经理[望京]	15k-30k经验3-5年 / 大专
9	人力资源主管[通州区]	8k-10k经验5-10年 / 大专
10	人力资源实习生[朝阳区]	3k-4k经验在校/应届 / 大专
11	人力资源专员（背景调查）[建国门]	6k-8k经验1-3年 / 大专
12	人力资源专员[海淀区]	4k-8k经验不限 / 大专
13	人力资源实习生[望京]	3k-6k经验不限 / 大专
14	人力资源经理[朝阳区]	6k-12k经验3-5年 / 大专
15	人力资源管理咨询顾问[昌平区]	12k-18k经验1-3年 / 大专
16	人力资源实习生[朝阳区]	3k-6k经验不限 / 大专
17	人力资源内勤[海淀区]	5k-6k经验1-3年 / 大专
18	056136-行政综合岗（派遣）[丰台区]	6k-8k经验1-3年 / 大专

图 1-4 招聘数据导出 Excel 界面

（一）数据清洗

数据清洗包括缺失值处理、噪声数据处理、格式内容处理及逻辑错误处理。爬取的薪酬数据中会有无关的文本，如工作经验、学历等，需要通过数据清洗进行筛选。在 Excel 软件中，可以通过"数据"—"分列"操作实现。选择薪酬所在列，点击"数据"—"分列"，点击"下一步"后在对话框内选择"其他"，方框内填写"经"，便可以将薪酬数据与其他多余文本分开。数据分列后的界面如图 1-5 所示。

	A	B	C	D
1	标题	p-bom__J1Nur		
2	人力资源[朝阳区]	4k-8k	验不限	大专
3	人力资源专员[朝阳区]	6k-12k	验不限	大专
4	人力资源主管[朝阳区]	10k-20k	验不限	大专
5	人力资源系统管理[古城]	6k-9k	验不限	大专
6	人力资源专员[东小口]	5k-8k	验1-3年	大专
7	人力资源专员[李桥]	5k-10k	验1-3年	大专
8	人力资源主管/经理[望京]	15k-30k	验3-5年	大专
9	人力资源主管[通州区]	8k-10k	验5-10年	大专
10	人力资源实习生[朝阳区]	3k-4k	验在校/应届	大专
11	人力资源专员（背景调查）[建国门]	6k-8k	验1-3年	大专
12	人力资源专员[海淀区]	4k-8k	验不限	大专
13	人力资源实习生[望京]	3k-6k	验不限	大专
14	人力资源经理[朝阳区]	6k-12k	验3-5年	大专
15	人力资源管理咨询顾问[昌平区]	12k-18k	验1-3年	大专
16	人力资源实习生[朝阳区]	3k-6k	验不限	大专
17	人力资源内勤[海淀区]	5k-6k	验1-3年	大专
18	056136-行政综合岗（派遣）[丰台区]	6k-8k	验1-3年	大专

图 1-5　数据分列后的界面

（二）数据转换

数据分列后的薪酬数据尚不能用于分析，因为 5k 并不是数值型数据，需要再次进行分列，然后通过"查找替换"的方式将 k 替换为空值，从而只保留数值，如图 1-6 所示。

	A	B	C
1	标题	低值	高值
2	人力资源[朝阳区]	4	8
3	人力资源专员[朝阳区]	6	12
4	人力资源主管[朝阳区]	10	20
5	人力资源系统管理[古城]	6	9
6	人力资源专员[东小口]	5	8
7	人力资源专员[李桥]	5	10
8	人力资源主管/经理[望京]	15	30
9	人力资源主管[通州区]	8	10
10	人力资源实习生[朝阳区]	3	4
11	人力资源专员（背景调查）[建国门]	6	8
12	人力资源专员[海淀区]	4	8
13	人力资源实习生[望京]	3	6
14	人力资源经理[朝阳区]	6	12
15	人力资源管理咨询顾问[昌平区]	12	18
16	人力资源实习生[朝阳区]	3	6
17	人力资源内勤[海淀区]	5	6
18	056136-行政综合岗（派遣）[丰台区]	6	8

图 1-6　数据转换结果

四、数据分析与挖掘

在大数据分析与挖掘中，数据分析包括描述性分析、诊断性分析、预测性分析和指导性分析，数据挖掘包括回归、分类、聚类、关联等方法。在此任务中使用的是描述统计的分析方法。

由于薪酬数据并非单一数值,而是数据区间,存在低值和高值,因此选用组中值作为一般水平,最终计算平均值为 10.67k。用同样方法计算平均的理想月薪为 11.70k,如图 1-7 所示。

	A	B	C	D	E	F	G
1	标题	低值	高值	组中值		平均月薪	10.67
2	人力资源[朝阳区]	4	8	6			
3	人力资源专员[朝阳区]	6	12	9			
4	人力资源主管[朝阳区]	10	20	15			
5	人力资源系统管理[古城]	6	9	7.5			
6	人力资源专员[东小口]	5	8	6.5			
7	人力资源专员[李桥]	5	10	7.5			
8	人力资源主管/经理[望京]	15	30	22.5			
9	人力资源主管[通州区]	8	10	9			
10	人力资源实习生[朝阳区]	3	4	3.5			
11	人力资源专员(背景调查)[建国门]	6	8	7			
12	人力资源专员[海淀区]	4	8	6			
13	人力资源实习生[望京]	3	6	4.5			
14	人力资源经理[朝阳区]	6	12	9			
15	人力资源管理咨询顾问[昌平区]	12	18	15			
16	人力资源实习生[朝阳区]	3	6	4.5			
17	人力资源内勤[海淀区]	5	6	5.5			
18	056136-行政综合岗(派遣)[丰台区]	6	8	7			

图 1-7 数据分析结果

五、数据可视化

在此以 SPSS 软件和镝数图表网站为例,介绍实际薪酬数据的可视化。

(一) SPSS 软件数据可视化

根据薪酬数据的组中值可以绘制图表,由于组中值是定量数据,可以选择直方图(见图 1-8)、箱图(见图 1-9)等呈现。通过"分析"—"描述统计"—"探索",选择合适的"图"即可。

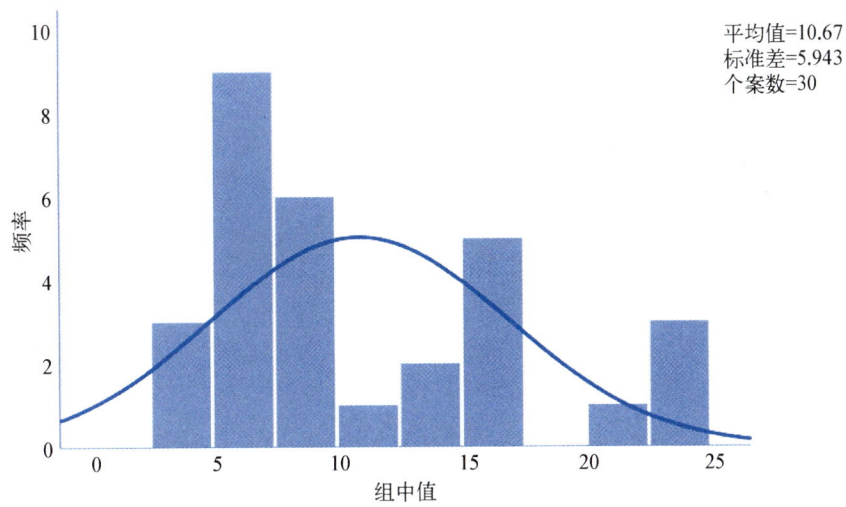

图 1-8 薪酬直方图

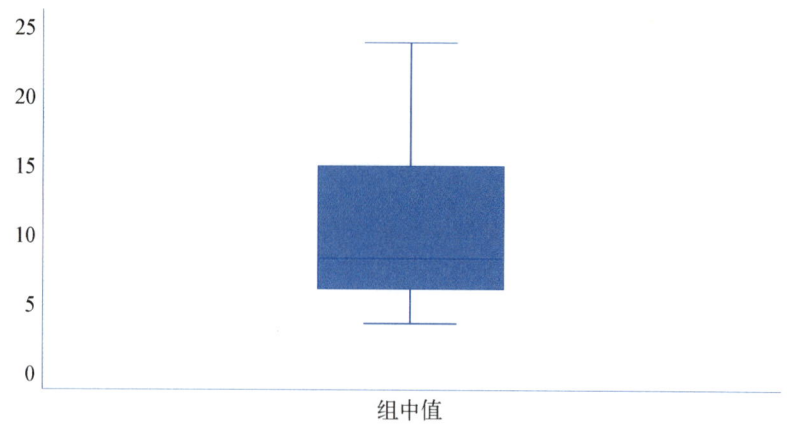

图 1-9　薪酬箱图

(二) 镝数网站数据可视化

首先,注册登录镝数图表网站(https://dycharts.com),其界面如图 1-10 所示。

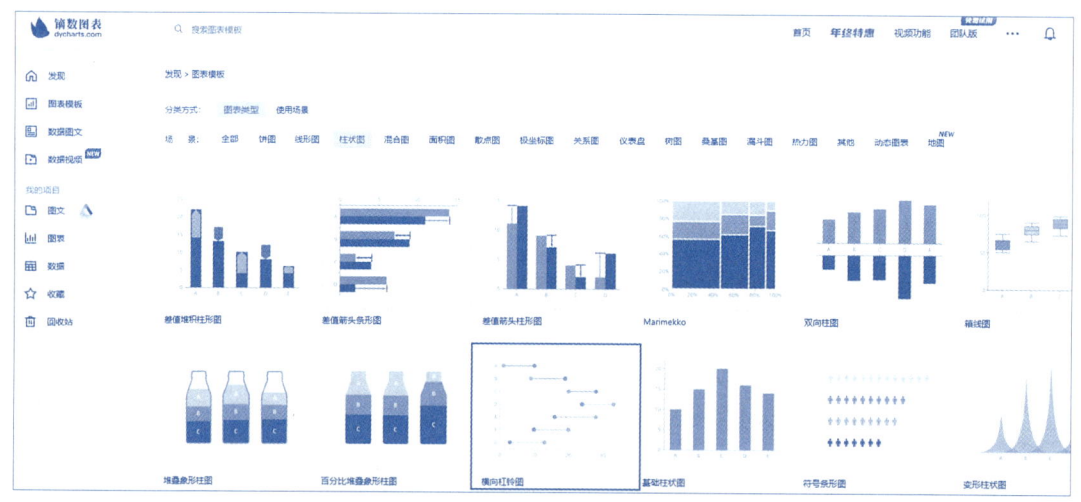

图 1-10　镝数图表网站界面

其次,选择图表模板,网站提供了众多模板,可以根据图表类型和使用场景(比较、趋势、占比、分布、流向、层次)选择不同的图表。在此,根据薪酬数据的低值和高值选择横向杠铃图。

再次,点击"编辑数据",复制 Excel 中的薪酬数据后,按住"Ctrl+v"进行粘贴,然后对图表进行编辑,如标题、单位、图例、颜色等,即可得如图 11-1 所示的镝数图表设置界面。

最后,输出分析结果,通常以分析报告形式呈现。本任务相对简单,只需要初步体验大数据分析流程。经分析:同学们的理想月薪和实际月薪均在 1 万元以上,且理想月薪略高于实际月薪。可见,大家对未来工作的薪酬有理性认知,既不好高骛远,也不妄自菲薄。

【个人任务】　针对自己就业意向的岗位,通过后羿采集器收集数据进行分析,输出可视化图表,写出分析结论。

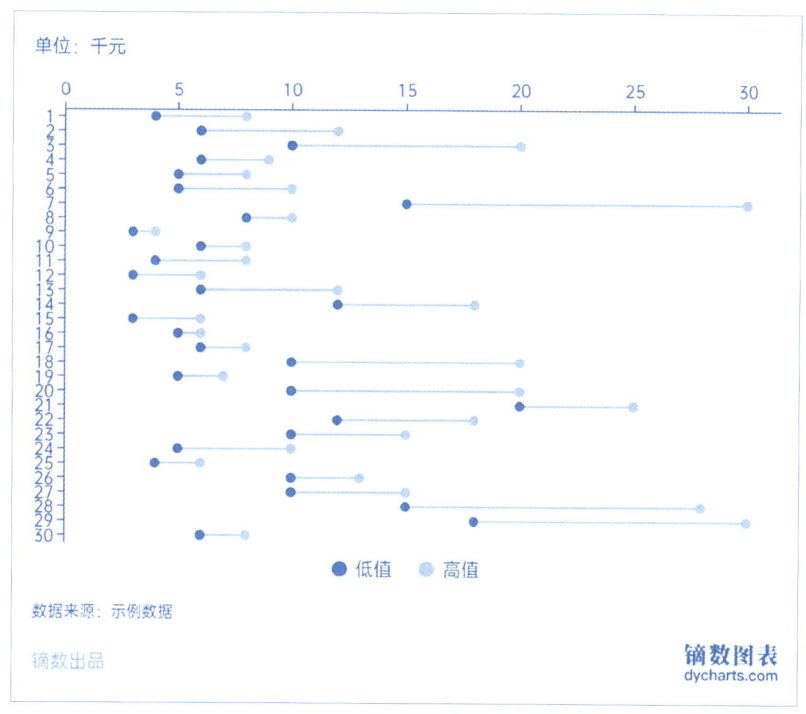

图 1-11 镝数图表设置界面

任务四 解析人力资源大数据分析应用案例

人力资源大数据分析应用在宏观和微观领域中,如就业指数、招聘简历筛选、人才测评、离职预测等方面,实现了数字化人力资源管理的转型。大数据正在赋能人力资源价值创造,提高组织和个人的绩效。

通过人力资源大数据分析可以优化招聘流程,企业可以更准确地了解各职位的招聘需求和趋势,从而提高招聘效率。例如,利用大数据分析,企业可以预测未来的人才需求,提前进行招聘准备,减少临时招聘的压力。通过对员工绩效数据的分析,企业可以更清楚地了解员工的优势和不足,为他们提供更有针对性的培训和发展机会。通过分析大数据,企业可以更准确地了解市场薪酬水平和员工福利需求,从而制订更有竞争力的薪酬和福利方案。通过对员工社交媒体数据的分析,企业可以更深入地了解员工的情感和价值观,从而更好地管理员工关系。通过大数据分析,企业可以获得更加全面和准确的人力资源数据支持,为人力资源决策提供更加科学和可靠的依据。

一、基于智联招聘网站的 CIER 指数

CIER 指数即中国就业市场景气指数,由中国人民大学中国就业研究所与智联招聘联合发布,旨在反映我国就业市场的整体走势及景气程度。该指数通过不同行业、城市职位供需指标的动态变化,来反映劳动力市场上职位空缺与求职人数的比例变化,进而实现对中国就

业市场景气程度变化的监测。计算方法是：CIER指数＝市场招聘需求人数/市场求职申请人数。当CIER指数大于1时，表明就业信心较高；当CIER指数小于1时，说明就业信心偏低；CIER指数越大则就业市场的景气程度越高。

2023年第三季度，智联招聘基于平台大数据及职场人问卷调研，发布《2023年三季度人才市场热点快报》。报告显示：第三季度专业服务/咨询行业招聘需求扩张，多数行业人才缺口环比扩大；中介服务、物流/仓储的CIER指数排名上升；暑期旅游市场掀起热潮，带动旅游业招聘职位数同比增长28.3%。招聘职位数占比前十的行业与第二季度一致，专业服务/咨询、互联网/电子商务、房地产/建筑/建材/工程依然位居前三。其中，专业服务/咨询行业招聘职位数占比从第二季度的12.2%提高到14.5%。原因在于，一方面，经济恢复期企业用工谨慎，通过外包形式降本增效成为众多企业的需求；另一方面，较为灵活的外包工作形式被越来越多企业接受，带动了专业服务/咨询行业的发展。

2023年第三季度，CIER指数排名前十的行业，与第二季度也保持一致。同时，除娱乐/体育/休闲外，其他行业CIER指数均环比上升，人才缺口较第二季度有所扩大。

其中，中介服务行业的CIER指数由第二季度的2.62升至第三季度的3.61，排名升至第三位；物流/仓储行业的CIER指数由第二季度的1.99升至第三季度的3.09，排名升至第四位。中介服务行业以房产中介为主，第三季度以来，促进房地产市场平稳发展的利好政策不断释放，带动市场交易有所回升，行业人才缺口有所扩大。暑期消费旺季则带动物流/仓储行业用人需求回升，人才缺口也随之增加。

二、用友的员工离职预测

大数据在离职预测方面的应用可以帮助企业更好地了解员工的离职倾向和原因，从而采取有效措施来降低离职率，提高员工留存率。

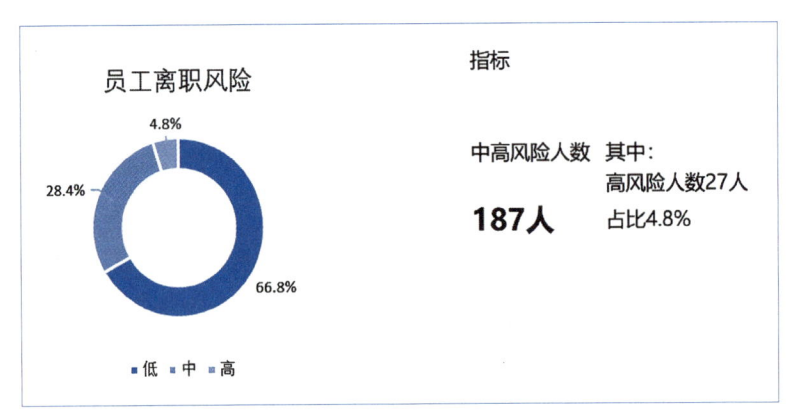

图1-12　用友人力云的员工离职预测界面

如图1-12所示，用友人力云的员工离职预测功能，能帮助企业科学地进行离职风险概率预测，实现核心人才的保留，促进组织持续健康发展。人力云通过员工基本情况、绩效数据、个人发展及薪酬福利情况、敬业度情况，洞察员工离职风险；还可以识别考勤变化等异常行为为数据，用多维度数据对员工离职进行预测，基于离职概率高、中、低风险等级情况与九宫格分析结果，为业务决策提供有力支持。系统支持离职预测模型DIY，对于重点关注人才，可以调整影响员工离职的关键因素,例如改变出差频率、调整涨薪幅度、提供升职空间等,探索员工留用最佳方案,便于后续与员工开展保留谈话。不同类型、不同发展阶段的企业对于离职风险的敏感程度不尽相同,同样的离职率对于一家互联网企业而言可能是中风险,但对于一家传统制造集团而言就是高风险。

在用友人力云系统中,可以灵活配置员工离职风险高、中、低对应的阈值,从而给予企业管理者更符合企业现状的风险提示与分析结果。管理者不仅应该了解特定员工的离职风险,更需要掌握组织离职风险全貌。用友人力云通过环状图、九宫格等形式,清晰呈现员工离职预测概率及九宫格分布情况,全盘展现企业中离职中高风险的人数及占比。系统可以全面分析离职影响因素,展现影响全组织样本离职率的前15项影响因素,帮助管理者了解哪些因素是促使人才流失的关键点,提早采取应对措施做出改进。

学 以 致 用

一、单选题

1. 非结构化数据不包括（　　）。
   A. 文本　　　　　B. 图像　　　　　C. 表格数据　　　D. 音频
   E. 视频
2. 数据采集系统不包括（　　）。
   A. MySQL　　　　B. Tableau　　　　C. Oracle　　　　D. NoSQL
3. 删除数据离群点这种数据预处理技术属于（　　）。
   A. 数据清洗　　　B. 数据集成　　　C. 数据变换　　　D. 数据规约
4. 冷存储是一种将数据备份到离线存储设备上的技术,如磁带库、光盘库等。冷存储不具有（　　）的特点。
   A. 低成本　　　　B. 高可靠性　　　C. 安全性　　　　D. 可扩展性
5. 数据可视化的工具不包括（　　）。
   A. MySQL　　　　B. Tableau　　　　C. Power BI　　　D. Excel

二、多选题

6. 大数据的特点包括（　　）。
   A. 数量大　　　　B. 速度快　　　　C. 多样性　　　　D. 真实性
   E. 价值大
7. 数据预处理主要包括（　　）。
   A. 数据收集　　　B. 数据清洗　　　C. 数据集成　　　D. 数据变换
   E. 数据规约
8. 大数据的思维包括（　　）。
   A. 总体思维　　　B. 容错思维　　　C. 因果思维　　　D. 相关思维
   E. 智能思维
9. 大数据采集的主要来源有（　　）。
   A. 数据库采集　　　　　　　　　　B. 系统日志采集

C. 网络数据采集　　　　　　　　D. 感知设备数据采集
E. 抽样调查

10. 大数据存储技术主要包括(　　　)。

A. 分布式存储技术　　　　　　　B. NoSQL 数据库
C. 对象存储　　　　　　　　　　D. 热存储
E. 冷存储

参考答案

1. C　2. B　3. A　4. D　5. A　6. ABCDE　7. BCDE　8. ABDE　9. ABCD　10. ABCE

思 维 导 图

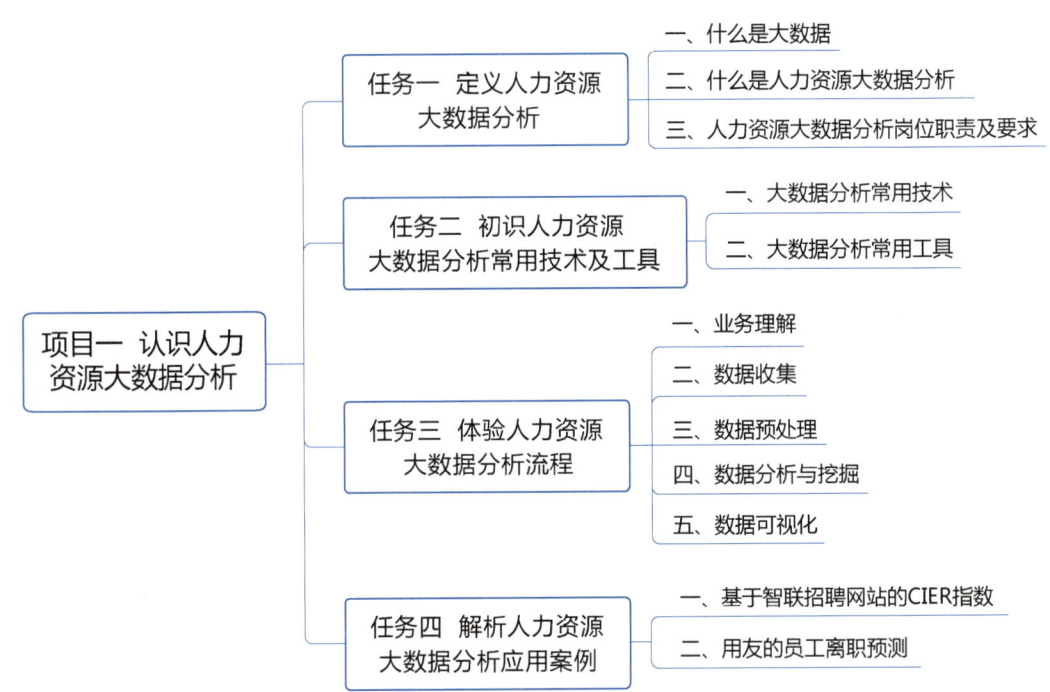

项目二

人力资源大数据收集

🔍 工作情境

根据预测，到 2025 年，全球年存储数据量将达 180ZB。面对如此海量的数据，我们需要清楚数据如何收集与存储。传统数据来源单一，数据量较小，类型单一，易于收集；而大数据的来源更为广泛，数据量极大，只有采用合适的方法才能高效地完成数据的采集、存储与管理任务。

🔍 工作任务

科学、合法、合理地采集人力资源数据。

学习目标

知识目标

① 了解企业内外部数据来源；
② 掌握数据采集的常用方法和人力资源数据采集的应用场景；
③ 熟练掌握调查问卷的设计方法；
④ 熟悉爬取数据的工具，学会使用八爪鱼等爬虫工具；
⑤ 熟练掌握企业数据采集的流程和方法。

能力目标

① 能熟练使用不同的数据采集方法采集相关数据；
② 能制作调查问卷收集数据；
③ 能使用八爪鱼、Python 等工具爬取收据；

④ 能熟练进行单企业、多企业财务报表数据收集。

素质目标

① 业务不同，大数据类别也不同，学习运用马克思主义辩证法；
② 数据来源有内外，培养全面看待事物的观点；
③ 掌握数据采集方法，培养大国工匠科学精神；
④ 进行数据采集实战，培养实干精神。

任务一 识别人力资源大数据类型

数据采集是每个数据分析项目的第一个步骤。数据采集质量决定后续处理流程是否顺利。数据采集即采用合适的方法和工具收集相应的数据，以供分析问题使用。

根据人力资源大数据业务需求的不同，人力资源大数据可分为招聘相关数据、培训相关数据、绩效相关数据、薪酬与福利相关数据、劳动关系相关数据、组织发展相关数据、人才盘点相关数据等。

一、招聘相关数据

招聘数据采集的内容一般包括两方面：一是岗位信息，如岗位名称、职位描述、工作地点、薪资水平等；二是公司信息，如公司名称、公司简介、所在地、成立时间等。这些数据的常见来源及渠道有人才网站及App（如前程无忧、智联招聘、猎聘网）、传统人才市场或招聘会、微信公众号、微信朋友圈、微信小程序，还有领英、脉脉等职场社交平台，就业BBS，乃至人才需求单位网站。

二、培训相关数据

培训就是通过培养加训练使受训者掌握某种技能。与培训相关的数据主要有培训人次、内部培训人次、外部培训人次、内部培训费用、外部培训费用、岗前培训费用、岗位培训费用、脱产培训费用、人均培训费用、培训费用占薪资比、平均培训满意度、培训测试通过率等。

三、绩效相关数据

绩效管理与数据分析息息相关，企业形成大量的绩效量化考核的数据后，必须对绩效结果进行考核与改进，做出合理的评估，并持续改进。绩效相关数据主要有绩效工资总额、工资总额、员工绩效考核结果等。

四、薪酬与福利相关数据

薪酬管理是企业整体人力资源管理体系的重要组成部分。企业薪酬与福利相关数据主要包括员工基础信息(绩效等)、员工薪酬(人均工资、增长率等)、薪酬满意度(结构、增速、水平等)、行业市场信息和市场薪资信息(不同行业薪酬水平、不同地区薪酬水平、同行业头部企业薪酬水平)等。

五、劳动关系相关数据

劳动关系是指劳资双方的关系,与劳动关系相关的数据主要涉及劳动合同签订比例、员工投诉比例、解决争端的平均时间等。

六、组织发展相关数据

组织发展是一个包含数据采集、诊断、行为规划、干预和评价的系统过程,致力于增强组织结构、进程、战略、人员和文化之间的一致性,开发新的创造性的组织解决方法,以及提升组织的自我更新能力。与组织发展相关的数据包括全员劳动生产率、人均销售收入、人均净利润等。

七、人才盘点相关数据

人才是指具有一定的专业知识或专门技能,进行创造性劳动并对社会做出贡献的人,是人力资源中能力和素质较高的劳动者。人才是我国经济社会发展、企业市场竞争的第一资源。在企业经营决策过程中,需要时刻关注企业员工的一些基本数据,如人数、工作经历、知识技能、学历、职称、职业资格、业绩考核结果、获奖情况、心理健康、身体健康、奖惩情况、流动率等。一般从公司的人力资源管理系统员工基本信息库采集这些数据。

【个人任务】 收集并填写七个类别的人力资源大数据。

序号	数据类别	数 据 实 例	备 注
1	招聘数据		
2	培训数据		
3	绩效数据		
4	薪酬与福利数据		
5	劳动关系数据		
6	组织发展数据		
7	人才盘点数据		

任务二　区分人力资源大数据来源

人力资源大数据的来源包括业务数据源和行为数据源,通常有两种渠道:一种是企业内部数据来源,是指从企业自身获取数据,包括企业信息管理系统、部门上报数据、部门调查数据等;另一种是企业外部数据来源,是指从企业外部开辟的数据来源,包括政府公开数据、企业发布数据、人力资源行业网络数据及公共社交网络数据。如图2-1所示。

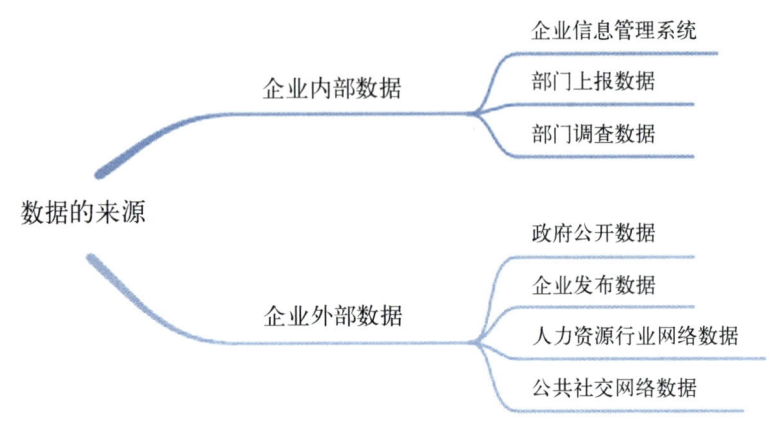

图 2-1　数据来源

一、企业内部数据来源

(一) 企业信息管理系统

1. 人力资源管理系统

人力资源管理系统是人力资源数据采集的首要来源,伴随员工在企业的全生命周期。从招聘面试开始,人员的数据就进入了人力资源管理系统,无论是绩效结果还是培训学习,每位员工在企业的行为信息都以数据的形式存储至人力资源管理系统。第一,它是一种数据保存系统,当需要调用人员数据时,人力资源管理系统是数据的核心来源;第二,它能高效处理信息,将所有信息集中在一个系统,不仅可以提高准确性,还可以节省时间;第三,它能支撑公司战略,人力资源管理系统实时跟踪推进人力和业务所需的数据。

人力资源管理系统包括招聘测评系统、培训管理系统、人事档案系统、绩效考核系统和薪酬管理系统,各个子系统涉及以下数据。

(1) 招聘测评系统涉及的数据有招聘漏斗统计、招聘费用及成本、招聘效果评估、员工简历、笔试记录、测评结果等。

(2) 培训管理系统涉及的数据有培训计划与计划完成情况、培训预算与预算完成情况、培训实施情况、培训效果评估、员工职业发展与成长状况、员工盘点信息(人力资源数量、质量与结构、关键人才、人才梯队建设情况)等。

(3) 人事档案系统涉及的数据有员工信息花名册(姓名、学历、工龄、年龄、婚姻状况、健康状况、性别、特长)、员工变动信息(入职、离职、调动、转正、晋升、关键人才流动)、其他档案信息、劳动纠纷状况、员工满意度、员工敬业度等。

(4) 绩效考核系统涉及的数据有考核指标评分(关键绩效指标KPI、行为指标、能力指标等)、考核结果(分数、等级、总结、评价)、其他相关数据(考勤、考评调整、晋升与职务变动程序、违纪处理程序等)。

(5) 薪酬管理系统涉及的数据有员工工资奖金核算表,人工成本费用情况(总量、结构、劳动报酬水平、关键人才薪酬、人事费用)、内外部薪酬调研、人力投资回报(人力投资回报率、人均产出、劳动生产率)等。

2. 财务管理系统

财务管理系统主要用于企业财务管理。它以会计业务为基础,进行总账管理。

3. 客户关系管理系统

客户关系管理系统以客户管理为中心,涉及订单管理、合同管理、客户跟进管理、客户信息记录、客户利润管理、供应商管理、渠道商管理等多个模块。从这里可以获得大量客户全生命周期不同阶段的数据。

4. OA系统

OA系统,即办公自动化系统。它利用现代化信息技术代替办公人员传统的部分手动或重复性业务活动,优质而高效地处理办公事务和业务信息,实现对信息资源的高效利用,进而达到提高生产率、辅助决策的目的。

(二) 部门上报数据

这是获得数据的简易渠道,在总公司层面,只需要发布数据需求通知,各分公司或部门就会按照要求填报数据,收集数据的速度较快。但这种方法的缺点是数据质量参差不齐,特别是数据格式、数据类型容易出错,造成后期数据整理和清洗花费大量时间。同时,各分公司或部门上报的部分数据存在主观偏差,需要谨慎对待。物联网系统是获取部门上报数据的重要新兴途径,其以机器设备为媒介,通过专用设备来获取数据。物联网系统包括智能仪表、智能设备、视频监控系统等。

(三) 内部调查数据

人力资源部通常会使用访谈和问卷调查来收集内部数据,后者如薪酬满意度调查、培训需求调查、岗位价值分析调查等。通过问卷的形式采集数据,也是一种简便有效的方式。

二、企业外部数据来源

(一) 政府公开数据

政府公开数据,如公开出版的社会经济数据,是企业获取高质量外部数据的一个重要渠道。例如,通过《中国统计年鉴》,企业可以获取国家层面工资统计数据;再如,通过北京市人力资源和社会保障局网站,企业可以获取北京市人力资源和社会保障局的工作年报。

(二) 企业发布数据

通过上市公司发布的年报,也可以获取一部分数据。比如,通过年报数据可以知道企业的营业总收入、净利润、人工成本、劳动生产率等。常规意义上的上市公司是行业标杆企业,企业可以对标上市公司年报上的数据,通过分析对比获知自身在行业中的水平。一般可通过上海证券交易所、深圳证券交易所、全国中小企业股份转让系统等网站下载上市公司年报。当然,财经网站(如新浪财经、东方财富网、证券之星、和讯财经等)也会公布数据。

(三) 人力资源行业网络数据

人力资源行业网络数据包含行业商业调查数据、网络招聘平台发布的数据、线上劳动力外包平台发布的数据。这些数据能够更好地匹配人力资源的需求。

1. 人力资源行业商业调查数据

它是指咨询公司通过调查收集整理的人力资源相关数据。通过咨询公司可以获取高端人才数据、行业薪酬数据、业务趋势数据等,这类数据通常较为精准。比如,一些招聘网站和咨询公司通过调查编制的年度薪酬报告,就非常符合企业的需要,可以直接用来对标,进行内外部薪酬的比较分析。国际国内较为知名的专业商业调查公司有美世、怡安翰威特、韦莱韬悦、光辉国际、中智咨询等。通常来讲,人力资源行业商业调查数据需要购买才能获得,知名咨询公司编制的调查报告更是价格不菲。如果资金有限,则可以购买专注于本行业的新兴咨询公司的调查数据或者利用行业资源获得大型招聘网站对客户开放的调查数据。最近互联网还兴起了一些晒工资的网站和软件,借助网络的力量,人们上传自己的工资数据,供其他人查询和参考。这些数据的可信度值得商榷,但也具备一定的参考价值。

2. 网络招聘平台发布的数据

网络招聘平台的兴起,使以往的现场招聘逐渐转移到在线平台,并带来了个人简历、招聘单位需求信息以及雇佣双方匹配信息三方面的数据。比较知名的网络招聘平台包括智联招聘、拉勾网、Boss直聘、猎聘、脉脉等,各平台因定位差异,在数据类型、质量与服务侧重上有所不同。例如,智联招聘属于传统网络招聘领域,用户基数大,拥有海量活跃简历。拉勾网聚焦互联网专业领域招聘,简历质量比较高,可以提供大量互联网公司技术、运营方向的人才数据。Boss直聘侧重互联网强交互招聘,采用企业老板和求职者直接对话的方式,创业企业人才数据丰富。猎聘属于互联网领域线上猎头,可以提供中高端人才数据。此外,脉脉依托社交平台实现实名制招聘,可以提供中高级别人才数据。

3. 线上劳动力外包平台发布的数据

传统的劳动力外包是指把人事管理的部分或全部工作外包给一个服务机构来完成。而线上的劳动力外包则包罗万象,不仅包含灵活用工、劳务派遣、人事代理、税务代办、猎头、校园招聘等,而且囊括法律服务、物业服务、安保服务等。通过线上劳动力外包平台,可以获得大量与人力资源工作任务相关的数据,如劳务派遣成本、行业人力成本数据、外部行业人才数据等。常见的在线劳动力外包平台包括猪八戒网、阿里众包、Upwork、MTurk等。

(四) 公共社交网络数据

公共社交网络数据包括社交网站发布的数据、在线社区发布的数据。通过社交网站或在线社区获得的人力资源数据,更多的是非结构化数据,即难以用"行"与"列"在"平面"的数据集中描述的数据。但是从社交网站和在线社区得到的数据,真正显示了社交网络作为数据源的价值。

1. 社交网站发布的数据

社交网站作为在线内容创造与传播的平台,是人们用来分享意见、见解、经验和观点的工具,如微信、QQ、微博、博客、抖音、脸书、X等。从这些社交网站上可以获得大量用户发布的非结构化数据,企业可以通过行为模型把数据用于人力资源领域的人才画像、劳动关系管理等方面。

2. 在线社区发布的数据

在线社区是个体在工作和生活中遇到问题时寻求解答的网站、论坛等。具有代表性的在线社区有知乎、豆瓣、果壳、贴吧等。在线社区提供了员工行为偏好的数据。例如,员工在在线社区的行为表现数据,可以帮助系统判别其实际职业行为是否与其个人描述的职业愿景相符,进而判断其真实职业倾向。通过员工在专业论坛上的时间段和时间长短,可以判别他工作的时间规律。依据人类行为语言学,将员工在在线社区的抽象言行转换为对应的性格特点,依据数据进行性格匹配,也是现在的热点研究方向。

【个人任务】 根据图示填写人力资源大数据来源思维导图。

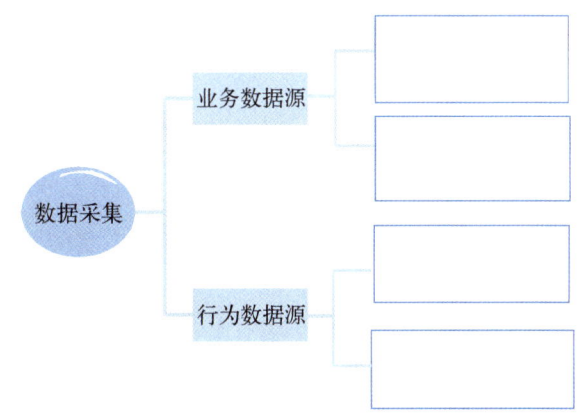

任务三 采集人力资源大数据

数据采集工作的流程一般是:明确数据驱动目标—选择数据采集工具和手段—按需采集数据。

在采集数据时,企业可以主动从人力资源管理系统获取数据,主要有两种方法。第一种方法是在人力资源管理系统内整理数据,按照需求将数据导出至指定的区域。导出时按照基础数据表及字段导出,例如,员工姓名、薪资等级、地址、部门名称、请假、福利等。同时,注意数据导出的格式是否兼容本地系统,一般将数据导出到Excel表格中,便于数据迁移。第二种方法无须从人力资源管理系统导出,直接使用系统生成所需的数据报告(部分软件可以实现)。部门上报的数据既是数据来源,也是一种数据采集方法,而对于内部调查数据来源和企业外部数据来源,常用的数据采集方法主要有调查法、爬虫工具及计算机程序语言爬取三大类。调查法是采集数据中最基础、应用最为广泛的方法,能在短时间内同时调查很多对象,获取大量资料,并能对资料进行量化处理,经济省时。但是也存在被调查者出于种种原因对问题做出虚假或错误回答的情况。而利用爬虫工具可以解决采集数据的数量、形式问题,最关键的是普及的爬虫工具降低了数据采集门槛。Python作为一种计算机程序语言,为数据采集提供了更为广阔的平台,企业可以利用代码完成个性化数据采集。

常用的数据采集工具有:

① 火车采集器:这是专业的互联网数据抓取、处理、分析和挖掘软件,可灵活迅速地抓取网页上分散分布的数据信息,通过一系列分析处理,准确挖掘出所需数据。

② 集搜客:这是简单易用的网页信息抓取软件,能够抓取网页文字、图表、超链接等网页元素,可提供实用的网页抓取软件、数据挖掘攻略、行业资讯和前沿科技动态等。

③ 网络爬虫:又称网页蜘蛛、网络机器人,在 FOAF 社区中也称为网页追逐者,是一种按照一定规则自动地抓取网络信息的程序或者脚本,如八爪鱼等。

一、基于调查方法的数据采集

调查方法指通过书面或口头回答方式,了解被调查者的心理活动的方法。

调查方法最常用的是访谈法和问卷调查法,同时也可采用测验、收集书面材料等方式。针对网络不发达的地区,也可考虑采用邮寄法和电话调查法。这里重点介绍访谈法和问卷调查法两种方法。

(一) 访谈法

访谈法是指调查者通过与被调查者面对面访谈得到所需资料的调查方法。访谈法是最常用的定性数据采集方法,针对性强、灵活、真实、可靠,但比较花费人力和时间,调查范围比较窄,所以适合捕捉有深度和复杂的信息。

例如,人力资源部通过访谈进行员工满意度调查。首先确定访问对象、时间,针对每个人安排访谈。其次预设沟通问题的框架进行面谈。例如:"你对公司哪个方面存有好感?""你的工作结果不理想是因为公司吗?""你对你在公司的人际关系如何看待?"还可以要求被调查者画出其理想公司状态的图片。最后记录访谈中涉及的信息,将访谈内容整合到有关数据分析中。

访谈法还可以采用其他形式,如个别深度访谈法,即一次只有一名被调查者参加的特殊定性研究方法。调查者通过个别深度访谈可以得到更真实的信息,更容易与被调查者进行感情的交流和互动。

(二) 问卷调查法

问卷调查法是指通过制定详细周密的问卷,让被调查者根据问卷进行回答,最终采集数据的一种手段,它起源于 19 世纪末 20 世纪初的心理学研究。调查者将要问的问题编制成书面的问题表格列在问卷上,交由调查对象填写,然后收回并加以整理分析,从而得出结论。例如,人力资源部对公司培训需求进行问卷调查,通过邮件对相关员工发放问卷调查表,然后对回收的问卷调查表进行分析,得出培训需求的数据。问卷调查法作为一种最常用的省时省力且较全面系统的调查方法,在企业内部备受青睐。在纸质调查问卷的基础上还发展出了线上调查问卷,如人人秀、问卷星、金数据、腾讯问卷、麦客、问卷网等,它们灵活、简单、方便,是非常好用的问卷调查工具。大数据时代下,问卷调查法作为采集数据方法的最大意义在于可以调查员工满意度和情绪等不好量化的数据。

1. 调查问卷基础知识

(1) 调查问卷的结构。

包括标题、指导语、题目、结束语(见图 2-2)。

城市经理自我效能感调查问卷 ← 标题

非常欢迎您参加城市经理的自我评价活动,请根据您的真实情况或真实感受进行填写,您的意见对我们的分析十分重要,非常感谢您的大力支持! ← 指导语

1、所在大区( ) *

- 东北大区
  中部大区
  西南大区
  东南大区
  华北大区   ← 题目

2、以下10个句子关于您平时对自己的一般看法,请根据实际情况(实际感受)选择右面合适的选项。 *
答案没有对错之分,对每一个句子无须多考虑。

	完全不符合	优点符合	多数符合	完全符合

1 如果我尽力去做的话,我总是能够解决问题的

2 即使别人反对我,我仍有办法取得我所要的

3 对我来说,坚持理想和达成目标是轻而易举的

4 我自信能有效地应付任何突如其来的事情

5 以我的才智,我定能应付意料之外的情况

6 如果我付出必要的努力,我一定能解决大多数的难题

7 我能冷静地面对困难,因为我信赖自己处理问题的能力

8 面对一个难题时,我通常能找到几个解决方法

9 有麻烦的时候,我通常能想到一些应付的方法

10 无论什么事在我身上发生,我都能应付自如

问卷到此结束,再次感谢您的积极参与! ← 结束语

图 2-2 调查问卷的结构

(2)调查问卷设计要点。

① 问卷不宜过长,问题不能过多,一般控制在被调查者20分钟内能够完成为宜;
② 争取被调查者合作,充分考虑被调查者身份背景,避免设置其不感兴趣的问题;
③ 要有利于被调查者做出真实的选择,例如,答案切忌模棱两可、令人难以选择;
④ 避免使用专业术语,也不要将两个问题合并为一个,以免得不到明确答案;
⑤ 问题排列顺序合理,先提出概括性问题,逐步启发被调查者,做到循序渐进;
⑥ 将比较难回答的问题和涉及被调查者个人隐私的问题放在最后;
⑦ 提问不能有任何暗示,措辞要恰当;
⑧ 设置问题时要关注封闭式问题和开放式问题的比例;
⑨ 为了有利于数据处理,问卷最好能直接被计算机读取,以节约录入时间,提高统计的准确性。

(3)问卷调查可以收集的人力数据。

问卷调查可以收集的人力数据有员工满意度、员工培训需求、员工培训效果、员工绩效满意度、员工薪酬满意度、员工敬业度、企业文化认知等。

2. 线上调查问卷

以分析云设计员工满意度调查问卷为例,其核心有三点:

(1)设计填报表单,包括查看数据概况、复制表单、修改表单和删除表单;
(2)设计审批流,包括修改审批流、删除审批流;
(3)管理填报任务,包括设置任务、发布任务、查看任务、取消任务。

【个人任务】 制作调查问卷。

操作步骤:

① 打开分析云主界面,在导航栏点击"填报设计",点击"填报表单"进入填报设计页面,单击"创建表单"。
② 进入"表单样式",在"全局样式"—"表单标题"中输入标题。
③ 进入"控件",根据问卷题目类型从"控件仓库"中选择合适的控件,并在"控件属性"中完善该表单格式。

- 调研问卷的描述性内容——选择描述控件并拖拽到故事板。
- 单选题设置——选择"单选下拉"或者"单项选择"控件并拖拽到故事板。
- 多个问题——选择"矩形框"控件并拖拽到故事板。

注意:这些控件的高度、宽度可在"控件属性"中设置,位置可通过拖拽设置。

④ 新建审批流,在导航栏点击"填报设计",点击"审批流定义",点击"添加",拖拽左侧用户到右侧表格,设置报表人员、审批人,设置完成后,点击"保存"即可。
⑤ 新建发布任务,在填报设计页面点击"发布",选择审批流点击"新建任务",勾选需要填报的人点击"确定",配置"时间设置"(默认无截止时间),点击"发布任务"。
⑥ 任务发布后,系统将自动通知对应的填报人填报调查问卷,发布任务者对问卷做最终的数据统计和分析。
⑦ 扫码查看调查问卷示例(见图2-3)。

2-3-1 制作调查问卷视频演示

图 2-3　调查问卷示例

【个人任务】　写出图 2-3 所示问卷的基本结构并说明采用哪个控件进行设计,控件的宽度和高度如何设置。

_____

_____

_____

二、基于爬虫工具的数据采集

网络爬虫是指为搜索引擎下载并存储网页的程序,是搜索引擎和 Web 缓存的主要数据采集方式。

(一) 使用八爪鱼采集数据的模式

1. 使用模板采集数据

直接使用由八爪鱼提供的采集模板,只需输入参数(如网址、关键词、页数等)即可获得目标网站数据。目前八爪鱼平台有 200 多个收集模板,涵盖了大部分主流网站。

【个人任务】 使用八爪鱼模板采集数据。

操作步骤如下：

① 下载、安装客户端。打开客户端，在客户端首页输入框中输入目标网站名称，八爪鱼自动寻找相关的收集模板。

② 进入模板详情页后，查看模板介绍、采集字段预览、采集参数预览、示例数据，确认这个模板收集的数据符合需求。

③ 点击"立即使用"，配置参数，常见的参数有关键词、页数、城市等。

④ 点击"保存并启动"，选择启动"本地采集"。

⑤ 采集完成以后，按照需要的格式导出数据。

(二) 使用自定义配置采集数据

使用自定义配置采集数据有两种方式：智能识别和手动配置采集。这里主要介绍智能识别的方式。智能识别方式是用户只需输入网址，平台就能自动智能识别网页数据。

【个人任务】 使用八爪鱼自定义配置采集数据。

操作步骤如下：

① 在首页输入框中输入目标网址，点击"开始采集"，八爪鱼自动打开网页开始智能识别。

② 一个网页有多组数据，八爪鱼会将所有数据识别出来，然后推荐最常用的那组数据。如果推荐的不是想要的，则点击"切换识别结果"。

③ 自动识别网页的滚动和翻页。

④ 自动识别完成后，点击"生成采集设置"，生成相应的采集流程。

⑤ 点击左上角"采集"，选择"启动本地采集"，八爪鱼就会开始自动采集数据。

⑥ 采集完成后，按照所需的方式导出数据。

(三) 使用八爪鱼采集数据注意事项

（1）在使用模板采集数据时，确保输入的网站名称正确，否则无法查找到相关模板；

（2）使用模板采集数据时，注意模板中字段是固定的，无法自行增加字段；

（3）使用模板采集数据时，需要输入格式正确的参数，否则将影响模板的使用；

（4）自定义配置采集数据时，默认智能识别，识别过程中随时可取消；

（5）自定义配置采集数据时，智能识别仅支持识别列表型网页、滚动网页和翻页；

（6）在采集社交网站发布的数据时，可使用三种途径：指定账号更新的内容/图片/视频，特定关键词的搜索结果，内容/图片/视频下的评论。

三、基于 Python 爬取数据

Python 可以应用于人力资源管理的很多场景。例如，爬取外部市场薪酬数据，在招聘网站爬取需求岗位数据，在劳动力外包平台爬取市场培训价格、劳务派遣费用等数据。以爬取新道人才网人力资源专员岗位的数据为例，首先打开新道人才网，用具体的代码内容体现爬取过程。

(一) 任务描述

利用 Python 爬取岗位数据，并存入数据库。

(二) 操作步骤

（1）导入需要的 Python 第三方库，设置 requests 的请求头信息 headers。

```
# -*- coding:utf-8 -*-
"""
新道人才
"""
import requests
import json
import xlwt
import random
import pymysql
headers = {
    # 'Referer':'http://talents.seentao.com/',  # 需要根据实际 ip 修改采集页面 IP
    'Referer':'${zuulIp}',
    'User-Agent':'Mozilla/5.0 (Windows NT 10.0; WOW64) AppleWebKit/537.36 (KHTML, like Gecko) Chrome/65.0.3325.181 Safari/537.36'
}
```

图 2-4　请求头设置

（2）Post 请求需要设置传入的参数，postData 是 Post 请求的参数。定义 get_page 函数，发送 Post 请求获取指定 Url 页面的数据。

```
postData = {
    'cityCode':'北京',  # 城市
    'position':'人力资源',  # 职位
    'salary':'',  # 月薪范围,仅限页面展示的月薪范围内容,作为可选项
    'experience':'1年',  # 工作年限
    'education':'本科',  # 学历
    'pageIndex':'1',  # 起始页
    'pageSize':'10'  # 查询总条数
}
def get_page(postUrl):
    try:
        rsp = requests.post(postUrl, data=postData, headers=headers)
        if rsp.status_code == 200:
            print('数据源获取成功')
            rsp.raise_for_status()
            rsp.encoding = rsp.apparent_encoding
            return json.loads(rsp.text)
    except Exception as e:
        print(e)
postUrl = '${zuulIp}/talents/talents.position.selectpositionbyparam'  # 采集的请求接口,用于获取数据
rsps = get_page(postUrl)
rztjson = rsps['result']
```

图 2-5　Post 请求与参数设置

（3）开始链接 MySQL 数据库，清除旧数据，存入新数据。

```
# 链接数据库
# db = pymysql.connect(host = '10.10.16.39', port = 3306, user = '****', passwd = '****
****', db = 'spider', charset = 'utf8')
# 优化之后配置不可见
db = pymysql.connect(${dbConnect})
# 使用 cursor()方法创建一个游标对象 cursor
cursor = db.cursor()
# 先清除之前采集的旧数据
try:
    cls = "delete from rencai where teach_class_id = '60018595689144383' and member_id =
'45609429101461504'"
    cursor.execute(cls)
except:
    db.rollback()
    print("数据清除失败!")

data = []
```

图 2-6　爬取数据存储至数据库

（4）开始使用 for 循环，逐行处理爬虫抓取到的 json 数据，并把它们存入 data 列表中。

```
#注意下面的格式,Python 脚本尤其注意缩进
For i in range(len(rztJson)):
  try:
    salary = '面议' if 'salaryStart' not in rztJson[i] else str(rztJson[i]
['salaryStart']) + '-' + str(rztJson[i]['salaryEnd'])
    rzt
('60018595689144383','45609429101461504',rztJson
['posName'],rztJson[i]['company'],rztJson[i]
['cityCode'],salary,rztJson[i]['releaseTime'])
    data.append(rzt)
  except:
    print("-----error 采集失败")
```

图 2-7　处理数据并存入 data 列表

（5）开始将 data 数据插入数据库并提交保存。

```
try:
  print("-----------开始采集-----------")
  cursor.executemany("INSERT INTO rencai VALUES(%s,%s,%s,%s,%s,%s,%s)",data)
  db.commit()
  print("-----------采集成功-----------")
except:
  db.rollback()
  print('sql error 采集失败')
db.close()
```

图 2-8　数据入库和保存

任务四　采集上交所上市公司财报信息

一、任务描述

从上交所的仿真网站上采集上市公司的报表数据，了解数据采集的 Python 代码，理解爬虫的基本原理和步骤。采集江西铜业 2018 年的年报数据，报表类型为基本信息表。

二、操作步骤

进入大数据课程平台上的任务模块，修改相关代码，体验数据采集。

点击任务"单企业数据采集"，点击"开始任务"，在代码页面将企业信息修改为"600362""江西铜业""jxty"，年份信息修改为"2018"。

三、结果解读

扫码查看采集数据，可全面了解企业当年的基本运营与财务状态（见图 2-9）。

2-4-1 采集江西铜业 2018 年年报数据视频演示

报表年份	varchar(100)	2018
报表类型	varchar(100)	5000
归属于上市公司股东的每股净资产	varchar(100)	0
每股经营活动产生的现金流量净额	varchar(100)	0
扣除非经常性损益后的加权平均净资产收益率	varchar(100)	3.09
扣除非经常性损益后全面摊薄净资产收益率	varchar(100)	0
加权平均净资产收益率	varchar(100)	5.03
扣除非经常性损益后的基本每股收益	varchar(100)	0
扣除非经常性损益后的基本每股收益	varchar(100)	0.43
稀释每股收益	varchar(100)	0.71
基本每股收益	varchar(100)	0.71
所有者权益或股东权益	varchar(100)	49766311772.00
总资产	varchar(100)	102865826951.00
经营活动产生的现金流量净额	varchar(100)	8182118246.00
归属于上市公司股东的扣除非经常性损益的净利润	varchar(100)	1504121965.00
归属于上市公司股东的净利润	varchar(100)	2447475745.00

续　图

利润总额	varchar(100)	3293849574.00
本期营业利润	varchar(100)	0.00
本期营业收入	varchar(100)	215289866760.00
每 10 股转增数	varchar(100)	0.00
每 10 股派息数(含税)	varchar(100)	2.00
每 10 股送红股数	varchar(100)	0.00
报告期末股东总数	varchar(100)	134275.00
公司董事会秘书电子信箱	varchar(100)	jccl@jxcc.com
公司董事会秘书电话	varchar(100)	0791-82710117?
公司董事会秘书姓名	varchar(100)	（由董事长代行董秘职责）
公司国际互联网网址	varchar(100)	http://www.jxcc.com
公司办公地址邮政编码	varchar(100)	330096
公司注册地址	varchar(100)	中华人民共和国江西省贵溪市冶金大道 15 号
公司法定代表人	varchar(100)	龙子平
公司法定中文名称	varchar(100)	江西铜业股份有限公司
交易代码	varchar(100)	600362
报表 ID	varchar(100)	60036250002018
用户 ID	varchar(100)	101473439780438024
教学班 ID	varchar(100)	107810017168588818

图 2-9　江西铜业数据采集结果

【个人任务】　根据采集数据写出江西铜业的基本情况。

注意：采集不同类型的报表时，url 的定义内容不同。
采集利润表时：url = [" ${zuulIp}/security/security.incomestatement.get"]
采集资产负债表时：url = [" ${zuulIp}/security/security.balancesheet.get"]

采集现金流量表时：url = [" $ {zuulIp}/security/security.cashflow.get"]

学 以 致 用

一、单选题

1. 数据采集的内部渠道不包括（　　）。
   A. 企业信息管理系统　　　　B. 部门上报数据
   C. 物联网系统　　　　　　　D. 政府公开数据

2. 在使用用友分析云完成城市经理调查问卷设计时，输入标题的操作为（　　）。
   A. 在"填报设计"的"表单标题"内容中输入标题
   B. 在"全局样式"的"表单标题"内容中输入标题
   C. 在"填报表单"的"填报表单"内容中输入标题
   D. 在"创建表单"的"创建表单"内容中输入标题

3. 采集不同类型报表时，url定义内容不同，下列选项中属于采集现金流量表的是（　　）。
   A. url = [" $ {zuulIp}/security/security.incomestatement.get"]
   B. url = [" $ {zuulIp}/security/security.balancesheet.get"]
   C. url = [" $ {zuulIp}/security/security.cashflow.get"]
   D. url = [" $ {zuulIp}/security/security.moneystatement.get"]

4. 统一资源定位系统（uniform resource locator，URL）是因特网的万维网服务程序上用于指定信息位置的表示方法，它最初是由（　　）发明用来作为万维网的地址。
   A. 爱德华·博内尔斯　　　　B. 蒂姆·伯纳斯·李
   C. 冯诺依曼·约翰逊　　　　D. 乔布斯

5. 以下选项中，不属于Python语言常用功能的是（　　）。
   A. 爬取数据　　　　　　　　B. 制作可视化图表
   C. 自动化操作Excel　　　　　D. K均值聚类

二、多选题

6. 下列选项中，属于薪酬与福利相关数据的有（　　）。
   A. 不同行业薪酬水平　　　　B. 不同地区薪酬水平
   C. 工资总额　　　　　　　　D. 工资总额年增长率
   E. 绩效工资总额

7. 企业内部数据来源包括（　　）。
   A. 企业信息管理系统　　　　B. 部门上报数据
   C. 内部调查数据　　　　　　D. 八爪鱼采集数据

8. 人力资源大数据可分为（　　）。
   A. 招聘相关数据　　　　　　B. 培训相关数据
   C. 绩效相关数据　　　　　　D. 社保缴费相关数据
   E. 薪酬与福利相关数据

9. 调查问卷的结构包括（　　）。

A. 标题　　　　B. 指导语　　　　C. 题目　　　　D. 选项　　　　E. 结束语

10. 以下选项中,属于数据采集常用方法的有(　　　)。

A. 问卷调查　　B. 因子分析　　C. Python 代码　　D. 聚类分析　　E. 爬虫工具

参考答案

1. D　2. B　3. C　4. B　5. D　6. ABCD　7. ABC　8. ABCE　9. ABCDE　10. ACE

思 维 导 图

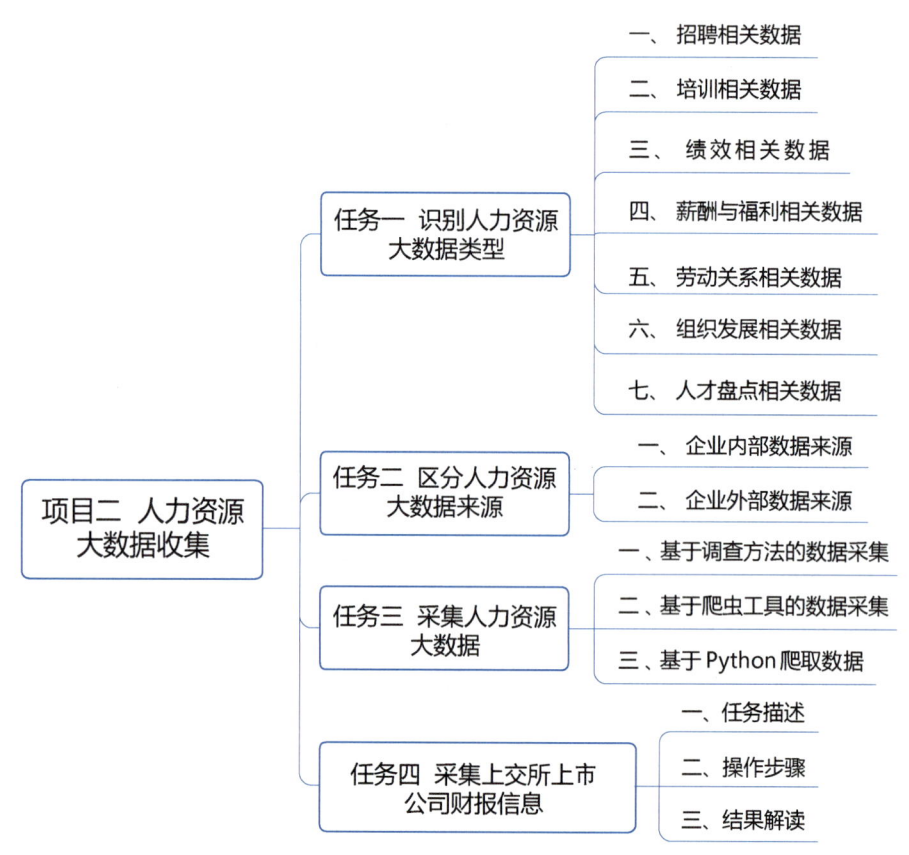

项目三

人力资源大数据处理

工作情境

北京捷胜信息技术有限公司（简称捷胜公司）在北京、上海和深圳三地均有分公司，总公司设在北京。现捷胜公司总监要求对整个公司的员工基本情况和财务状况进行评估，人力资源经理陈纯雪要求人事专员王道芬对三地员工台账和财务状况进行汇总。王道芬向上海和深圳人力资源部发出了数据要求，两地人力资源部专员和财务人员很快给予回复。王道芬把三地的数据进行汇总后，形成了一套二维数据表。财务数据表数据相对完善，指标却分散在多个表中；532名员工的情况表则存在数据不完善的情况，其具体情况见图3-1。

序号	所在部门	姓名	性别	岗位	职级	毕业学校	专业	学历	婚姻状况	民族	出生日期	年龄	入司时间	司龄	参加工作时间	工龄	2016绩效
1	总裁办	赵宇寰	男	总裁	6B	河北科技师范学院	人力资源管理	本科	已婚	汉族	1966-01-26	58.0	2005-04-01	19.0	1988-07-01	36.0	A/
2	总裁办	吴和悦	男	高级副总裁	6A	江苏科技大学	电子信息工程	硕士	已婚	汉族	1975-10-03	48.0	2005-02-21	19.0	1997-08-01	27.0	B+
3	总裁办	钟泰	男	副总裁	5B	内蒙古科技大学	矿物加工工程	硕士	已婚	汉族	1974-08-08	50.0	2008-09-24	15.0	1996-07-01	28.0	B+
4	总裁办	黄飞驰	男	副总裁	5B	北京师范大学	经济学	硕士	已婚	汉族	1977-08-29	47.0	2011-10-10	12.0	2002-07-02	22.0	B+
5	总裁办	钱言	男	副总裁	5B	天津理工大学	工业工程	博士	已婚	汉族	1972-05-18	52.0	2010-08-31	14.0	1999-01-21	25.0	A/
6	总裁办	陈梦蕾	女	副总裁	5B	阜阳师范学院	工商管理	本科	已婚	汉族	1978-05-22	46.0	2011-08-10	13.0	2001-08-01	23.0	B+
7	总裁办	钱南晴	女	副总裁	5B	安徽大学	工伤管理	硕士	已婚	汉族	1982-03-24	42.0	2012-10-25	11.0	2007-07-01	17.0	B+
8	总裁办	郑彭薄	男	助理总裁	5A	云南师范大学商学院	企业管理	本科	已婚	汉族	1975-10-20	48.0	2001-11-22	22.0	1997-08-01	27.0	B+
9	总裁办	陈宏峻	男	助理总裁	5A	沈阳化工大学科亚学院	会计学	硕士	已婚	汉族	1980-11-03	43.0	2013-10-09	10.0	2005-08-01	19.0	A
10	市场部	黄半梦	女	总监	4B	北京民族大学	计算机及应用	本科	已婚	汉族	1983-11-12	40.0	2015-09-21	8.0	2007-07-01	17.0	A
11	市场部	夏星华	男	市场经理	3A	南京农业专科学校	园艺	本科	已婚	汉族	1975-12-07	48.0	2012-05-11	12.0	1988-07-11	36.0	B+
12	市场部	李幼安	女	市场助理	1A	四川农业大学	果树	本科	未婚	汉族	1994-08-06	30.0	2017-07-01	7.0	2017-07-01	7.0	—
13	市场部	张梓童	女	市场经理	3A	河北科技大学	自动化	硕士	已婚	汉族	1983-11-12	40.0	2016-06-20	8.0	2006-02-01	18.0	B
14	市场部	黄嘉颖	女	市场经理	3A	北京邮电大学	通信工程	本科	已婚	汉族	1985-08-21	39.0	2014-07-10	10.0	2006-10-01	17.0	B+
15	市场部	陈湛静	女	市场专员	2A	北京理工大学	计算机科学与技术	硕士	已婚	汉族	1989-10-28	34.0	2019-04-2	5.0	2015-08-08	9.0	B+
16	市场部	周梓燕	女	市场专员	2A	深圳大学	工商管理	本科	已婚	汉族	1987-03-30	37.0	2016-02-22	8.0	2010-07-01	14.0	B+

图3-1 532名员工基本信息的部分截图

工作任务

　　人力资源经理陈纯雪查看数据后,发现员工基本情况表数据存在信息填报错误、重复录入、信息缺失和异常值等问题。为了满足后期数据分析和挖掘的需要,陈纯雪要求王道芬对数据库进行处理,以达到能够进行数据分析和挖掘的要求。除此之外,还要求王道芬对财务提供的负债数据进行集成和归约。

学习目标

知识目标

① 了解数据处理对人力资源管理大数据分析的重要意义;
② 掌握数据处理的基本原则,了解数据存在的常见问题,掌握相应的数据处理方法;
③ 理解数据处理基本方法的原理,了解相应的技术。

能力目标

① 能够判断出原始数据存在的问题,并确定相应的处理方法;
② 能够使用软件对原始数据进行有效处理,使数据达到能够挖掘的标准;
③ 能够灵活应用数据处理方法,解决数据处理中存在的疑难问题。

素质目标

① 形成严谨负责的工作态度,保持客观中立的价值立场,保证数据的准确、及时和完整;
② 具有守法意识和实事求是的科学精神,正确把握数据的处理原则,坚决抵制任意篡改、隐匿数据等违法行为;
③ 形成不断学习新的数据处理方法的习惯,在数据处理过程中做到勇于创新、擅长总结等。

任务一　人力资源数据处理的认知

一、认识数据处理

(一) 数据处理的基本内涵

在人力资源管理进入信息时代后,人力资源大数据已经形成。由于人力资源大数据往往不是直接围绕调查目的或调查问卷而产生,因此与传统管理模式下通过调查设计而形成的数据相比,它呈现多而杂、质量密度低等特征。若不对这些数据进行处理就无法实现有效的数据挖掘和分析。

数据处理是数据挖掘和分析的准备阶段,主要包括审核和整理数据。数据审核就是对采集或收集来的数据按照一定的规则进行检查。整理数据则是在审核数据过程中,对错误数据进行纠正,对缺失数据进行补充,对不符合要求的数据进行转换,使数据达到能够统计分析和挖掘的要求,提高数据质量。

(二) 数据处理的方法和技术

数据审核的目的是保证数据的准确性、完整性和有效性,主要通过逻辑审核和计算审核来实现,常用的处理方法主要为观察法和统计分析法。逻辑审核是检查数据库里的数据是否存在与事实情理不符、数据前后不一致、标志名称与标志值不对应等问题。计算审核则是检查数据库里的数据是否存在统计口径、计算方法、计量单位、计算结果的错误,以及标志值是否异常等问题。观察法通过直接查看数据库或对数据进行排序等方法实现,适用于数据规模不大的情况。若数据库成为大数据时,标志类别较多,就需要用统计分析法来审核。最常用的统计分析法是统计分组,统计分组结果呈现为统计表和统计图。更复杂的分析方法则需要用到数据挖掘技术,通过构建数据模型、决策树等方法发现数据存在的问题。

审核数据后,若发现异常数据就需要整理。常见的数据整理技术有清理错误数据、删除重复项、补全缺失数据、处理异常值、对调查内容或量纲进行转换等。大数据整理主要依靠统计软件或自动化统计工具并辅以人工来完成。

二、认识数据整理

(一) 清理错误数据

错误数据是指所收集到的数据中出现登记错误的数据。导致登记错误的原因一般有三种。第一种是收集数据时因题目或填报规则存在解释不明确或存在歧义而导致填报者填报错误,第二种是填报者理解指标有误,第三种是填报者登记错误。

错误数据在传统的调查中通过人为干预是可以避免的,即便出现了错误数据,因数据量小,后期也可以通过观察或简单的统计方法修改过来。但大数据中的错误数据往往不是因调查而产生的,错误数据不但很难避免,而且需要不同于以往的发现和清理错误数据的技术手段。现在通常会借助软件使用复杂的方法找出错误或异常的数据,对这些数据进行审核,在确定为错误数据后进行修订或删除。

(二) 重复项处理

所谓重复项,是指在收集到的数据中存在的两条及以上完全相同的数据记录,这种情况会导致信息冗余。之所以出现重复项,一方面可能是填报数据者重复填报,或者是多个数据集合并时出现重复操作造成的。发现重复项可通过对关键信息排序,或者通过操作软件中查找重复项的命令进行删除。

(三) 缺失值处理

数据库中常出现无数据的现象,这种情况称为数据缺失。数据缺失产生的常见原因主要有三种:第一种是缺失处是填报者不应该填报的项目,若填报了反而成为一种错误数据;第二种是填报者填写模糊或错误,被数据库规则或数据审核者给直接过滤掉了;第三种则是填报者应该填写却故意或大意没填写。除常见的三种原因外,还有一种可能的原因就是大的数据库合并时,因数据属性不同而产生部分数据丢失。除了第一种填报者不应该填报而出现的缺失外,其余原因造成的数据缺失均可以处理。常见的处理方法有以下六种。

1. 忽略元组

采用忽略元组的方法,将不能再使用该元组的剩余属性值。

2. 人工补填

此方法费时费力,数据集大、缺失值多时不适用。

3. 全局常量填充

将缺失的属性值用同一个常量(如"NA"或"None")替换。

4. 均值、中位数填充

分布均匀的数据使用均值填充,存在异常值的数据使用中位数填充。

5. 同类型样本均值、中位数填充

如果存在两组或两组以上的样本数据,类型或属性相似,已知一组样本的均值或中位数,对另一组未知样本的缺失值则用已知组的样本均值或中位数进行替换。

6. 使用最可能的值填充

通过回归、贝叶斯形式化等模型构建已知变量间的关系式,通过关系式推算出预测值,用其来替换缺失值。

方法 3 至方法 6 使数据有偏,填入的值可能不正确。然而,方法 6 是最流行的。与其他方法相比,它使用已有数据的大部分信息来预测缺失值。例如,在估计"收入"的缺失值时,通过考虑其他属性的值,有更大的机会保持"收入"和其他属性之间的联系。但需要注意的是,在某些情况下,缺失值并不意味着数据有错误。例如,在申请信用卡时,可能要求申请人提供驾驶证号。没有驾驶证的申请者可能自然地不填写该字段。表格应当允许填表人使用诸如"不适用"等值。软件编程也可能发现其他空值("不知道"" "或"无")。一般每个属性都可能有一个或多个关于空值条件的规则。此外,在业务处理的稍后步骤中会提供对应值,字段也可能故意留下空白。因此,尽管在得到数据后,研究者可以尽其所能来清理数据,但质量高的数据库和数据输入设计将有助于在第一现场把缺失值或错误数据的数量降至最低。

注意,通常当缺失值的个案数占总体比重超过 40% 时,就会直接对整个变量进行剔除。若数据库规模比较大时,则会采用对于少数存在缺失值的个案进行局部删除的方法,从而提升数据质量。但当数据库规模相对不大,或有缺失的部分数据在整个数据库中具有重要的代表性时,此时再丢弃就会使整个数据库出现偏差,只能采取补全缺失值的方法。

(四) 处理异常值

异常值是指数据库中极少数的个体特征对总体分布产生较大影响。之所以被定义为异常值,要么是因为此数据较为离群,要么是因为这少部分个体特征远离主体模型,要么是因为这些个体对构建变量关系模型影响较大。对于定性数据来讲,异常值是出现次数非常少的类别;对于定量数据而言,异常值是指明显大于或小于其他观测值的数值。

数据处理中为什么要关注异常值呢?因为极少数异常值的存在会导致对总体特征的描述出现偏差,直接影响集中和离散趋势的描述,在构建模型或认知总体上出现误导,更进一步会导致大多数机器学习算法失效。

单一变量的异常值可通过统计指标值和统计图来检测。其中,统计指标值的测试通常有三种方法,分别为描述分析、标准得分、四分位距;统计图则使用条形图或箱图等。

判断异常值一般采用总体不超过10%的比例、四分位距或标准差的倍数等方法。当数据库中出现异常值时,一般采用三种处理方式:第一种最常用的就是直接删除,适用于异常值较少的大数据库;第二种是把原值转换为缺失值,采用适合的方法填充或补全,其中一种特殊的替换方法就是对于超过1.5倍四分位距的数值,分别用5%、95%分位的变量值替换;第三种则是将异常值作为特殊情况进行分析,但在构建模型时把异常值过滤掉。

在大数据处理过程中,对异常值的处理也称为噪声数据处理,其方法有三种,分别是分箱、聚类、回归。

1. 分箱

所谓分箱,就是按照属性值划分子区间,如果一个属性值处于某个子区间内,就把该属性值放进这个子区间所代表的箱子内。把待处理的数据(某列属性值)按照一定的规则放进一些箱子中,考察每一个箱子中的数据,采用某种方法分别对各个箱子中的数据进行处理。在采用分箱技术时,需要确定两个主要问题:如何分箱,以及如何对每个箱子中的数据进行平滑处理。

(1) 等深分箱。

等深分箱是将数据集按记录行数分箱,每箱具有相同的记录数,每箱记录数称为箱子的深度。这是最简单的一种分箱方法。

(2) 等宽分箱。

等宽分箱是使数据集在整个属性值的区间上平均分布,即每个箱的区间范围是一个常量,称为箱子宽度。

(3) 自定义区间。

用户可以根据需要自定义区间,当用户明确希望观察某些区间范围内的数据分布时,使用这种方法可以方便地帮助用户达到目的。

分箱示例:客户收入属性排序后的值(人民币元)为 800、1 000、1 200、1 500、1 500、1 800、2 000、2 300、2 500、2 800、3 000、3 500、4 000、4 500、4 800、5 000,现在采用不同分箱方法对这16名客户的收入进行分箱,其结果如图3-2所示。

(4) 数据平滑。

数据平滑方法可以细分为平均值平滑、按边界值平滑和按中值平滑。以等深分箱为例,数据平滑结果如图3-3所示。

等深分箱法（统一权重），设定深度为4			
箱1	800	1 000	1 200	1 500
箱2	1 500	1 800	2 000	2 300
箱3	2 500	2 800	3 000	3 500
箱4	4 000	4 500	4 800	5 000

等宽分箱法（统一区间），设定区间范围为1 000元人民币					
箱1	800	1 000	1 200	1 500	1 500	1 800
箱2	2 000	2 300	2 500	2 800	3 000	
箱3	3 500	4 000	4 500			
箱4	4 800	5 000				

用户自定义：将客户收入划分为若干组					
箱1	800					
箱2	1 000	1 200	1 500	1 500	1 800	2 000
箱3	2 300	2 500	2 800	3 000		
箱4	3 500	4 000				
箱5	4 500	4 800	5 000			

图 3-2　16 名客户收入的三种分箱结果

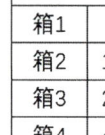

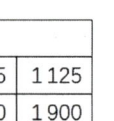

图 3-3　16 名客户收入的三种数据平滑结果

2. 聚类

先根据欧氏距离或相关分析来确定距离，使数据成群或成簇，检测聚类中的离群点。

3. 回归

用一个函数拟合数据来平滑数据。线性回归涉及找出拟合两个属性（或变量）的最佳直线，使得一个属性可以用来预测另一个。多元线性回归是线性回归的扩充，其中涉及的属性多于两个，数据拟合到一个多维曲面。拟合后预测值与真实值存在较大误差的即为异常值。

三、认识数据集成

（一）数据集成的定义

数据集成是将不同来源的数据组合到统一视图中的过程，包括摄取、清理、映射、转换及加载至目标接收器等步骤，最后使数据更具可操作性和价值。

数据挖掘经常需要数据集成——合并来自多个数据存储的数据。集成有助于减少结果数据集的冗余和不一致,有助于提高后续挖掘的准确性和速度。

(二) 数据集成的功能

1. 协作统一

每个部门的员工(有时在不同的物理位置)都需要访问公司的共享和个人项目数据。信息技术处理需要一个安全的解决方案,通过自助服务让所有业务线都能访问并获取数据。此外,每个部门都在生成和改进其他业务所需的数据。数据集成改善了系统的协作,实现了系统的统一管理。

2. 节省时间

当公司采取正确的措施整合其数据后,会大大减少准备和分析数据所需的时间。统一视图的自动化消除了手动收集数据的需求,员工不再需要在运行报表或构建应用程序时从头开始建立连接。

3. 减少错误

数据集成统一各个数据源的数据格式,实现同步数据的集成方案,确保用户所使用的数据具有完整性和正确性。

4. 高附加值

数据集成工作会随着时间的推移提高业务数据的价值。随着数据集成到集中式系统中,可以识别质量问题并实施必要的改进措施,最终产生更准确的数据。

四、认识数据归约

(一) 数据归约概述

对于小型或中型数据集,一般的数据预处理步骤已经足够。但对于真正的大型数据集,在应用数据挖掘技术以前,更可能采取一个中间的、额外的步骤,即数据归约。

在实践中,若特征变量多达数百个,但可用于分析的样本仅上百条,就需要进行维归约挖掘可靠模型;此外,高维度引起的维度灾难会使一些数据挖掘算法无法有效运行,进行维归约是可行的方法之一。

在预处理的数据集中,三个主要维度通常以平面文件的形式呈现:列(特征)、行(样本)和特征的值。数据归约过程包括三个基本操作:删除列、删除行、减少列中的值。

(二) 数据归约方法

1. 维归约

维归约是从原有的数据中删除不重要或不相关的属性,或者通过对属性进行重组来减少属性的个数的方法。维归约的目的是通过减少所考虑的随机变量或属性的个数(即删除列)找到最小的属性子集,且该子集的概率分布尽可能地接近原数据集的概率分布。维归约方法包括主成分分析、属性子集选择等。

(1) 主成分分析。

假设待归约的数据由 n 个属性或维描述的元组或数据向量组成。主成分分析(PCA,又称 Karhunen-Loeve 或 K-L 方法)搜索 k 个最能代表数据的 n 维正交向量,其中 $k \leqslant n$。这样,原数据投影到一个小得多的空间上,从而实现维归约。PCA 常常能够揭示先前未曾察觉的联系,并因此允许解释不寻常的结果。

(2) 属性子集选择。

用于分析的数据集可能包含数以百计的属性,其中大部分属性可能与挖掘任务不相关,或者是冗余的。尽管专家可以挑选出有用的属性,但这可能是一项困难而费时的任务,当数据的属性不是十分清楚的时候更是如此。遗漏相关属性或留下不相关属性都可能是有害的,会使所用的挖掘算法无法有效运行,从而导致发现质量很差的模型。此外,不相关或冗余的属性增加了数据量,可能会减慢挖掘进程。属性子集选择通过删除不相关或冗余的属性(或维)减少数据变量。属性子集选择的目标是找出最小属性集,使得数据类的概率分布尽可能地接近使用所有属性得到的原分布。在缩小的属性集上挖掘还有其他的优点,那就是它减少了出现在发现模式上的属性数目,使得模式更易于理解。

2. 数量归约

数量归约是用替代的、较小的数据替换原数据(减少值和删除行),其方法可以是参数的或非参数的。对于参数方法而言,使用模型估计数据,只需要存放模型参数,而不是实际数据(离群点可能也要存放)。回归和对数-线性模型就是例子。非参数方法包括直方图、聚类、抽样。

五、认识数据转换

(一) 数据转换定义

转换调查内容或量纲是指数据库中的值无法满足数据挖掘和分析的要求,通过转换使其达到分析要求。调查内容的转换一般是把无统一量纲的文本内容转化为有相对统一量纲的可用于分析的内容,主要用于填报者围绕问题可以任意填写相关内容的开放题目。另一种转换则是数据量纲的转换,即数据的调查单位或计量单位不同,此时可通过标准分等方式把数据转换为统一量纲,从而可以相互比较或构建模型。除一般的转换外,还包括数据的整合、格式化等,最终使数据满足挖掘需要。

(二) 数据转换方法

数据规范化就是把属性数据按比例缩放映射到一个特定的区间,即为避免数据对度量单位选择的依赖性,把数据转换为统一标准,使之统一落入较小的共同区间,如$[-1,1]$或$[0.0,1.0]$。数据规范化或标准化的方法有多种,常用的有三种,分别是最小最大规范化、Z分数(Z-score)规范化、小数定标规范化。

1. 最小最大规范化

最小最大规范化是对原始变量进行线性变换,其计算公式为

$$v'_i = \frac{v_i - v_{\min}}{v_{\max} - v_{\min}}(v'_{\max} - v'_{\min}) + v'_{\min}$$

其中,v_i为原始变量值;$v_{\min}$为原始变量的最小值;$v_{\max}$为原始变量的最大值;v'_i为转换后新变量值;$v'_{\min}$为转换后新变量的最小值,也是特定区间的最小值;$v'_{\max}$为转换后新变量的最大值,也是特定区间的最大值。

例如,某公司员工月薪最低值为 12 000 元,最高值为 98 000 元,现把该公司员工的收入映射到区间$[0.0,1.0]$。假如某位员工收入为 73 600 元,该员工收入根据最小最大规范化后将变换为 0.716,其计算公式为

$$v'_i = \frac{v_i - v_{\min}}{v_{\max} - v_{\min}}(v'_{\max} - v'_{\min}) + v'_{\min}$$

$$v'_i = \frac{73\,600 - 12\,000}{98\,000 - 12\,000}(1 - 0) + 0$$

$$v'_i = 0.716$$

最小最大规范化保持原始数据值之间的联系。若后来出现的变量值落在原数据极大或极小值之外,则该方法将面临"越界"错误。

2. Z 分数规范化

Z 分数规范化又称零均值规范化,即将变量值基于平均值和标准差进行规范,其计算公式为

$$v'_i = \frac{v_i - \bar{v}}{\sigma}$$

其中,$\bar{v}$ 为变量的均值,σ 为变量的标准差,v_i 为原始变量值,v'_i 为转换后新变量值。

例如,某公司员工平均月薪为 14 000 元,标准差为 6 540 元,其中某位员工月收入为 73 600 元,则该员工月收入 Z 分数值为

$$v'_i = \frac{v_i - \bar{v}}{\sigma}$$

$$v'_i = \frac{73\,600 - 14\,000}{6\,540}$$

$$v'_i = 9.11$$

当变量的实际最大值和最小值未知,或离群点左右了最小最大规范化时,该方法是有用的。此外,标准差 σ 还可以用均值绝对偏差(平均差,A.D.)替换。A.D.的计算公式为:

$$\text{A.D.} = \frac{\sum_{i=1}^{n} |v_i - \bar{v}|}{n}$$

对于离群点,均值绝对偏差比标准差更加稳健。在计算均值绝对偏差时,对到均值的偏差取绝对值,在一定程度上降低离群点的影响。

3. 小数定标规范化

通过移动变量值的小数点位置进行规范化。小数点的移动位数依赖于变量的最大绝对值,其计算公式为:

$$v'_i = \frac{v_i}{10^j}$$

其中,j 是使得 $\max(|v'_i|) < 1$ 的最小整数。

假设变量的取值由 -986 到 917,变量的最大绝对值为 986。为使用小数定标规范化,用 1 000(即 $j = 3$)除每个值,-986 被规范化为 -0.986,而 917 被规范化为 0.917。

注意,规范化可能将原来的数据改变很多,特别是使用 Z 分数规范化或小数定标规范化时尤其如此。

任务二 人力资源管理大数据处理的认知

一、大数据软件技术的概述

(一) 大数据处理的技术

DBE 人力资源大数据实践教学软件提供了智能化的数据清理方法，分别是数据清理、数据集成、数据归约和数据变换。

1. 数据清理

数据清理是通过填写缺失值、识别光滑噪声数据或删除离群点，并解决不一致性来实现的。

2. 数据集成

数据集成是将数据由多个数据源合并成一个一致的数据存储，如数据仓库。数据集成最常见的两种方法为数据关联与数据合并，前者用于将不同数据内容的表格根据条件进行左右连接，后者用于将相同或相似数据内容的表格进行上下连接。

数据关联有四种方式，区别见图 3-4。数据关联必须有关联条件，一般是指左表的主键或其他唯一约束字段（即没有重复值）与右表的主键或其他唯一约束字段相等（相同）。

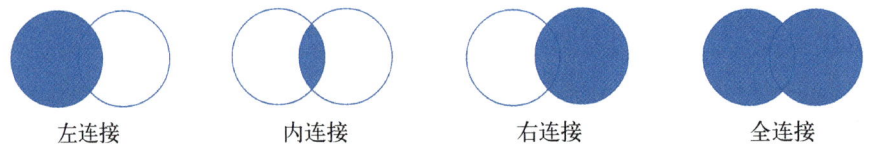

图 3-4 数据关联的四种方式示意图

数据关联-左连接是以左表为基础，根据关联条件将两表连接起来。结果会将左表所有的数据条目列出，而右表只列出满足左表关联条件的部分。左连接全称为左外连接，属于外连接的一种方式，见图 3-5。

ID	A	B	C
1	11	21	31
2	12	22	32
3	13	23	33

\+

ID	D	E	F
2	42	52	62
3	43	53	63
4	44	54	64

ID	A	B	C	D	E	F
1	11	21	31			
2	12	22	32	42	52	62
3	13	23	33	43	53	63

图 3-5 左关联方式的示意图

数据关联-右连接是以右表为基础,根据关联条件将两表连接起来。结果会将右表所有的数据条目列出,而左表只列出满足右表关联条件的部分,见图3-6。

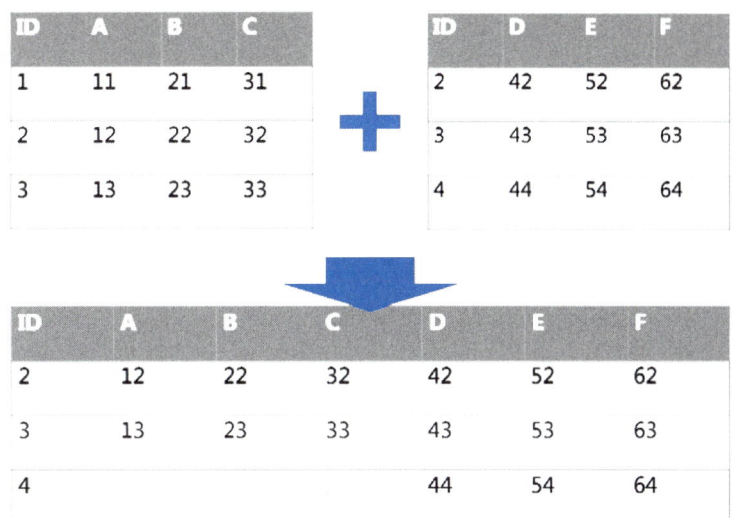

图3-6 右关联方式的示意图

数据关联-内连接只显示满足关联条件的左右两表的数据记录,不符合条件的数据不显示,见图3-7。

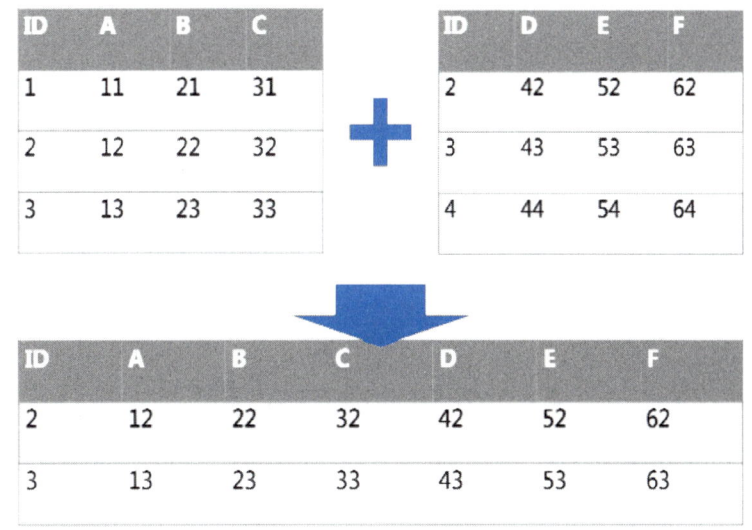

图3-7 内连接方式的示意图

数据关联-全连接为满足关联条件的左右表数据相连,并且不满足条件的各表数据仍保留,两表之间无对应数据的内容为空值,见图3-8。

数据关联时如果关联条件设置不当,极有可能出现笛卡尔积(Cartesian Product)现象。在数学中,两个集合 **X** 和 **Y** 的笛卡尔积,又称直积,表示为 **XY**,通俗地说,就是指包含两个集合中任意取出两个元素构成组合的集合,见图3-9。

ID	A	B	C
1	11	21	31
2	12	22	32
3	13	23	33

+

ID	D	E	F
2	42	52	62
3	43	53	63
4	44	54	64

↓

ID	A	B	C	D	E	F
1	11	21	31			
2	12	22	32	42	52	62
3	13	23	33	43	53	63
4				44	54	64

图 3-8　全连接方式的示意图

ID	A	B	C
1	11	21	31
2	12	22	32
3	13	23	33

+

ID	D	E	F
2	42	52	62
3	43	53	63
4	44	54	64

↓

ID	A	B	C	ID	D	E	F
1	11	21	31	2	42	52	62
1	11	21	31	3	43	53	63
1	11	21	31	4	44	54	64
2	12	22	32	2	42	52	62
2	12	22	32	3	43	53	63
2	12	22	32	4	44	54	64
3	13	23	33	2	42	52	62
3	13	23	33	3	43	53	63
3	13	23	33	4	44	54	64

图 3-9　笛卡尔积连接方式的示意图

数据合并也称数据追加，是指对多份数据字段完全相同的数据进行上下连接。如果有两个数据库表格，它们对应的字段是相同的，那就可以对这两个表进行上下连接，见图 3-10。

3. 数据归约

数据归约则是通过如聚集、删除冗余特征或聚类等方式来降低数据的规模。

4. 数据变换

数据变换是用来把数据压缩到较小的区间，如 0.0 到 1.0。这可以提高涉及距离度量的挖掘算法的准确率和效率。

(二) 大数据处理的功能

数据处理是发现并纠正数据文件中可识别错误的最后一道程序。现实世界的数据一般

ID	A	B	C
1	11	21	31
2	12	22	32
3	13	23	33

➕

ID	A	B	C
6	62	72	83
7	73	83	93
8	84	94	104

⬇

ID	A	B	C
1	11	21	31
2	12	22	32
3	13	23	33
6	62	72	83
7	73	83	93
8	84	94	104

图 3-10　数据追加连接方式的示意图

是"脏"的、不完整的和不一致的。数据预处理技术可以改进数据的质量,从而有助于提高后续挖掘过程的准确率和效率。高效的决策依赖高质量的数据,因此数据预处理是知识发现过程的重要步骤。

二、大数据处理的设计

(一) 大数据清洗规则

在数据处理过程中,清洗规则一般如下:
(1) 少量数据最好先清洗再合并、连接;
(2) 大数据源先按照统一标准清洗,再接入;
(3) 每个数据应先清洗再进入计算层;
(4) 若在分析结果中发现数据有问题,则应向前溯源,新增、修订清洗规则。

(二) 大数据清洗方法

在应用软件进行清洗时,为提升清洗效率,可采用的方法如下。
(1) 因为一个清洗步骤就用一条清洗规则,所以多拆分清洗步骤,每个步骤备份数据,方便出问题时回退。
(2) 一般先做全局清洗,再做个别字段的清洗。所谓全局清洗,就是在不影响正常分析的数据前提下,将多个字段都存在的问题一次性清洗掉。
(3) 清洗的输出结果不要直接写入正式数据流或正式文件中,先用测试环境或临时文件充分验证后再接入正式环境。

三、大数据处理的工具

(一) 大数据清洗工具

数据清洗工具内部有"选择数据源""配置全局清洗规则""配置按字段清洗规则""开始清洗"等选项,其功能如图 3-11 所示。

(二) 大数据集成的工具

数据集成的工具如图 3-12 所示。

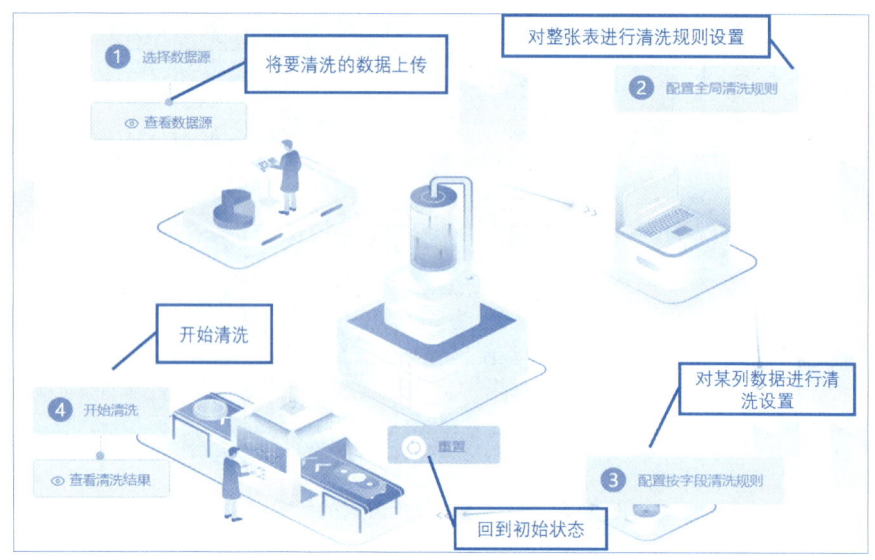

图 3-11　数据清洗工具的内部构成

图 3-12　数据集成的内部构成

单击"保存"后,合并结果保存成功。

任务三　大数据处理的实训

一、大数据清洗的业务训练

(一) 任务描述

从资源下载处,下载"清洗演示数据",按清洗要求完成清洗任务。

(1) 清理数据表中所含有的非法字符与空格;

(2)将数据表中所有含"-"字符的数据替换为"0";

(3)将数据表中所有空格替换为空值;

(4)将字段"2022绩效""2023绩效""2024绩效"中"A"替换为"5","B+"替换为"4","B"替换为"3","C"替换为"2";

(5)将字段"基本工资""年薪"缺失数据(空值)采用平均值进行填补;

(6)将字段"学历与专业"根据符号"&"切分为"学历"与"专业";

(7)将清洗后的结果下载,作为个人作业提交。

(二)操作步骤

(1)点击"选择数据源",系统弹出菜单,可在软件内置文件中选择数据,点击"保存"。

(2)点击"查看数据源"可进行数据预览,右上角有"加载行数",默认100行,能手动修改行数(最大值为1 000行),修改后点击"确定"即可;点击"返回",退回"选择数据源"界面。

(3)点击"配置按字段清洗规则"按钮,操作界面跳转后点击"添加规则",通过下拉箭头选择字段规则。点击"+"添加需要清洗的变量,点击"填补方法"并选定相应方法,设置好后点击"保存"。

3-3-1 大数据清洗视频演示

(4)点击"开始清洗"按钮,再点击"查看清洗结果"按钮,系统操作界面跳转至结果预览页,用户可查看清洗结果是否正确;点击"下载"可将清洗结果导出。

二、大数据集成的业务训练

现有城市表和省区表,城市表是城市和省区的对应表,省区表是省份和大区的对应表,每一个省份都对应了所属的大区,超市销售情况表(见图3-13)中的每一个城市都有对应的省区,三个数据库的关系如图3-14所示。

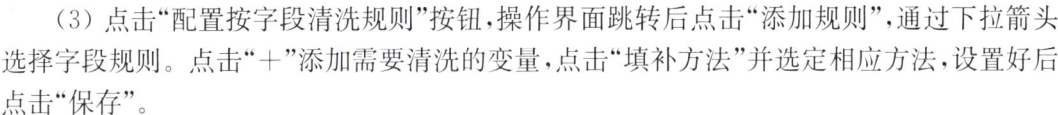

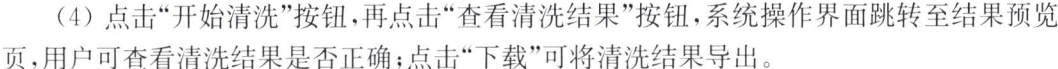

图3-13 超市销售情况

3-3-2 大数据集成视频演示

(一)任务描述

现将超市销售情况表与地区数据关联,在超市销售情况表上增加"省份"列和"地区"列,与"城市"列相匹配。

(二)操作步骤

(1)点击"任务资料",下载"城市表""省区表""销售数据清洗结果"。进入"分析云"系统后,点击"数据准备",点击"上传",上传下载的三个数据表。

(2)点击"新建"后弹出"创建数据集"窗口,选择"关联数据集",名称设为"GL 数据集",单击"确定"。将销售数据清洗结果、城市表、省区表依次拖拽到右方数据编辑区。

(3)按住键盘 Ctrl 键,同时选中"销售数据清洗结果"和"城市表",系统弹出"连接"窗口,选择"左连接",关联字段为"城市",单击"确定"。

(4)按住 Ctrl 键,同时选中"城市表"和"省区表",系统弹出"连接"窗口,选择"左连接",关联字段是"省自治区",单击"确定"。

(5)点击"执行"后再点击"保存",系统将三张表连接成一张表,相应的关联数据集可在数据预览区查看。

(6)点击销售额、折扣、销售利润等列旁的"abc"标识,调整为"123",点击"执行"和"保存"后,即可将文本格式改为数值格式。

三、大数据合并的业务训练

(一)任务描述

将"管理研发服务部门绩效考核情况表"和"市场业务部门绩效考核情况表"进行数据合并。

(二)操作步骤

3-3-3 大数据合并视频演示

(1)从资源下载处将"管理研发服务部门绩效考核情况表"和"市场业务部门绩效考核情况表"下载到本地;

(2)将下载的表上传到分析云;

(3)将两张表进行数据合并。

学 以 致 用

一、单选题

1. 常用的处理缺失值的方法有(　　)。
   A. 删除缺失值　　　　　　　　B. 人工填补
   C. 均值或者中位数或者特殊值填补　　D. 以上都是
2. 噪声数据处理方法有(　　)。
   A. 分箱　　　　B. 聚类　　　　C. 回归　　　　D. 以上都是
3. 数据规约就是对数据集进行压缩,通过维度的减少或者数据量的减少来达到降低数据规模的目的。在归约后的数据集上挖掘将更有效,且分析结果相同。上述说法(　　)。
   A. 正确　　　　B. 错误

二、多选题

4. 为了提高数据质量,需要对数据进行预处理,主要操作方法有(　　)。
   A. 数据清理　　　B. 数据集成　　　C. 数据归约　　　D. 数据变换

5. 我们常说的"脏"数据,主要有(　　　)。
   A. 数据缺失　　　B. 数据错误　　　C. 数据不完整　　　D. 数据重复
   E. 数据不可用　　F. 数据不一致
6. 通过数据集成,可以(　　　)。
   A. 协作统一　　　B. 节省时间　　　C. 减少错误　　　D. 高附加值
7. 数据规约过程的三个基本操作是(　　　)。
   A. 删除列　　　　　　　　　　　B. 数据合并
   C. 删除行　　　　　　　　　　　D. 减少列中的值(数值本身的数量)
8. 数据离散化是指将连续的数据进行分组,使其变为一段段离散化的区间。数据离散化的常用方法有(　　　)。
   A. 分箱　　　　　B. 数据填补　　　C. 直方图　　　D. 数据合并

> **参考答案**
> 1. D　2. D　3. A　4. ABCD　5. ABCDEF　6. ABCD　7. ACD　8. AC

思 维 导 图

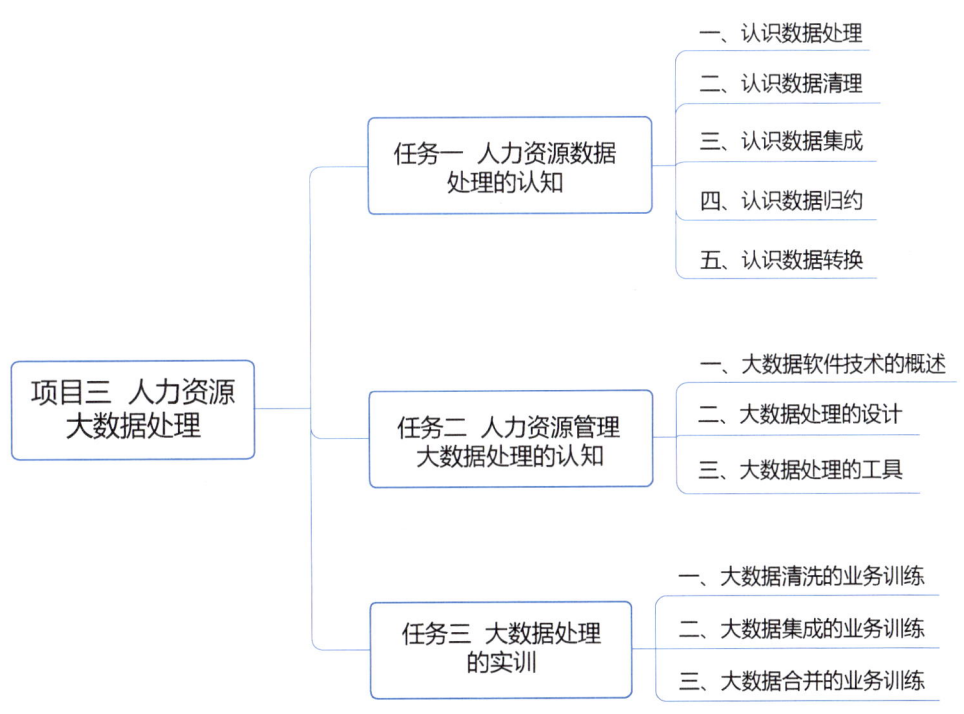

项目四

人力资源大数据分析与挖掘

🔍 工作情境

捷胜公司的总员工超过500人。现北京公司总监要求对整个公司的员工基本情况进行评估,人力资源经理陈纯雪要求人事专员王道芬对公司员工整体情况进行分析,总结公司人员特征,发现员工管理中存在的问题,并对未来用人需求进行预测。

🔍 工作任务

为了更好地了解公司人员现状,诊断出存在的问题,对未来的人才需求做出预测,王道芬根据数据特征和管理需求,对已经完成审核的数据库或外部数据使用多种技术进行挖掘分析。

学习目标

知识目标

① 理解数据挖掘的基本内涵,了解数据挖掘技术的发展历史;
② 掌握常用数据挖掘技术算法,并能够根据数据类型判断所应使用的算法;
③ 了解常用的数据挖掘软件特性,并根据需求确定所应使用的软件。

能力目标

① 能够熟练运用一种或多种数据挖掘软件;
② 能够对数据进行决策树、回归、聚类、文本挖掘等分析。

3 能够对大数据挖掘的分析结果进行正确合理的解释。

素质目标

1 具有数据素养,形成对数据进行有效管理的习惯;
2 具有对数据负责的意识,不对分析结果做任意歪曲解释,遵循实事求是的管理原则;
3 具有数据保密意识,对人力资源管理过程中的数据做到不泄密;
4 拥有不断学习新数据挖掘技术的习惯,在数据处理过程中做到勇于创新、擅长总结等。

任务一 认识数据挖掘

一、数据挖掘的内涵

(一) 基本概念

1. 基本定义

数据挖掘(Data Mining),是指从大量的数据中自动搜索隐藏于其中的有着特殊关系的数据和信息,并将其转化为计算机可处理的结构化数据。它是知识发现的一个关键步骤,是一种抽取隐含的、以前未知的、具有潜在应用价值的模型或规则等有用知识的复杂过程,是一类深层次的数据分析方法。

2. 发展历程

早期数据挖掘并不是作为单独学科存在,1989年8月在美国底特律的国际人工智能联合会议上首次提出知识发现(Knowledge Discovery in Database,KDD)这一概念。KDD涉及数据库、机器学习、统计学、模式识别、数据可视化、高性能计算、知识获取、神经网络、信息检索等众多学科和技术的集成。经多年发展,KDD逐渐成为一个独立、蓬勃发展的交叉研究领域。

3. 挖掘对象

数据挖掘对象可以是数字的或非数字的,也可以是归纳的数据。通过挖掘而形成的知识可以用于信息管理、查询优化、决策支持及数据自身的维护等。

(二) 数据集类型

1. 记录数据

数据挖掘会假定数据是记录(数据对象)的集合。记录之间或数据字段之间没有明显的联系,并且每个记录(对象)具有相同的属性集,可分为事务数据(Transaction Data)、数据矩阵和稀疏数据矩阵。事务数据是一种特殊类型的记录数据,每个记录(事务)涉及一系列的项。例如,在一个百货超市中,顾客一次购物所购买的商品的集合就构成一个事务数据,而购买的商品是项。数据矩阵则是表达一个数据集族中的所有数据对象都具有相同的数值属性集,其中的数据对象可以看作多维空间中的点(向量),每个维代表对象的一个属性。这样的数据对象集可以用一个 $m \times n$ 的矩阵表示,其中 m 为对象数,n 为属性数。数据矩阵是记录数据的变体,但是由于它由数值属性组成,可以使用标准的矩阵操作对数据进行变换和处理,因此对于大部分统计数据,数据矩阵是一种标准的数据格式。稀疏数据矩阵是数据矩阵的一种特殊情况,其中属性的类型相同并且是非对称的,即只有非零值才是重要的。事务数据是仅含0~1元素的稀疏数据矩阵的例子。另一个常见的例子是文档数据。如果忽略文档中词(术语)的次序,则文档可以用词向量表示,其中每个词是向量的一个分量(属性),而每个分量的值是对应词在文档中出现的次数。

2. 基于图的数据

图形可以方便而有效地表现数据,可分为两种。第一种为带有对象之间联系的数据,用图表示数据对象之间的联系,对象之间的联系常常携带重要信息。第二种为具有图对象的数据,对象包含具有联系的子对象,这样的对象常常用图表示。

3. 有序数据

某些数据类型,属性涉及时间或空间的联系,因而可分时序事务数据、时间序列数据、序列数据、空间和时空数据。时序事务数据可以看作事务数据的扩充,其中每个事务包含一个与之相关联的时间。时间序列数据是一种特殊的有序数据类型,其中每条记录都是一个时间序列,即一段时间的测量序列。序列数据是一个数据集合,它是各个实体的序列,如词或字母的序列。除没有标注时间外,它与时间序列数据非常相似,只是要考虑有序序列项的位置。空间和时空数据除了具备一般数据的属性之外,还具有空间属性,如位置或区域。

(三) 数据挖掘分类

1. 按数据库类型划分

数据库有约定俗成的分类方式,如依据数据模式、数据类型、应用环境等进行划分,不同数据库都有自己特有的数据挖掘技术。数据库之间可以互相对应,根据数据库类型定义数据挖掘技术。数据挖掘技术若按照数据类型进行分类,可以分为文字型、网络型、时间型、空间型等,具体分类见图4-1。

分类依据	分类			
按挖掘的数据类型	文字型	网络型	时间型	空间型
按挖掘的知识类型	高抽象型		原始数据型	多个抽象层
按所用的技术类型	模式识别	神经网络	可视化	面向数据或仓库技术

图4-1 数据库的类型

2. 按知识类型划分

数据挖掘技术按照功能可划分为分析数据的内在规律、分析数据间的内在联系、定义描述等。数据挖掘全过程会同时由以上两个、三个甚至更多的功能组成。数据挖掘还可以划分为广义知识、原始层知识、多层知识等类别,也就是专业术语所说的高抽象层、原始数据层、多个抽象层等。经典的数据挖掘技术通常能够找到多层知识。数据挖掘技术也能够按照其内在规律和异常性进行分类。通常来说,数据的内在规律可以通过分析相关性数据、找出数据之间的内在联系、定义描述、集合类似的对象为多个类和估算等方法挖掘。

3. 按技术类型划分

数据挖掘按照技术类型划分为模式识别、神经网络和可视化、机器学习、统计学、面向数据库或仓库技术等,也可按照数据分析方法划分为建模并模拟神经网络、进化算法、集合类似的对象为多个类、分类树、推演规则等。大型的数据挖掘系统通常包含两种或三种以上挖掘方法,或者吸取多种挖掘方法的优点来处理数据挖掘。

4. 按技术应用划分

数据挖掘技术应用的领域不同,分类也不同。比如生物医学行业、交通行业、金融行业、通信行业、股市行业等都有自己合适的且已广泛应用的数据挖掘方法,因此不可能将同一个数据挖掘技术应用到各个行业领域。

(四) 数据挖掘过程

数据挖掘过程是从大型数据库中挖掘先前未知的、有效的、可实用的信息,并使用这些信息做出决策或丰富知识。从形式上来说,数据挖掘的开发流程是迭代式的。开发人员通过如图4-2所示的五个阶段对数据进行迭代式处理。

1. 解读需求

绝大多数的数据挖掘工作都是针对具体领域的,数据挖掘工作人员不能只沉浸在自己的世界里,而应该多和具体领域的专家交流合作以正确解读项目需求。这种合作应当贯穿整个项目的生命周期。

2. 搜集数据

在大型公司,数据大多是从其他业务系统数据库中提取的。很多时候需要对数据进行抽样,在这种情况下必须理解数据的抽样过程是如何影响取样分布,以确保评估模型环节中用于训练和检验模型的数据来自同一个分布。

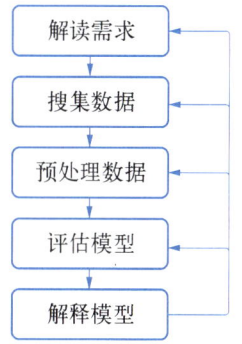

图 4-2 数据挖掘过程

3. 预处理数据

预处理数据主要分为数据清理和数据归约。其中前者包含了缺失值处理、异常值处理、归一化、平整化、时间序列加权等,而后者包含维度归约、值归约、案例归约等。

4. 评估模型

评估模型就是在不同的模型之间做出选择,找到最优模型。

5. 解释模型

数据挖掘模型在大多数情况下是用来辅助决策的,人们显然不会根据黑箱模型来制定决策。如何针对具体环境对模型做出合理解释是一项非常重要的任务。

二、数据挖掘的内容及应用

(一) 数据挖掘的内容

1. 概念描述

概念描述主要用于描述对象内涵并概括此对象的相关特征。概念描述分为特征性描述和区别性描述。特征性描述是描述对象的相同特征，区别性描述是描述对象的不同特征。将数据汇总和特征化有一些有效的方法，主要包括基于统计度量和图的简单数据汇总、基于数据立方体的联机分析处理（Online Analytical Processing，OLAP）操作、面向属性的归纳技术等。数据特征化的输出可以用多种形式提供，如饼图、条图、曲线、多维数据立方体和包括交叉表在内的多维表。

2. 关联分析

关联分析主要用来发现数据库中相关的知识以及数据之间的关联。关联分为简单关联、时序关联、因果关联。

3. 分类和聚类

分类和聚类是根据需要训练相应的样本来对数据进行分类和合并。

（1）分类。

分类是找出描述和区分数据类或概念的模型（或函数），用于预测类标号未知的对象的类标号。这种模型是基于对训练数据集（类标号已知的数据对象）的分析。

（2）聚类。

聚类用于分析数据对象本身，而不考虑类标号。在许多情况下，开始并不存在标记类的数据。可以使用聚类方法产生数据组群的类标号。对象根据最大化类内相似性、最小化类间相似性的原则进行聚类或分组。

4. 偏差检测

偏差检测用于检测对象中的异常数据。数据集中可能包含一些数据对象，它们与数据的一般行为或模型不一致。这些数据对象是离群点。大部分数据挖掘方法都将离群点视为噪声或异常而丢弃。然而，在一些应用中（如财务造假检测），罕见的事件可能比正常出现的事件更令人感兴趣。离群点数据分析又称为偏差分析、离群点分析或异常挖掘。可以假定一个数据分布或概率模型，使用统计检验来检测离群点；可以使用距离度量，将远离其他数据点的对象视为离群点；倘若不使用统计或距离度量，基于密度的方法也可以识别局部区域中的离群点，尽管从全局统计分布的角度来看，这些局部离群点看上去是正常的。

（二）数据挖掘的常用算法

1. 统计数据分析

（1）描述性数据分析。

在统计数据分析中，最简单而直接的方式是对数据进行宏观层面的描述性分析，如均值、方差等。

（2）回归分析。

相较于单个变量的统计分析，在实际生产生活中存在着更多的变量。在多变量的数据分析过程中，对变量之间的作用关系进行分析即为回归分析。

（3）关联分析。

关联分析是一种简单、实用的分析技术，通过发现存在于大量数据集中的关联性或相关性，描述不同事物中某些属性同时出现的规律和模式。关联分析是从大量数据中发现项集之间有趣的关联。

（4）聚类分析。

聚类分析是先将数据划分成具有意义的组再进行多元统计分析，是一种定量方法。讨论的对象是大量的样本,要求能够合理地按照各自的特性进行合理的分类,没有任何模式可供参考或依循,是在没有先验知识的情况下进行的。聚类分析的基本思想是认为研究的样本或变量之间存在着程度不同的相似性(亲疏关系)。

2. 基于机器学习的数据挖掘

机器学习是一门多领域交叉学科,涉及概率论、统计学、逼近论、凸分析、算法复杂度理论等多门学科,专门研究计算机怎样模拟或实现人类的学习行为,以获取新的知识或技能,重新组织已有的知识结构,使之不断改善自身的性能。

3. 社交网络中的大数据挖掘

社交网络的主要结构形式是图,图数据不同于简单的连续型或离散型数据,其结点之间的关系由于图的拓扑结构而变得复杂,其分析方法也不同于一般的统计和机器学习的数据分析。常见的社交网络的主要组织形式有图结构的度量算子、行为分析算法、社区发现算法。

4. 自然语言中的数据挖掘

自然语言处理是人工智能的一个重要领域,也是数据挖掘的一个重要应用载体,从词、句、话题三个层次分析自然语言形成了词表示分析、语言模型、话题模型等数据分析方法。

(三) 数据挖掘的未来发展

1. 数据挖掘方法

研究者们已经开发了一些数据挖掘方法,涉及新的知识类型的研究、多维空间挖掘、集成其他领域的方法以及数据对象之间的语义捆绑等。未来,挖掘方法需进一步解决诸如数据的不确定性、噪声和不完全性等问题。

2. 用户界面

用户在数据挖掘过程中扮演着重要角色。有趣的研究领域包括如何与数据系统交互,如何在挖掘中融入用户的背景知识,以及如何理解数据挖掘的结果并予以可视化呈现。未来在交互挖掘方面应实现高度交互,结合背景知识,运用特定的数据挖掘和数据查询语言,关注数据挖掘结果的表示和有效的可视化呈现。

3. 挖掘的有效性和伸缩性

为了有效地从多个数据库或动态数据流的海量数据中提取信息,数据挖掘算法必须是高效的和可伸缩的。换句话说,数据挖掘算法的运行时间必须是可预计的、短的和可以被应用接受的。准确性、可伸缩性以及实时运行能力是驱动许多数据挖掘新算法开发的关键标准。

4. 挖掘算法的优化

许多数据集的巨大容量、数据的广泛分布和一些数据挖掘算法的计算复杂性是促使开发并行和分布式数据密集型挖掘算法的因素。这种算法首先把数据划分成若干片段,每个片段并行处理搜索模式,并行处理可以交互,来自每部分的模式最终合并在一起。云计算和集群计算使用分布和协同的计算机处理超大规模计算任务,它们也是并行数据挖掘研究的活跃主题。此外,有些数据挖掘过程的高开销和输入的增量特点推动了增量数据挖掘。增量挖掘与新的数据更新结合在一起,而不必"从头开始"挖掘全部数据。这种算法增量实现了对知识的修改,修正和加强了先前已发现的知识。

5. 多样化的数据库

全球的数据库被互联网连接在一起,形成了一个庞大的、分布的和异构的全球信息网络。从具有不同数据语义的结构化的、半结构化的和非结构化的不同数据源中发现知识,对数据挖掘提出了巨大挑战,与从孤立的数据库的小数据集中可以发现的知识相比,挖掘这种庞大的、互连的信息网络可能帮助研究者在异种数据集中发现更多的模式和知识。互联网挖掘、多源数据挖掘和信息网络挖掘已经成为数据挖掘的一个非常具有挑战性的、快速发展的领域。

6. 数据管理的伦理

未来需要关注数据挖掘的社会影响。由于数据挖掘已渗透到日常生活,因此研究数据挖掘对社会的影响是重要的。怎样使用数据挖掘技术才能有益于社会、怎么才能防止它被滥用、数据的不适当披露和使用、个人隐私和数据保护权的潜在违反等都是需要关注的研究领域。

任务二 认识大数据挖掘技术之决策树

一、分类的相关概念

(一) 监督学习

监督学习是对具有标记的训练样本进行学习,以尽可能对训练样本集外的数据进行分类预测。它是机器学习中的一种训练方式或学习方式,其中输入输出值已知,算法学习映射函数 f,使得 $y=f(x)$。

监督学习的内容主要是分类和回归,其目标就是建立输入(x)与输出(y)之间的联系,预测未知对象的标签,所有输入、输出、算法和场景都由人类提供。基本流程如图 4-3 所示。

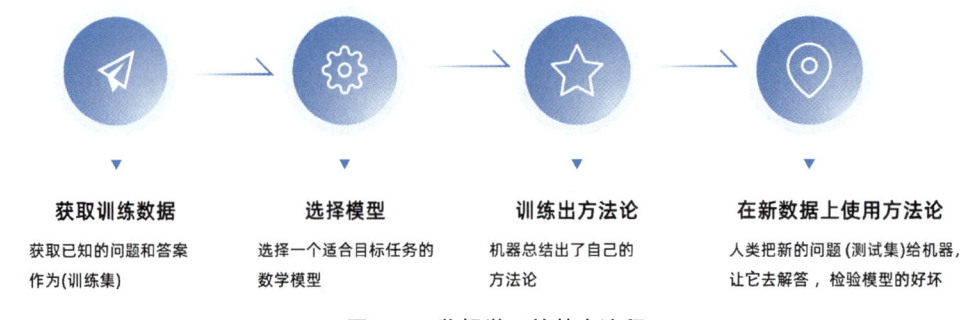

图 4-3 监督学习的基本流程

(二) 属性、数据、标签

属性是描述空间实体的非空间特征。例如,一个公司员工的年龄、性别、身高、薪酬、工龄等。

数据是事实的集合,如数字、单词、测量值、观察结果或只是对事物的描述,可以是定性的或定量的。

标签又称为标记数据(又名带注释的数据、标签数据),是指为原始数据放置有意义的标签、添加标签或分配类别。数据的标签通常是通过要求人类对给定的未标记数据做出判断来获得,比原始未标记数据的获取成本要高。

(三) 分类的内涵

分类是找出描述和区分数据类或概念的模型,以便能够使用模型预测未知对象的类标号,属于有监督的学习,是一种重要的数据分析形式,通过对已有数据集(也称为训练集,这里数据集的类别是已知)的学习,得到一个目标函数 f(模型、分类器),利用模型对类标号未知的对象进行分类。其操作过程一般分两个阶段：第一阶段为学习阶段，建立描述预先定义的数据类或概念集的分类器(模型)；第二阶段为分类阶段,使用定义好的分类器(模型)进行分类。

二、分类的评价指标

评价指标主要用于衡量模型的性能,在评价不同模型的能力时,使用不同的评价指标往往会得出不同的评判结果；模型的好坏是相对的,不仅取决于算法和数据,而且取决于任务需求。

分类评价指标常用的有混淆矩阵、准确率、错误率、精准率、召回率、F1 分数、ROC 曲线、AUC 值。

(一) 混淆矩阵

混淆矩阵就是分别统计分类模型误分类、正确分类的个数,然后把结果放在一个表里展示。混淆矩阵显示了分类模型在进行预测时会对哪一部分产生混淆。具体表示方式见图 4-4。

真阳性(True Positive, TP),也就是预测为真,实际上也为真的数据,对应图中左上角单元格。

假阳性(False Positive, FP),也就是预测为真,但实际上为假的数据,对应图中右上角单元格。

假阴性(False Negative, FN),也就是预测为假,但实际上为真的数据,对应图中左下角单元格。

真阴性(True Negative, TN),也就是预测为假,实际上也为假的数据,对应图中右下角单元格。

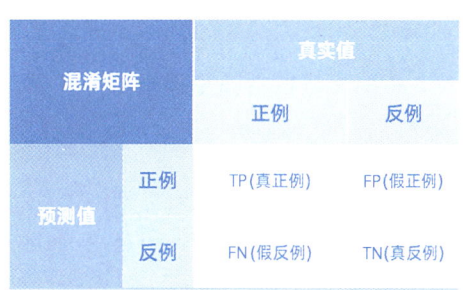

图 4-4 混淆矩阵的基本定义

真阳性率(True Positive Rate, TPR)：$TPR = TP/(TP+FN)$,代表实际观测为阳性的样本中,模型能够正确识别出来的比例。TPR 又称为敏感度(Sensitivity)。

真阴性率(True Negative Rate, TNR)：$TNR = TN/(FP+TN)$,代表实际观测为阴性的样本中,模型能够正确识别出来的比例。TNR 又称为特异性(Specificity)。

假阳性率(False Positive Rate, FPR)：$FPR = FP/(FP+TN)$,代表实际观测为阴性的样本中,被模型错误地划分成阳性的比例($FPR = 1 - TNR$)。

混淆矩阵是模型计算结果和真实结果的汇总,如图 4-5 所示。

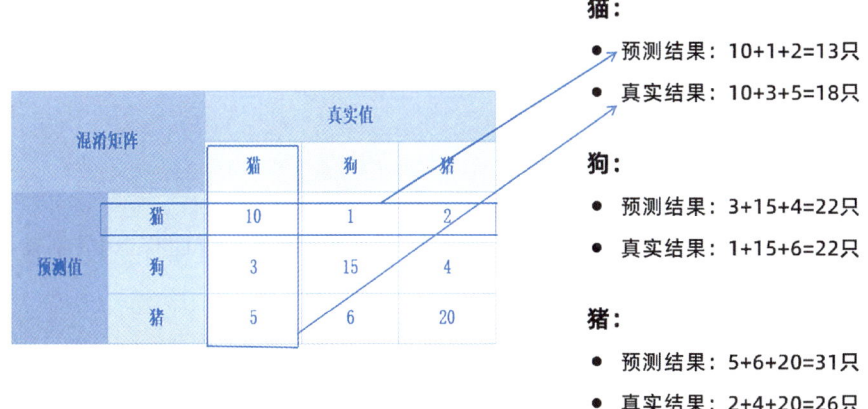

图 4-5 预测动物类别的混淆矩阵

(二) 准确率

准确率是分类问题中最原始、最常见的评价指标,指分类正确的样本数占样本总数的比重。准确率越高,说明模型越好。其计算公式如下:

$$准确率 = \frac{预测正确的样本数}{样本总数}$$

在图 4-5 的混淆矩阵中,对 66 只动物预测准确的为 10+15+20=45 个样本,准确率为 45/66=68.2%。

(三) 错误率

与准确率相对应的是错误率,即分类错误的样本数占样本总数的比重。错误率越低,说明模型越好。其计算公式如下:

$$错误率 = \frac{预测错误的样本数}{样本总数}$$

在图 4-5 的混淆矩阵中,对 66 只动物预测错误的为 3+5+1+4+2+6=21 个样本,错误率为 21/66=31.8%。

(四) 精准率

评价模型好坏的指标为精准率(Precision),又称为查准率,指在所有被预测为正的样本中实际为正的占比。精准率越高,说明模型越好。

$$精准率\ P = \frac{TP}{TP + FP}$$

以图 4-6 动物混淆矩阵中的猫为例,模型预测有 13 只是猫,但是其实这 13 只猫只有 10 只预测准确,3 只预测错误,精准率(猫)为 10/(10+3)≈76.9%。

混淆矩阵		真实值	
		正例	反例
预测值	正例	TP(真正例)	FP(假正例)
	反例	FN(假反例)	TN(真反例)

混淆矩阵		真实值		
		猫	狗	猪
预测值	猫	10	1	2
	狗	3	15	4
	猪	5	6	20

图 4-6 动物混淆矩阵精准率的计算

(五) 召回率

召回率(Recall)又叫查全率,指针对原样本,在实际为正的样本中被预测为正样本的占比。召回率越高,说明模型越好。

$$召回率\ R = \frac{TP}{TP + FN}$$

以图 4-6 动物混淆矩阵中的猫为例,总共 18 只猫,模型认为里面有 10 只是猫,剩下的 3 只是狗,5 只是猪。所以,召回率(猫)为 10/(10+3+5)=55.6%。

(六) F1 分数

F1 分数是 P 和 R 的调和平均,F1 越高,模型的性能越好。其计算公式如下:

$$F_1 = \frac{2 \times P \times R}{P + R}$$

$$\frac{1}{F_1} = \frac{1}{2} \times \left(\frac{1}{P} + \frac{1}{R}\right)$$

$$F_1 = \frac{2 \times P \times R}{P + R} = \frac{2TP}{样例总数 + TP - TN}$$

以图 4-6 动物混淆矩阵中的猫为例,通过上面的计算结果得到精准率 P 和召回率 R,那么 $F_1 = (2 \times 0.769 \times 0.556)/(0.769 + 0.556) = 64.54\%$。

(七) ROC 曲线

接受者操作特性曲线(Receiver Operating Characteristic Curve, ROC)上各点反映着相同的感受性,它们都是对同一信号刺激的反应,只不过是在几种不同的判定标准下所得的结果而已。ROC 曲线的横轴是假阳性率,纵轴为真阳性率。混淆矩阵与 ROC 曲线的关系见图 4-7。

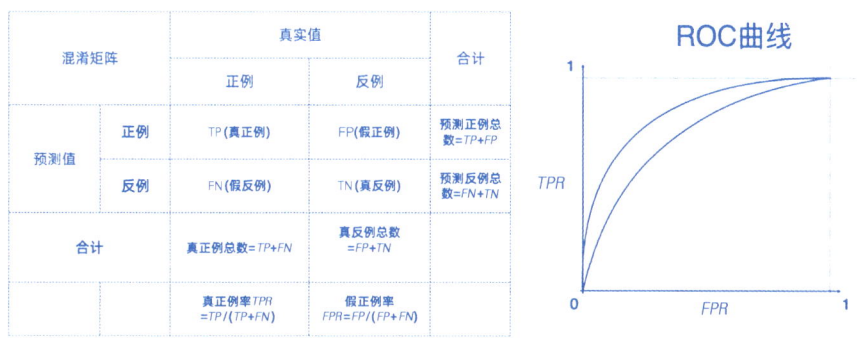

图 4-7 混淆矩阵与 ROC 曲线的关系

(八) AUC 值

AUC(Area Under Curve)被定义为 ROC 曲线下的面积,取值范围一般在 0.5 和 1 之间,作为数值可以直观评价分类器的好坏,值越大越好。图 4-8 中 A 的 AUC 值最大,C 的

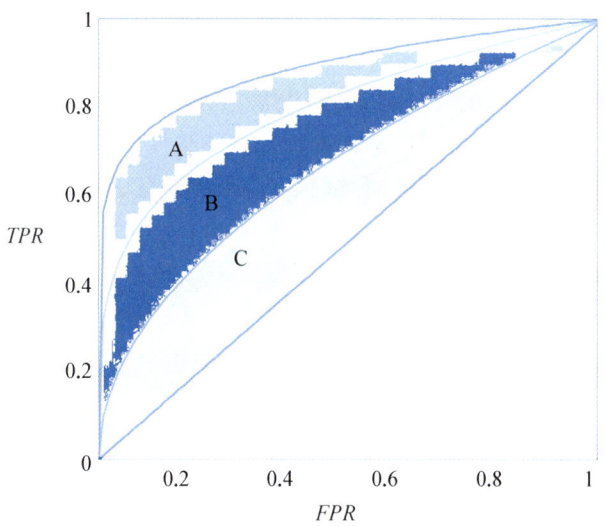

图 4-8 ROC 曲线里中的 AUC 值

AUC 值最小,A 的分类器最好。AUC 的出现是因为很多时候 ROC 曲线并不能清晰说明哪个分类器的效果更好,而作为一个数值能够根据值的大小直接判断哪个分类器效果更好。

三、分类的社会应用

随着信息技术的发展,生产生活中产生大量的数据,比如生产管理、社交、支付等不断产生数据。如何利用这些数据准确并快速整理出有价值的信息就变成了一种管理需求。随着大数据技术的发展,人类已经开发出多种数据资产,管理者将其过去的经验应用于未来的生产经营决策成为一种普遍技术,利用分类算法生成有用的见解有助于做出决策和预测。

分类技术目前主要的应用领域有四个方面。

(一)建立风险防控模型

管理者可利用数据挖掘技术建立企业风险预警模型,因为企业风险的发生是一个积累的、渐进的过程,通过建立风险预警模型可以随时监控企业经济状况,防范危机的发生。另外,也可以利用数据挖掘技术,对企业筹资和投资过程中的行为进行监控,防止恶意的商业欺诈行为,维护企业利益。

(二)构建精确定位营销模式

分类技术最普遍的应用就是 O2O(线上营销线上购买带动线下经营和线下消费)优惠券使用预测。以优惠券盘活老用户或吸引新客户进店消费是 O2O 的一种重要的营销方式。对商家而言,滥发的优惠券可能降低品牌声誉,同时难以估算营销成本。个性化投放是提高优惠券使用率的重要技术,它可以让具有一定偏好的消费者得到真正的实惠,同时赋予商家更强的营销能力。利用现有的 O2O 场景相关的丰富数据,希望通过分析建模精准预测用户是否会在规定时间内使用相应的优惠券。

(三)建立信息过滤系统

在信息超载的时代,基于文本内容识别有用信息、过滤垃圾短信将成为一种必要的功能。基于短信文本内容,结合分类算法来智能地识别垃圾短信及其变种成为现代信息服务管理的重要技术手段。

(四)进行用户画像

在现代数字广告投放系统中,以物拟人和以物窥人是使用大数据的重要前提条件。用户画像是根据用户社会属性、生活习惯和消费行为等信息抽象出的标签化用户模型,主要内容包括了解用户、猜测用户的潜在需求、精细化定位人群特征、挖掘潜在的用户群体。

四、分类算法——决策树

分类算法有多种,常用的有决策树(Decision Tree)、线性回归(Linear Regression)、逻辑回归(LR)、朴素贝叶斯(Naive Bayesian)、支持向量机(SVM)、自适应提升(Ada Boost)、K最近邻(KNN)、梯度下降树(GBDT)。下面将对其中一些算法进行介绍。

(一)决策树的概念

决策树是一种基本的分类与回归方法,在分类问题中表示基于特征属性对样本进行分类的过程。因该方法将原本杂乱不确定的信息变成一个确定、有序的信息,从根节点开始一步步走到叶子节点,所有的数据最终都会落到叶子节点,既可以做分类也可以做回归,其模型形状似树,从而称为决策树。

依据树的结构特征,决策树涉及的主要概念有树的节点和树的深度。

如图4-9所示,树的节点主要有三种类型:根节点、内部节点和叶节点。其中,根节点为第一个选择点,包含样本的全集;内部节点是对应特征属性,位于中间,内部节点要取值,如"是、否""0,1,2,…";叶节点代表决策的结果,即类别或标签。

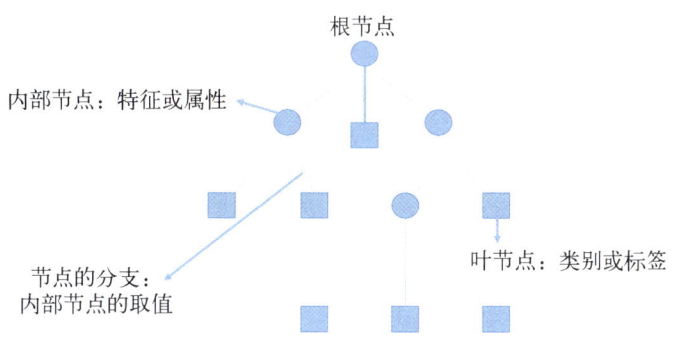

图4-9 决策树各部分名称

树的深度是从根节点开始往下数,叶子节点所在的最大层数称为树的深度。有的教材规定根节点在第0层,有的则规定根节点在第1层,原理都是一样的。决策树的深度和层的关系见图4-10。

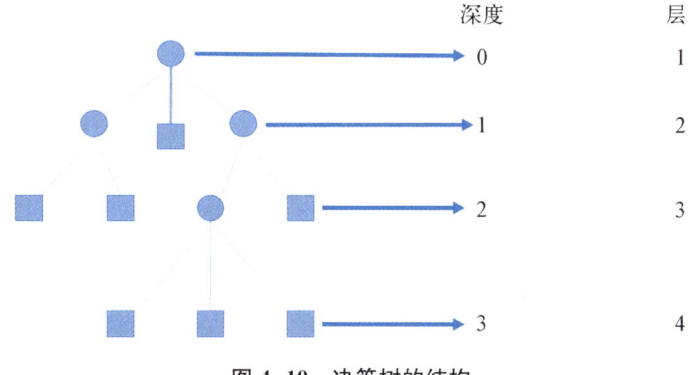

图4-10 决策树的结构

(二) 决策树运行步骤

决策树的运行主要有三个步骤。

第一步,特征选择。从训练数据的特征中选择一个特征作为当前节点的分裂标准。特征选择的标准不同会产生不同的特征决策树算法,选择原则就是筛选出跟分类结果相关性较高的特征,也就是分类能力较强的特征。特征选择标准的算法有三种,分别是ID3算法(信息增益)、C4.5算法(信息增益率)、CART算法(基尼指数)。

第二步,根据所选特征评估标准建立子节点,对每个子节点使用相同的方式生成新的子节点,直到数据集不可再分。整个建立过程的结束条件是以下任意一种:① 程序遍历所有划分数据集的属性;② 每个分支下的所有实例都具有相同的分类;③ 当前节点包含的样本集合为空时,不能划分。

第三步，对决策树进行剪枝。决策树容易产生过拟合的问题，即模型在训练集表现非常好，却在测试集上表现差，这时需要通过剪枝来缩小树的结构和规模，剪枝包括预剪枝和后剪枝。

预剪枝是在决策树生成过程中，对每个节点在划分前先进行估计，若当前节点的划分不能带来决策树泛化性能提升，则停止划分并将当前节点标记为叶节点。关于预剪枝何时使决策树的生长停止，可以采用以下4种方法：① 当树达到一定深度时停止生长；② 当前节点的样本数量小于给定阈值的时候，该节点不再分裂；③ 特征选择的标准小于或者大于阈值时不再分裂，比如信息增益率小于某个阈值，该节点不再分裂；④ 计算决策树每一次分裂能否提升测试集的准确度，当提升准确度小于某个阈值的时候，该节点不再分裂。

后剪枝先从训练集生成一棵完整的决策树，然后自底向上对非叶节点进行考察，若将该节点对应的子树替换为叶节点能带来决策树泛化性能提升，则将该子树替换为叶节点。

决策树的生成流程见图4-11。

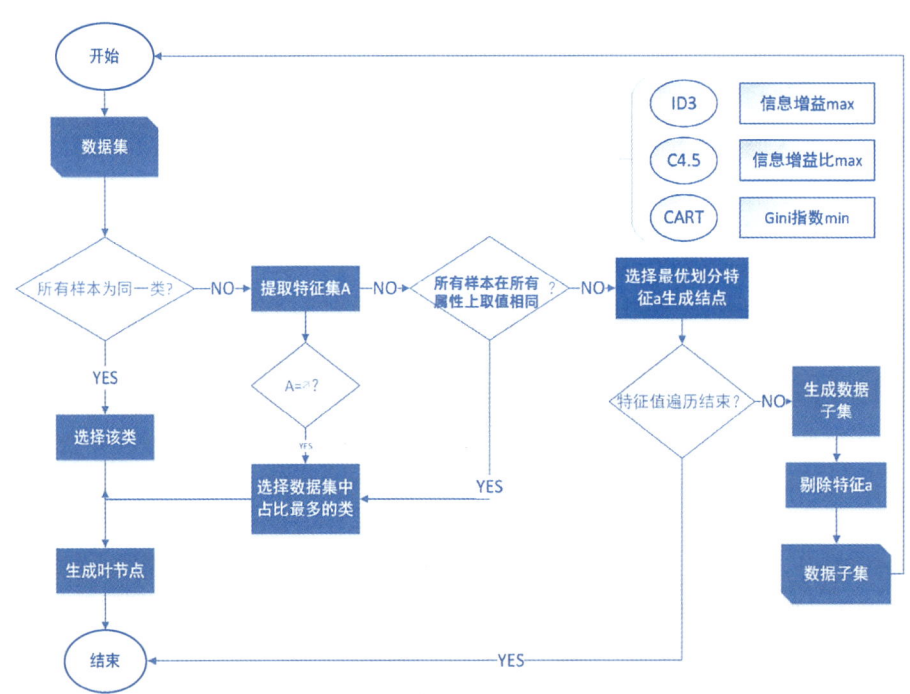

图4-11　决策树生成流程

情形1：如果数据集全属于同一类别，则无须划分。

情形2：如果数据集不属于同一类，并且数据的属性集为空，那么类别标记为样本最多的类别。

情形3：如果数据集不属于同一类，数据的属性集不为空，所有样本在所有属性上取值相同，那么类别标记为样本最多的类别。

情形4：如果数据集不属于同一类，数据的属性集不为空，所有样本在所有属性上取值均不相同，则选择最优划分节点，剔除已被选为最优划分的特征，形成新的数据子集，再根据新的数据子集结合以上4种情形对数据进行划分。

(三) 决策树业务训练

1. 任务描述

捷胜公司某年年末有 532 名员工。请根据所提供员工的职级、年龄、司龄等基本信息对员工绩效考核进行分类,并根据归类结果为每一类员工进行命名。

2. 操作步骤

(1) 点击"选择数据源",在弹出的左侧选择数据源框处点击"上传数据",将数据进行上传后,点击"保存"。

(2) 点击"配置模型",弹出模型库,选择分类分析中的"决策树",在右侧弹出决策树参数设置框。其中,"自变量"中选择自变量的元素,点击"确认";"因变量"中选择因变量的元素,点击"确认"。

(3) 在"测试集比例"处填写"0.2",在"树的深度"处填写"1"—"5",在"最小叶子数"处写"1",在"测量分割指数的函数"处选择"gini",最后点击"保存"。

(4) 点击"开始建模",运行完成后点击"查看训练结果"。

(5) 点击"选择预测数据",点击"上传数据",然后点击"保存"。

(6) 查看预测结果,并根据结果进行归类并命名。

4-2-1 决策树视频演示

任务三　认识大数据挖掘技术之逻辑回归

一、逻辑回归的相关概念

(一) sigmoid 函数

1. sigmoid 函数的定义

sigmoid 函数是一种非线性函数,计算公式如下:

$$\text{sig}(t) = \frac{1}{1+e^{-t}}$$

sigmoid 函数也被称为二类别逻辑函数(Logistic 函数),其曲线如图 4-12 所示。

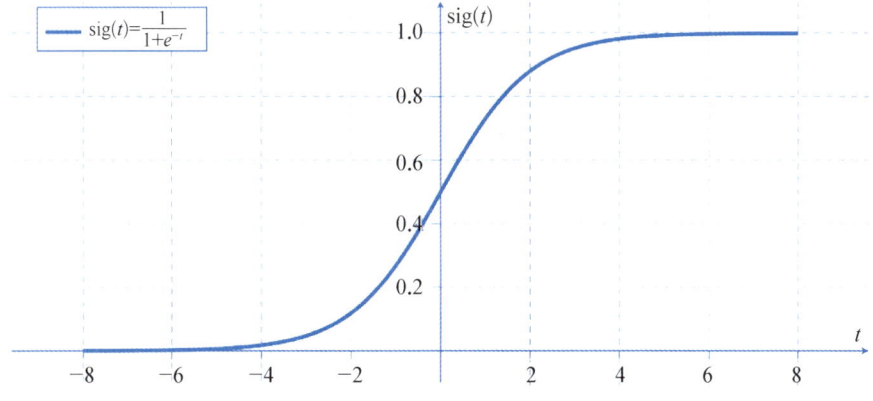

图 4-12　sigmoid 函数曲线

此图表现出如下特征：

第一，sigmoid 函数连续、光滑、严格单调、以点(0，0.5)为中心对称，是一个非常良好的阈值函数；

第二，自变量 t 的取值范围为负无穷到正无穷；

第三，值域 $\mathrm{sig}(t)$ 的取值范围为 0 到 1；

第四，t 趋于负无穷，$\mathrm{sig}(t)$ 趋于 0；

第五，$t=0$，$\mathrm{sig}(t)=0.5$；

第六，t 趋于正无穷，$\mathrm{sig}(t)$ 趋于 1。

2. sigmoid 函数的作用

（1）改变数据表现形态。

sigmoid 函数的主要作用是将回归值域$(-\infty,+\infty)$的值压缩到$(0,1)$。当 t 值小于 0 且 $\mathrm{sig}(t)<0.5$ 时，即将小于 0 的数据映射到 0 到 0.5 之间，则 t 值越小，$\mathrm{sig}(t)$ 越趋于 0。t 值等于 0，作为输入数据代入 sigmoid 函数中，$\mathrm{sig}(t)=0.5$。t 值大于 0，即将大于 0 的数据映射到 0.5 到 1 之间，且 t 越大，$\mathrm{sig}(t)$ 越趋于 1。

（2）数据由线性转向非线性。

由于 sigmoid 函数对数据具有挤压作用，能够应用于概率估计，从而使数据由线性转向非线性，因此它被应用于神经网络分析。该函数是激活函数的一种。

激活函数除 sigmoid 函数外，还有 tanh 函数、ReLU 函数、Leaky ReLU 函数、ELU 函数、Swish 函数等。

(二) 决策边界

1. 决策边界的定义

决策边界就是能够把样本正确分类的一条边界。在有两个类别的统计分类问题中，决策边界或决策面是一个超曲面，它将基础向量空间划分为两个集合，每个类别一个。分类器将把决策边界一侧的所有点归为一类，把另一侧的所有点归为另一类。

如果决策面是一个超平面，则决策边界可分为线性决策边界（分类器通过一条直线将样本进行分类）和非线性决策边界（分类器依据的不是一条直线，可能是曲线，也可能是其他类别的线或图形）。决策边界是假设函数的属性，由参数决定，而不是由数据集的特征决定。

2. 决策边界的确定

sigmoid 函数是返回一个介于 0 和 1 之间的概率，为了将样本映射到离散类别（正例、负例），选择一个阈值或临界点，高于该阈值或临界点的样本标记为正例，低于该阈值或临界点的样本标记为负例。sigmoid 函数与决策边界的关系如图 4-13 所示。

通过决策边界可以直接根据样本在特征空间的位置对该样本的类型进行分类和预测。

二、逻辑回归的基本算法

(一) 逻辑回归的内涵

逻辑回归是一种广义线性回归，是一种分类算法，主要解决二分类问题。与线性回归有着相似的模型形式，却存在本质的不同。逻辑回归是对特征做加权相加后，输入 sigmoid 函数，sigmoid 函数返回一个在$(0,1)$之间的数，即逻辑回归＝线性回归＋sigmoid 函数。

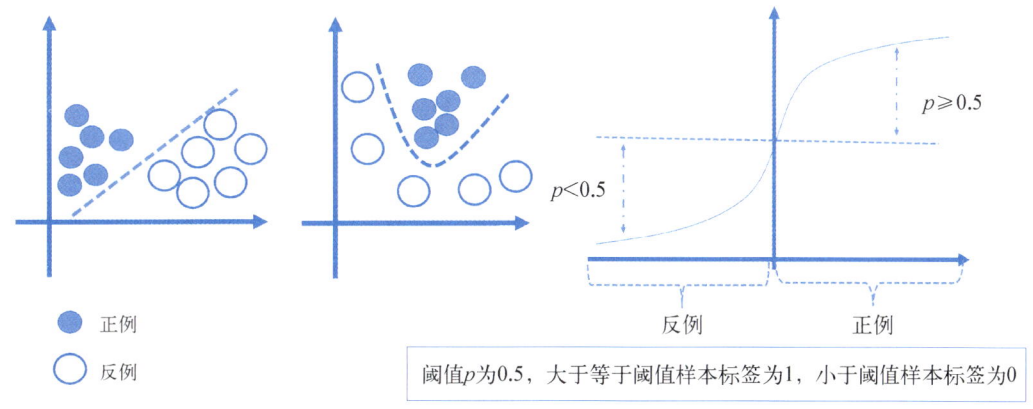

图 4-13 sigmoid 函数曲线图示

假设线性回归方程为

$$y = (\beta_0 + \beta_1 x_1 + \beta_2 x_2 + \cdots + \beta_n x_n)$$

sigmoid 函数为

$$\text{sig}(t) = \frac{1}{1 + e^{-t}}$$

则逻辑回归模型为

$$\begin{aligned} h_\beta(x) &= \text{sig}(y) \\ &= \text{sig}(\beta_0 + \beta_1 x_1 + \beta_2 x_2 + \cdots + \beta_n x_n) \\ &= \frac{1}{1 + e^{-(\beta_0 + \beta_1 x_1 + \beta_2 x_2 + \cdots + \beta_n x_n)}} \end{aligned}$$

注：$h_\beta(x)$ 的结果大于决策边界为一类，小于决策边界的为另一类。

由线性回归 y 的值域和 sigmoid 函数的值域可知，在逻辑回归模型中用 sigmoid 函数把线性回归的结果 $(-\infty, \infty)$ 映射到 $(0, 1)$，得到的这个结果类似一个概率值。最后将概率值与决策边界的阈值进行比较，进而对数据进行分类。

(二) 逻辑回归的适用条件

逻辑回归模型的适用条件如下：

第一，因变量为二分类的分类变量或某事件的发生率，并且是数值型变量。但需要注意，重复计数现象指标不适用于逻辑回归。

第二，残差和因变量都要服从二项分布，二项分布对应的是分类变量，所以不是正态分布，进而不是用最小二乘法，而是用最大似然法来解决方程估计和检验问题。

第三，自变量和逻辑概率是线性关系。

第四，各观测对象间相互独立。

(三) 逻辑回归的求解过程

逻辑回归的求解基本过程为构造逻辑回归基本函数→构造损失函数→构造优化方法。

1. 构造逻辑回归基本函数

逻辑回归基本函数为

$$h_\beta(x) = \text{sig}(t)$$
$$= \text{sig}(\beta_0 + \beta_1 x_1 + \beta_2 x_2 + \cdots + \beta_n x_n)$$
$$= \frac{1}{1 + e^{-(\beta_0 + \beta_1 x_1 + \beta_2 x_2 + \cdots + \beta_n x_n)}}$$

需要求得 β_0，β_1，β_2，$\cdots$，β_n。

2. 构造损失函数

损失函数是用来评价模型的预测值和真实值不一样的程度，误差越小，损失函数越好，通常模型的性能越好。

在求解分类问题时，由于逻辑回归的线性关系不存在，因此并不能直接求出因变量 y 与自变量 x 的关系，只知道当 x 为任意值时，$y=1$ 或 $y=0$，即

$y=1$ 时，
$$p(y=1 \mid x, \beta) = h_\beta(x) = \frac{1}{1 + e^{-(\beta_0 + \beta_1 x_1 + \beta_2 x_2 + \cdots + \beta_n x_n)}}$$

$y=0$ 时，
$$p(y=0 \mid x, \beta) = 1 - h_\beta(x)$$

3. 构造优化方法

优化方法中梯度的方向是函数在给定点上升最快的方向，那么梯度的反方向就是函数在给定点下降最快的方向。

优化公式如下：
$$\frac{\partial J(\beta)}{\partial J(\beta_j)} = \frac{1}{m} \sum_{i=1}^{m} [h_\beta(x^{(i)}) - y^{(i)}] x_j^{(i)} \quad (j=1, 2, \cdots, n)$$

$$h_\beta(x) = \frac{1}{1 + e^{-(\beta_0 + \beta_1 x_1 + \beta_2 x_2 + \cdots + \beta_n x_n)}}$$

其中，$x^{(i)}$ 是第 i 个样本特征数据；

$y^{(i)}$ 是第 i 个样本的标签；

j 是第 j 个属性；

m 是样本个数；

n 是属性个数。

求参数的方法如下：

第一步，确定下降方向和速度后，更新并求出参数。
$$\beta_j = \beta_j - \alpha \frac{\partial J(\beta)}{\partial J(\beta_j)} \quad (j=1, 2, \cdots, n)$$

$$\beta_j = \beta_j - \alpha \frac{1}{m} \sum_{i=1}^{m} [h_\beta(x^{(i)}) - y^{(i)}] x_j^{(i)} \quad (j=1, 2, \cdots, n)$$

α 为步长（学习效率），主要用于控制下降的速度，不宜太大也不宜太小，步长的大小由研究者视情况而定。

第二步,明确迭代停止条件。可以确定迭代达到一定次数就停止,也可以要求学习曲线小于某个阈值就停止迭代。

(四) 逻辑回归的类型

基于分类响应类型的不同,逻辑回归模型可分为三种类型,分别为二元逻辑回归、多项逻辑回归和序数逻辑回归。

其中,二元逻辑回归中,响应变量或因变量本质上为二分法,即它只有两种可能的结果(如 0 或 1)。多项逻辑回归是因变量具有三个或更多可能的结果,结果之间并没有指定的顺序。序数逻辑回归则是响应变量具有三个或更多具有排序可能的结果。

三、逻辑回归的业务训练

(一) 任务描述

根据"黄金定律"二八法则,企业 80% 的利润是由 20% 的产品创造的,企业 20% 的员工创造了 80% 的价值。

企业培养人才需要大量的成本,为了防止人才流失,应当注重员工流失分析。员工流失分析用于评估公司员工流动率特征,目的是找到影响员工流失的主要因素,预测未来的员工离职状况,减少重要价值员工流失率,对提高企业竞争力、促进企业成长发展、增强企业创新能力和适应能力具有重要作用。

现有捷胜公司的员工台账,里面包含员工的满意度调查、绩效考核成绩、参与项目数、平均每月工作时长、工作年限、是否发生过工作差错、5 年内是否升职、薪资、是否离职等数据。请根据公司员工台账,借助逻辑回归算法建立模型,预测员工是否离职。

(二) 操作步骤

第一步,选择数据源。
① 点击"选择数据源",弹出左侧选择数据源框;
② 点击"上传数据源",弹出上传数据源框;
③ 点击选择路径或者拖拽文件到区域内完成上传,点击"保存"。

4-3-1 逻辑回归的操作视频演示

第二步,查看数据源。
① 点击"查看数据源";
② 观察数据源,查看其含有字段和数据;
③ 观察数据源是否还有缺失值、异常字符、异常值。

第三步,配置模型。
① 点击"配置模型",弹出模型库;
② 选择分类分析模型中的"逻辑回归",弹出逻辑回归参数设置框;
③ 点击选择"自变量"和"因变量"中的相应字段;
④ "测试集比例",填写 0.2。

第四步,开始建模,查看建模结果。

第五步,选择预测数据源。
① 点击"选择预测数据源",弹出左侧选择数据源框;
② 点击"上传数据源",弹出上传数据源框;
③ 点击或者通过拖拽文件到区域内完成上传,点击"保存"。

第六步,开始预测。

任务四 认识大数据挖掘技术之聚类分析

一、认识聚类分析

(一) 聚类的基本概念

1. 簇

簇是指数据点的集合,簇中的对象是相似的。

2. 聚类

聚类是把数据对象集合按照相似性划分成多个子集的过程。每个子集是一个簇,划分标准就是使得簇中的对象彼此相似,但与其他簇中的对象不相似。

3. 聚类分析

聚类分析就是依据变量的相似性通过数学建模将数据分到不同的类或者簇中,同一个簇中的个体之间具有很大的相似性,而不同簇的个体之间存在极大的差异性,以实现简化数据的目的。

聚类分析因要计算内部的相似性或距离,故对数据类型有要求,一般为定量数,包括连续型、离散型,也可以是二元型数据。

在聚类分析中,数据类型不同,适用算法也不同。例如,针对连续型的数据用 K 均值聚类(K-means),离散型数据则适用于层次聚类,而密度聚类算法适合处理密度分布不均的数据。当数据规模不同时,也会选择不同的算法,对于大规模数据集常选择 K 均值聚类或自组织映射算法。

(二) 聚类分析的功能

1. 分割和注释数据

对于较小的数据集,可以根据经验知识对数据进行分类,并做相应的注释。但是,对于大数据,若进行手动分割和注释就比较费时和困难,通过聚类分析可以减少分割、注释的时间,满足及时分析数据的需要。

2. 寻找异常数据

在大数据库中人工找出异常值是非常困难的,但是通过聚类就可以很轻松地识别出异常数据。除此之外,聚类更有价值的用途在于许多算法对异常数据点很敏感,用聚类分析则可以找出异常数据,帮助优化现有的数据收集工具,获得更准确的结果。

(三) 聚类分析的应用

聚类分析目前应用于商业、医疗、生物等多个领域。

1. 商业领域

在商业领域,聚类分析可以用于研究消费者行为、寻找新的潜在市场、选择实验的市场、刻画客户群、为投资者提供决策依据等,降低市场风险,提高市场收益。

2. 医疗领域

在医疗领域,疾病、患者和医疗资源等均可通过聚类分析的方法进行科学管理,以提高医疗服务的效率和质量。例如,聚类分析可以帮助医生根据患者的生命体征和症状,快速识别病种,从而采取有效措施进行针对性治疗。

3. 生物领域

可以通过聚类分析对动植物和基因进行分类,获取对种群固有结构的认识。

二、聚类算法——K 均值聚类的应用

(一) K 均值聚类的概念

1. 质心

质心是指簇中所有点的中心。中心的确定方法是通过计算簇内所有点的均值找到。如图 4-14 所示,每个圆圈内的三角形就是质心。图中有 3 个簇,共 3 个质心。

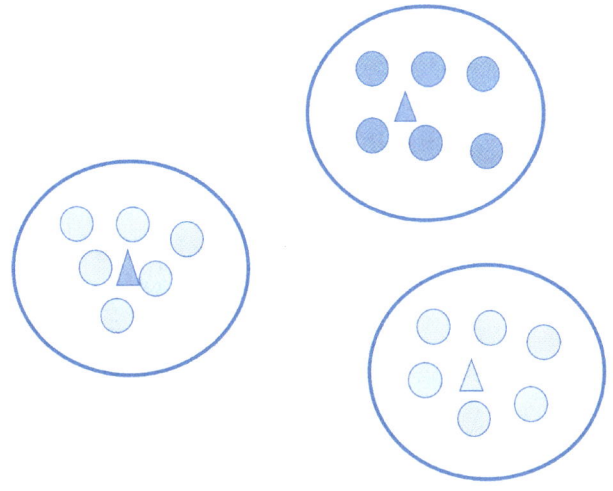

图 4-14 簇与质心的关系图

假设在二维空间中有 n 个数据点 $(x_1, y_1), (x_2, y_2), \cdots, (x_n, y_n)$,簇内所有点在 x 轴方向的均值、y 轴方向的均值、质心的计算公式为:

$$质心 = \left(\frac{1}{n}\sum_{i=1}^{n} x_i, \frac{1}{n}\sum_{i=1}^{n} y_i\right)$$

即

$$\bar{x} = \frac{x_1 + x_2 + \cdots + x_n}{n}$$

$$\bar{y} = \frac{y_1 + y_2 + \cdots + y_n}{n}$$

如图 4-15 所示,求坐标点 $p_1(3, 4)$ 和坐标点 $p_2(1, 1)$ 的质心:

$$\bar{x} = \frac{3+1}{2} = 2$$

$$\bar{y} = \frac{4+1}{2} = 2.5$$

$$质心 = (2, 2.5)$$

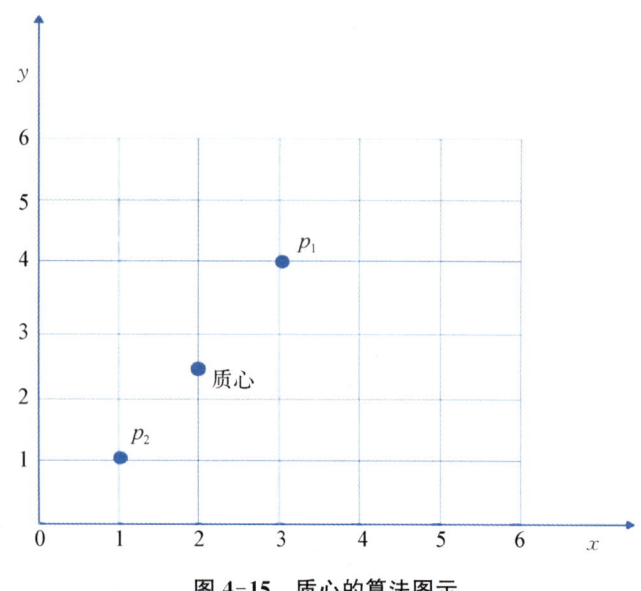

图 4-15 质心的算法图示

2. K 均值聚类原理

K 均值聚类算法是将数据分成 K 个组(簇),并使得在每个组(簇)中所有数据点与该组(簇)中心(质心)距离的总和最小。这样每个组(簇)内的数据相似性高,组(簇)之间数据的相似性低。

K 均值聚类算法通常采用欧几里得(简称欧氏)距离来计算数据对象间的距离,对于两个数据点 (x_1, y_1, z_1) 和 (x_2, y_2, z_2),欧氏距离计算公式如下:

$$\text{Euclid}(1,2) = \sqrt{(x_1-x_2)^2 + (y_1-y_2)^2 + (z_1-z_2)^2}$$

K 是组(簇)的个数,需要聚类前由研究者给定或确定。每个簇至少包含一个对象,每个对象属于且仅属于一个簇。聚类前后比对如图 4-16 所示。

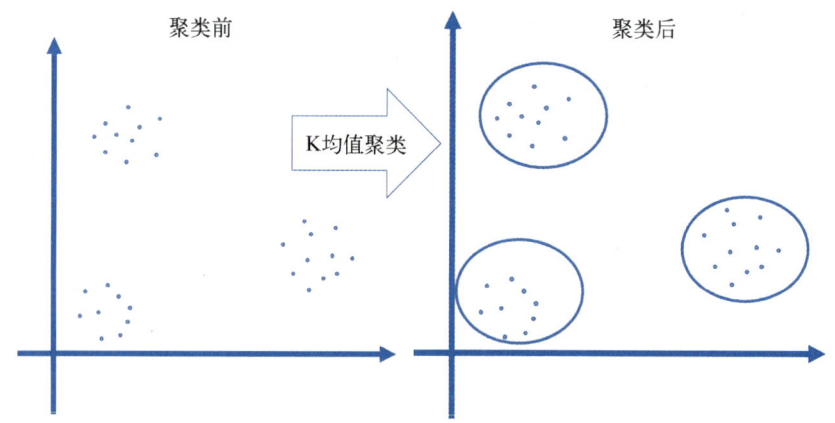

图 4-16 K 均值聚类算法图示

(二) K 均值聚类的操作流程

聚类分析的流程为:选取数据→特征提取与选择→相似性度量→聚类算法→聚类结

果→聚类有效性检验→聚类结果解读。其中聚类算法的示意图见图 4-17。

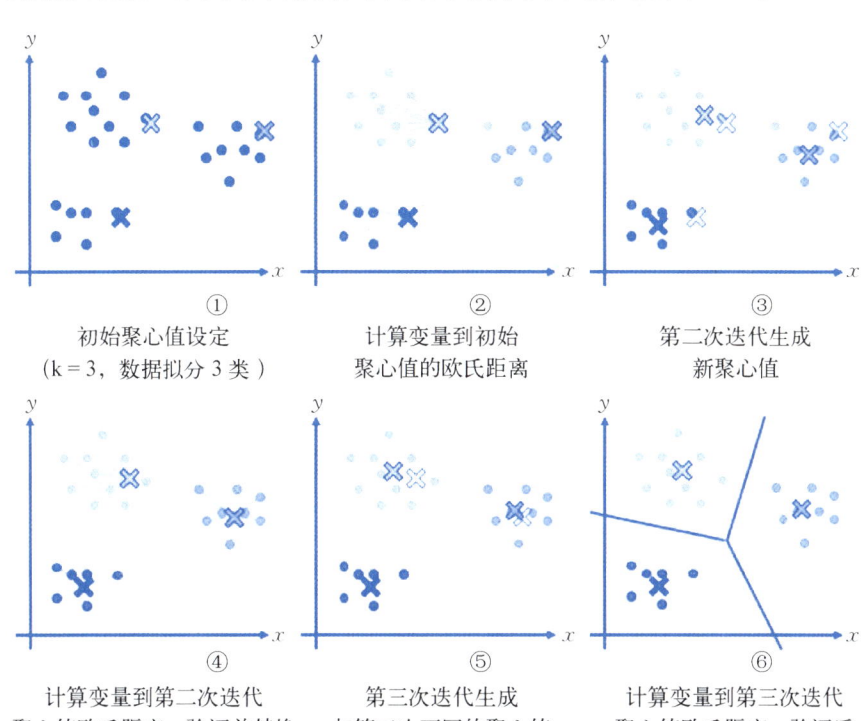

图 4-17 聚类算法的示意图

1. 选择质心

K（簇的个数）是聚类的，其取值直接影响聚类效果。确定 K 的常用方法有三种，分别是误差平方和法（Sum of the Squared Errors，SSE）、手肘法（Elbow Method）和轮廓系数法（Silhouette Coefficient）。

(1) 误差平方和法。

误差平方和法是所有对象到其所在聚类中心的距离之和。其样式见图 4-18，计算公式如下：

$$SSE = \sum_{i=1}^{k} \sum_{p \in C_i} |p - m_i|^2$$

其中，C_i 是第 i 个簇，p 是 C_i 中的样本点，m_i 是 C_i 的质心（C_i 中所有样本的均值）。

SSE 最终的结果是对图松散度的衡量：SSE（左图）<SSE（右图）。SSE 代表了聚类效果的好坏。随着聚类迭代，其值会越来越小，直到最后趋于稳定。对于不同的聚类，SSE 的大小肯定是不一样的，因此使 SSE 最小的聚类是误差平方和准则下的最优结果。

(2) 手肘法。

当选择的 K 值小于真正的 K 时，K 每增加 1，聚类误差就会大幅度减小；当选择的 K 值大于真正的 K 时，K 每增加 1，聚类误差的变化就不会那么明显。真正的 K 值就会在这个转折点，类似肘部的地方。具体做法就是让 K 从 1 开始取值，直至取到研究者认为合适的上限（一般来说这个上限不会太大），对每一个 K 值进行聚类并且记下对应的 SSE，在这个误差平方和

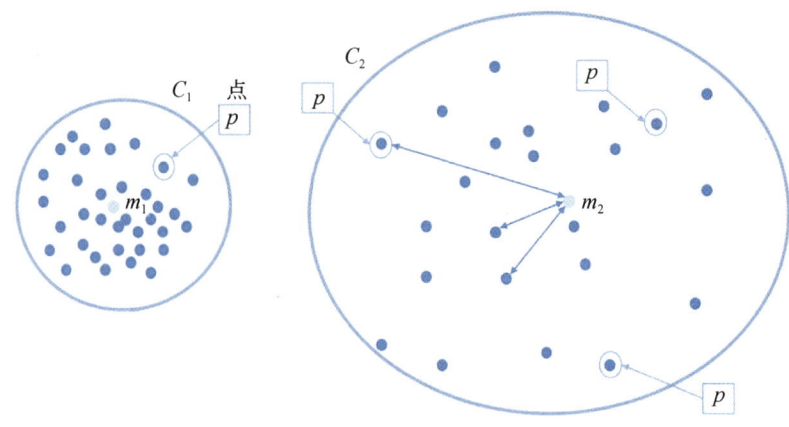

图 4-18 误差平方和的图示

变化过程中,会出现一个拐点,即肘点,下降率突然变缓时对应的 K 值就被认为是最佳的 K 值。然后画出 K 和 SSE 的关系图(手肘形),最后选取肘部对应的 K 作为最佳聚类数。

(3) 轮廓系数法。

轮廓系数是聚类效果好坏的一种评价方式,主要是将任意样本到其他簇内点的平均距离与样本到同簇内点的平均距离做差,然后除以这两个距离的最大值。其公式如下:

$$S = \frac{(b-a)}{\max(a,b)} \quad S \in [-1, 1]$$

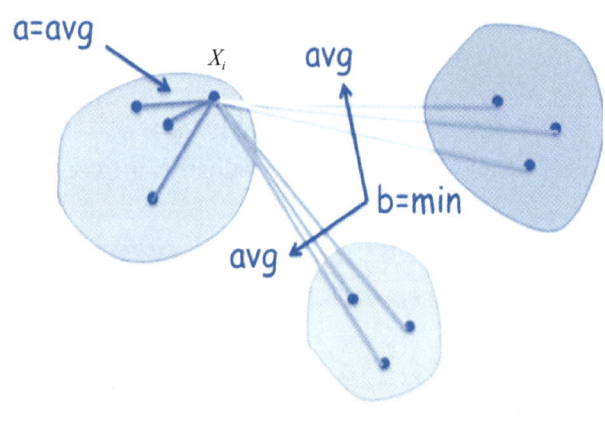

图 4-19 轮廓系数的图示

其中,a 为样本 i 到同一簇内其他点不相似程度的平均值,b 为样本 i 到其他簇的平均不相似程度的最小值。

结构图如图 4-19 所示。

a 值越小,簇越紧凑。b 表示样本与其他簇的分离程度。轮廓系数的取值范围在 $[-1, 1]$ 内。s 接近 1,则说明样本聚类合理;s 接近 -1,则说明样本更应该分类到另外的簇;若 s 近似为 0,则说明样本在两个簇的边界上。

如图 4-20 所示,有两个簇,左边的点表示一个簇,右边的点表示一个簇,左边簇中间的点与簇内的距离、与右边簇内点的距离已经给出,根据公式计算该点的 s_i。

$$a_i = (1+2+2+2+1)/5 = 1.6$$
$$b_i = (10+9+10+11+9)/5 = 9.8$$
$$s_i = (9.8-1.6)/9.8 = 0.84$$

所有样本的轮廓系数的均值称为聚类结果的轮廓系数,定义为 s,是聚类是否合理、有效的度量。

例如,研究者设置一些 K 值,比如 $K = [3, 4, 5, 6, 7, \cdots]$,求出每个 K 值聚类结果的所有样本的轮廓系数,对样本轮廓系数求平均值就得到了平均轮廓系数,轮廓系数最大的K值便是最佳聚类数。聚类结果的轮廓系数的取值在[−1,1]之间。值越大,说明同类样本相距越近。不同样本相距越远,则聚类效果越好。

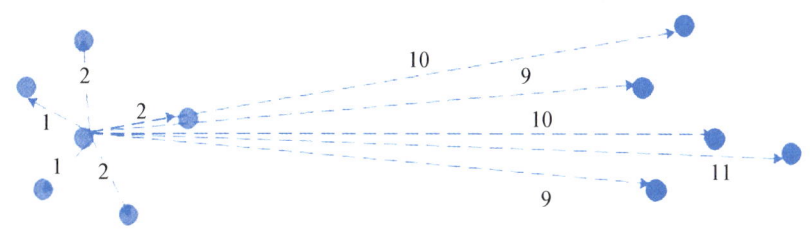

图 4-20　簇内点距离的图示

2. 进行多次聚类

对每个样本,找到距离自己最近的质心,完成一次聚类。若判断此次聚类前后样本点的聚类情况不同,则继续下一步。根据第一次聚类的结果更新中心点。然后针对每个样本,找到距离自己最近的质心,完成一次聚类。若判断与此次聚类前样本点的聚类情况不同,则继续下一步。接着根据第二次聚类的结果更新中心点,对每个样本找到距离自己最近的中心点,完成一次聚类。

评价类与类之间效果的常用指标叫戴维森堡丁指数(DBI),又称为分类适确性指标,是指任意两类别(簇)的类内样本到类中心平均距离之和除以两类(簇)中心点之间的距离,取最大值,然后将所有的最大值取平均值。DBI越小意味着类(簇)内距离越小,同时类(簇)间距离越大,即聚类效果越好。

3. 终止算法

经过多次聚类后,终止算法。K均值聚类算法的结束条件是没有对象被重新分配给不同的聚类,也可以是聚类中心不再发生变化,还可以是误差平方和局部最小。

4. 评价聚类效果

当聚类完成后,评价聚类效果的算法有多种,常用的有聚类纯度、兰德系数与F值。

三、聚类分析的业务训练

(一) 任务描述

捷胜公司有532名员工,依据员工年龄、司龄、工龄、基本工资和绩效考核结果对员工进行分类。要求对数据分别做K=3,4,5的聚类分析,并比较其DBI和轮廓系数的大小,找出相对最佳的K值。

(二) 操作步骤

(1)点击"选择数据源",弹出左侧选择数据源框,点击"上传数据",将数据进行上传,点击"保存"。

(2)点击"配置模型",弹出模型库,选择聚类分析模型中的K均值,弹出K均值参数设置框。其中,"聚类变量"中选择聚类变量,设为变量,点击"确认"。在"聚类个数范围"中填写默认给出的1~20中的某个数字即可。点击"计算",查看结果。然后,根据上一步查看结果和手肘法,找出最佳聚类个数。点击"保存"。

4-4-1 聚类分析视频演示

第三步,点击"开始建模"。
第四步,"查看聚类结果"。

任务五　认识大数据挖掘技术之线性回归

一、认识线性回归模型

(一) 回归模型的概念

1. 回归模型的产生

英国著名生物学家兼统计学家高尔顿在1855年发表了《遗传的身高向平均数方向的回归》,他和他的学生卡尔·皮尔逊(Karl Pearson)搜集了1 078对父子的身高数据,通过做图发现二者呈线性关系:当父亲的身高比较高时,儿子的身高也倾向于比较高;但是当父亲高于平均身高时,儿子比他更高的概率要小于比他更矮的概率;父亲矮于平均身高时,他的儿子身高比他更矮的概率小于比他更高的概率。由此高尔顿总结出一个规律,即儿子身高有向父辈的平均身高回归的特征,正是由于大自然具有此种约束力,人类身高的分布才相对稳定而不产生两极分化。此种现象即为回归效应。虽然高尔顿所研究的回归与后来线性回归模型的规则存在差异,但线性回归的术语却因此沿用下来,皮尔逊相关系数也被沿用下来。

2. 回归模型的作用

回归分析广泛应用于多个领域,包括商业领域、医学领域、地理学领域等,常用于从已有数据和结果中获取规律,预测未来事件,帮助人们找到不同变量之间的关系来发现模式,帮助人们做出明智的业务决策,帮助管理者识别并纠正错误等。

3. 回归模型的定义

线性回归是确定自变量与因变量之间相互依赖关系的模型。依据自变量的个数可分为一元回归和多元回归;按照因变量的多少,可分为简单回归和多重回归;按照自变量和因变量之间的关系类型,可分为线性回归和非线性回归。

(二) 回归模型的相关指标

1. 均方误差

均方误差(MSE)是最常用的回归损失函数,是预测数据和原始数据对应点误差的平方和的均值。其公式为

$$MSE = \frac{\sum_{i=1}^{n}(y_i - y_i^p)^2}{n}$$

其中,y_i是目标值(真实值);
y_i^p是预测值,取值范围是0~∞。
MSE越接近于0,说明模型选择和拟合越好,数据预测效果越佳。

2. 决定系数

决定系数(r^2)也称为拟合优度。决定系数反映了因变量的变化有多少能被自变量的变化所描述,以此来判断统计模型的解释力。其公式为

$$r = \frac{n\sum xy - \sum x \sum y}{\sqrt{n\sum x^2 - (\sum x)^2}\sqrt{\sum y^2 - (\sum y)^2}}$$

其中：

x 为自变量值；

y 为因变量值。

r^2 结果一般在 0～1 之间，r^2 越大(接近于 1)则拟合的回归方程越优。相关系数与变量之间关系如表 4-1 所示。

表 4-1 相关系数强弱关系判断准则

相关系数 $r(\pm)$	强 弱 判 断	相关系数 $r(\pm)$	强 弱 判 断
0.8～1.0	非常强相关	0.2～0.4	弱相关
0.6～0.8	强相关	0.0～0.2	弱相关或无关
0.4～0.6	中度相关		

假如员工司龄的长短与工资水平的高低决定系数 $r^2 = 0.8$，则可解释为工资水平高低有 80% 可由司龄来说明或决定。

(三) 回归模型的算法

回归模型依据算法和适用条件的不同可分为 7 类。

1. 线性回归

线性回归要求因变量是连续的，自变量可以是连续的或离散的。

2. 逻辑回归

逻辑回归(Logistic Regression)的因变量是分类的，自变量不受限。

3. 多项式回归

多项式回归(Polynomial Regression)是自变量指数大于 1。与线性回归不同的是，最佳拟合线不是直线，而是曲线。

4. 逐步回归

逐步回归(Stepwise Regression)处理多个自变量，适用于高维数据。

5. 岭回归

岭回归(Ridge Regression)在数据之间存在多重共线性即自变量高度相关时使用。

6. 套索回归

套索回归(Lasso Regression)在有多个相关的特征时使用，类似于岭回归但又存在差异。

7. 弹性网络回归

弹性网络回归(Lasso Regression)是岭回归和套索回归技术的混合体，用于处理高维数据集，抵制噪声干扰、过拟合现象、存在缺失值和异常值等数据。

二、回归算法——线性回归的应用

(一) 一元线性回归

一元线性回归是只包括一个自变量和一个因变量，且二者的关系可用一条直线近似表示,使预测值与真实值之间的误差最小。

$$f(x) = \theta_0 + \theta_1 x$$

其中,θ_0 为偏置参数,也叫回归常数,对应图形中直线的截距;

θ_1 为权重,也叫回归系数,对应图形中直线的斜率,反映自变量变动一个单位时因变量的平均变动量;

$f(x)$ 为预测值。

参数 θ_0 和 θ_1 的求解公式如下:

$$\theta_0 = \frac{\sum y}{n} - b \times \frac{\sum x}{n} = \bar{y} - b\bar{x}$$

$$\theta_1 = \frac{\sum xy - \frac{\sum x \sum y}{n}}{\sum x^2 - \frac{(\sum x)^2}{n}}$$

其中,x 为自变量值,y 为因变量值。

一元线性回归适用的条件如下。

(1) 因变量 y 与自变量 x 呈线性关系,可以通过绘制散点图来判断。

(2) 每个变量之间相互独立,即任意两个变量之间不应该有关联。

(3) 因变量 y 服从正态分布,即在一定范围内,任意给定 x 值,其对应的随机变量 y 均服从正态分布,可以通过残差的散点图来判断;如果不满足正态性,则可采用数据变换的方式使其满足正态性。

(4) 残差要求方差齐性和正态分布特征。

(二) 多元线性回归

回归分析中,含有两个或者两个以上自变量,并且自变量指数均为1,这样的回归即为多元线性回归。

一元线性回归是两个变量的关系,图形为散点图;多元线性回归则是多个变量与因变量的关系,图形不再是二维,而是呈现多维关系,其公式如下:

$$f(x) = \theta_0 + \theta_1 x_1 + \theta_2 x_2 + \cdots + \theta_n x_n$$

其中:

n 为自变量个数;

$\theta_i (i=1, 2, \cdots, n)$ 为权重或者回归系数。由公式可知,各个自变量和预测值之间是简单的加权求和关系。

多元线性回归适用的前提条件如下:

第一,自变量和因变量在理论上有因果关系,即自变量变动时会引起因变量的变动;

第二,因变量应为连续型变量,自变量是定量数据或定序数据,从而保证自变量与因变量之间存有线性关系;

第三,残差是指实际观察值与预测值之间的差,多元线性回归要求残差满足正态性、独立性、方差齐性;

第四,多个自变量之间不存在多重共线性。

三、线性回归的业务训练

（一）业务描述

现有捷胜公司 532 名的信息台账，请用职级、工龄、司龄与基本工资构建线性回归模型，并判断模型的效力。要求选择 532 名员工中的 80% 的员工构建模型，并对剩下的员工的基本工资做出预测。

（二）操作步骤

第一步，点击"选择数据源"，弹出左侧选择数据源框，点击"上传数据源"，弹出上传数据源框，然后点击或者通过拖拽文件到区域内完成上传，最后点击"保存"。

第二步，点击"查看数据源"，观察数据源是否还有缺失值、异常字符、异常值。

第三步，点击"配置模型"，弹出模型库后，选择回归分析模型中的"线性回归"，在弹出的线性回归参数设置框中，对自变量和因变量进行相应字段设置，在"测试集比例"中填写 0.2。

第四步，点击"开始建模"，运行结束后点击"查看建模结果"。

第五步，点击"选择预测数据源"，在左侧弹出的选择数据源框中点击"上传数据源"，在弹出上传数据源框内完成数据上传，最后点击"保存"。

第六步，点击"开始预测"，运行完成后可以点击"查看预测结果"。

4-5-1 线性回归视频演示

任务六　认识大数据挖掘技术之文本挖掘

一、文本挖掘的基本概念

（一）文本挖掘的定义

文本挖掘是抽取有效、新颖、有用、可理解的、散布在文本文件中的有价值的知识，并且利用这些知识更好地组织信息的过程，是与自然语言处理、模式分类和机器学习等技术密切结合的一项综合性技术。

（二）数据的三种形式

数据按照是否结构化可分为三种形式，分别是结构化数据、半结构化数据和非结构化数据。结构化数据是指可以使用关系型数据库表示和存储，表现为二维形式的数据。半结构化数据是结构化数据的一种形式，它并不符合用关系型数据库或其他数据表的形式关联起来的数据模型结构，但包含相关标记，用来分隔语义元素以及对记录和字段进行分层。非结构化数据是数据结构不规则或不完整，没有预定义的数据模型，不方便用数据库二维逻辑表来表现的数据。

（三）文本挖掘的作用

文本挖掘的作用在现代管理中得到普遍的应用，下面将罗列几个方面的应用。

1. 社交媒体数据分析

社交媒体是大多数非结构化数据的来源。公司可以使用这些非结构化数据来分析和预测客户需求并了解客户对其品牌的看法。通过运用文本分析技术分析大量非结构化数据，分析人员能够提取意见，了解情感和品牌之间的关系，帮助公司发展。

2. 垃圾邮件过滤

对于互联网提供商来说,垃圾邮件增加了服务管理和软件更新的成本。对于用户来说,垃圾邮件是病毒的入口,是浪费生产时间的元凶。文本挖掘技术可以提高基于统计的过滤方法的有效性,以达到过滤垃圾邮件的目的。

3. 辅助政府加强信息监管

互联网的匿名性和网络交流的便利性使得网络犯罪的数量大大提升。文本挖掘情报和反犯罪应用的发展让政府能更好地预防此类案件的发生。

二、文本挖掘的相关工具

(一) 语料

语料是语言材料,有很多形式,如最简单的文本、音频、视频等都是语料。语料是构成语料库的基本单元,分别来源于开放域和封闭域,可通过网络数据抓取技术抓取,可通过文本文件读入,也可以通过对图片进行 OCR 转化(即光学字符识别技术)等获得。

(二) 语料数据化

语料数据化是因为原始语料达不到建模的数据化要求,需要对原始语料做进一步数据预处理,使原始语料转变成保留尽可能多有效信息并达到能够建模分析要求的结构化数据,其过程主要包括分词、信息清理与合并、构建文档-词条矩阵、相关字典编制、信息的转换。

(三) 停用词

停用词是指在信息检索中,为节省存储空间和提高搜索效率,在处理自然语言数据(或文本)之前或之后会自动过滤掉某些字或词,这些字或词被称为停用词。常见的停用词有:(1) 基本不携带有效信息、歧义太多、无分析价值的"的""地""得"等超高频的常用词;(2) 虚词,如介词、连词等,如"只""当""从""同"等;(3) 基本不携带有效信息的专业领域的高频词,如在网络上随处可见的 Web 词,如"404 not found"等;(4) 视情况而定的停用词。

(四) 情感词典

情感词典是一个包含大量词汇的域特定词表,用于确定一段文本中每个词语的情感极性、情感的强度和程度。通常情感词典中有正面词语、负面词语、否定词语、程度副词四部分。

三、文本挖掘的主要技术

文本挖掘技术有多种,并随着机器学习的日益完善,方法更是层出不穷,现介绍当前常用的几种。

(一) 分词

分词就是把句子拆分成一个一个的词语的过程。Jieba(结巴)是一个分词库,支持中文分词,属于 Python 中文分词组件。Jieba 切词有三种模式,分别为全模式、精准模式、搜索引擎模式。

(二) 词云图

词云图由美国的里奇·戈登(Rich Gordon)于 2006 年最先使用,通过形成关键词云层或关键词渲染,对文本中出现频率较高的关键词给予视觉上的显示。

(三) TF-IDF

TF 是词频(Term Frequency),有三种算法,分别是:

$$TF=某个词在文中出现的次数$$
$$TF=某个词在文中出现的次数/文章的总词数$$
$$TF=某个词在文中出现的次数/文中出现次数最多的词的出现次数$$

IDF 是逆文本频率(Inverse Document Frequency),计算时需要一个语料库,用来模拟语言的使用环境。

$$IDF=\log[语料库的文档总数/(包含该词文档数+1)]$$

如果一个词越常见,那么分母就越大,逆文档频率就越小并逐渐接近 0。分母之所以要加 1,是为了避免分母为 0(指所有文档都不包含该词)。log 表示对得到的值取对数。

TF-IDF(Term Frequency-Inverse Document Frequency)是信息检索与数据挖掘的常用加权技术:

$$TF\text{-}IDF=TF\times IDF$$

TF-IDF 值越高,即表示该词越重要。

(四)文本分类

文本分类是用电脑对文本集(或其他实体或物件)按照一定的分类体系或标准进行自动分类标记。它根据一个已经被标注的训练文档集合找到文档特征和文档类别之间的关系模型,然后利用这种学习得到的关系模型对新的文档进行类别判断。文本分类从基于知识的方法逐渐转变为基于统计和机器学习的方法。

(五)文本聚类

文本聚类是自动地按照内容的相似度将文本分组聚为若干类,对文档进行的聚类分析。在文本聚类过程中,文档特征、文档相似度和聚类模型是三个主要问题。文本聚类的目标是通过聚类,找到满足一定条件的一些类的集合,使类内部的文本相似度尽可能大,而类之间的文本相似度则尽可能小。文本聚类的性能与所使用的特征和模型密切相关,常用的模型包括 K 均值聚类、K 中心点(K-Medoids)聚类、近邻传播(Affinity Propagation,AP)聚类。

(六)主题分析

主题分析是基于概率模型,对文本进行主题挖掘,以识别文本中隐藏的主题。它的计算原理是通过对文本中的词语和短语进行分析,提取出文本的主题信息。主题分析可以帮助研究者从大量的文本数据中发现重要的主题,了解各个主题之间的相关性和影响程度等。

(七)情感分析

情感分析是根据文本的情感色彩和情感倾向进行分类的一种算法。情感分析主要分为极性分类和情感倾向分析。前者是指将文本分为正面、负面、中性三种类型,后者是指将文本的情感倾向进行具体量化,如给出的分数表示文本的情感倾向。

四、文本挖掘的业务训练

(一)任务描述

选择一个包含职位信息的文本,分析公司中重要的岗位。

(二)操作步骤

(1)打开"数据挖掘模型",选择数据源"职位信息"。
(2)选择"配置模型",点击左侧"文本分析"中的"词云"功能,设置最大分词数,点击

4-6-1 文本挖掘视频演示

"保存"。

（3）点击"开始建模"，查看"训练结果"，根据词云中文字的大小判断关键词重要性，得出关键岗位结论。

学 以 致 用

一、单选题

1. 数据挖掘处理的对象是（　　）。
   A. 流程　　　　　B. 数据　　　　　C. 算法　　　　　D. 机器学习
2. 数据挖掘的数据集类型是（　　）。
   A. 记录数据　　　B. 基于图的数据　C. 有序数据　　　D. 以上都是
3. 数据挖掘的流程是（　　）。
   A. 解读需求→搜集数据→数据预处理→评估模型→解释模型
   B. 数据预处理→搜集数据→解读需求→评估模型→解释模型
   C. 解读需求→搜集数据→数据预处理→解释模型→评估模型
   D. 评估模型→搜集数据→数据预处理→解读需求→评估模型
4. 数据挖掘的应用领域主要是（　　）。
   A. 商务智能　　　B. Web 搜索引擎　C. 行业应用　　　D. 以上都是

二、多选题

5. 数据挖掘的主要功能有（　　）。
   A. 概念描述　　　B. 关联分析　　　C. 分类、聚类　　D. 偏差检测
6. 统计数据分析主要有（　　）。
   A. 描述性数据分析　　　　　　　　B. 回归分析
   C. 关联分析　　　　　　　　　　　D. 聚类分析
7. 基于机器学习的数据挖掘主要有（　　）。
   A. 非监督学习　　B. 监督学习　　　C. 半监督学习　　D. 主动学习
8. 社会网络中的大数据挖掘的主要研究内容有（　　）。
   A. 社交网络的数据分析方法　　　　B. 图结构的度量算子
   C. 行为分析算法　　　　　　　　　D. 社区发现算法
9. 自然语言中的数据挖掘的主要研究内容有（　　）。
   A. 自然语言处理　B. 词表示分析　　C. 语言模型　　　D. 话题模型
10. 数据挖掘面临大数据应用的挑战有（　　）。
    A. 数据的多样性　　　　　　　　　B. 处理不确定性、噪声或不完全数据
    C. 模式评估和模式或约束指导的挖掘　D. 跨学科的应用

参考答案

1. B　2. D　3. A　4. D　5. ABCD　6. ABCD　7. ABCD　8. ABCD　9. ABCD　10. ABCD

思 维 导 图

- **项目四 人力资源大数据分析与挖掘**
  - **任务一 认识数据挖掘**
    - 一、数据挖掘的内涵
    - 二、数据挖掘的内容及应用
  - **任务二 认识大数据挖掘技术——决策树**
    - 一、分类的相关概念
    - 二、分类的评价指标
    - 三、分类的社会应用
    - 四、分类算法——决策树
  - **任务三 认识大数据挖掘技术之逻辑回归**
    - 一、逻辑回归的相关概念
    - 二、逻辑回归的基本算法
    - 三、逻辑回归的业务训练
  - **任务四 认识大数据挖掘技术之聚类分析**
    - 一、认识聚类分析
    - 二、聚类算法——K均值聚类的应用
    - 三、聚类分析的业务训练
  - **任务五 认识大数据挖掘技术之线性回归**
    - 一、认识线性回归模型
    - 二、回归算法——线性回归的应用
    - 三、线性回归的业务训练
  - **任务六 认识大数据挖掘的技术之文本挖掘**
    - 一、文本挖掘的基本概念
    - 二、文本挖掘的相关工具
    - 三、文本挖掘的主要技术
    - 四、文本挖掘的业务训练

项目五

人力资源大数据可视化

 工作情境

A公司计划对公司人力资源状况进行分析,前期已经收集了员工的基本信息以及薪资水平、绩效考核结果等数据,并进行了数据预处理以保证数据的质量。为直观清晰地展示人力资源状况,公司数据分析小组拟进行数据可视化分析,制作柱形图、折线图、饼图、散点图、雷达图等可视化图表,并通过交叉分析,比较不同类别员工的薪酬水平和绩效情况。

 工作任务

人力资源部数据分析小组拟根据收集整理的公司员工基本信息、薪资、绩效等数据,选择合适的图表进行绘制。通过数据可视化分析,掌握公司人力资源基本状况,并对人力资源管理中存在的一些问题进行描述和解释。

学习目标

知识目标

① 了解数据可视化的目的和意义,能够正确识别其作用;
② 理解并掌握数据可视化的含义和特征,能够进行口头解释;
③ 理解并掌握数据可视化的常见图表类型,能够指出不同类型图表的特点和适用情形。

能力目标

① 能依据分析目的设计可视化故事板;

2. 能利用相应的工具制作数据可视化图表；
3. 能对数据可视化图表进行合理解释和分析。

素质目标

1. 培养数据素养，通过可视化图表洞察和分析数据背后的信息；
2. 领略数据可视化之美，增强审美情趣；
3. 培养团队合作、诚实守信的职业素养；
4. 培养书面和口头语言表达能力。

任务一 认识数据可视化

一、为什么要进行数据可视化

在大数据时代，数据量变得非常庞大，并且数据处于不断变化中。如果想要发现这些繁杂数据背后的信息，则可视化是有效的途径之一。相对于文字、表格等表现形式，图形更加直观，人类对图形的理解能力更好，能够从图形中发现一些通过常规统计方法很难挖掘到的规律和信息。

数据可视化是综合考虑功能需要和美学需要而发展出的呈现形式的，通过直观地传达关键信息，实现对数据集的深入洞察。人力资源数据可视化的意义主要表现在以下三个方面。

（一）直观化——助力精准决策

数据可视化以简洁直观的页面和图表传递信息，人脑对图形信息的处理要比文字信息快十倍，而且可以将数据每一维的值分类、排序、组合和显示，助力分析者对对象或事件的多个属性或变量进行分析，迅速发现数据背后的规律和重要信息。比如，企业决策者可以通过一个仪表盘处理所有事务，监视来自整个组织以及全部应用的重要数据。通过数据可视化，采用合适的图表类型，能够充分展现各类数据，便于管理者进行分析，洞察企业存在的问题，发现市场商机，为企业管理者精准决策提供依据。

（二）关联性——提升工作效率

数据可视化可以将员工信息、考勤、工资及绩效等庞杂的数据建立关联，通过清晰直观的图形呈现，有效提升人力资源管理效率。比如，在人才盘点项目中，通过可视化有效洞察近三年每位员工的绩效和发展潜力，绘制人才地图，可以直观地比较员工绩效差异，区分出绩优员工和潜力员工。根据员工的个人特质和能力，安排适合的岗位，实现人岗匹配。

（三）交互性——满足个性需要

数据可视化可以帮助企业通过与数据直接交互的过程，实现信息的传达和双向沟通。它将传统过程中单向被动获取信息的方式转变为双向互动的方式，从而提高了使用者的参与度,实现了多位使用者同时与被接入数据进行互动的功能。比如,在员工关怀和福利管理中,可以通过大数据技术对员工的行为以及情绪变化进行细致的观测,帮助企业发现一般员工的行为习惯、爱好和选择。通过数据可视化分析,从复杂的数据集中挖掘出符合员工偏好的福利产品或团建项目,并通过交互,根据员工的个性化需求提供不同的福利组合产品。

【个人任务】 比较文字、表格、图形这几种数据呈现方式的优缺点,可以结合具体实例来分析。

二、什么是数据可视化

(一)数据可视化的含义

狭义的数据可视化指利用计算机图形学和图像处理技术,将数据转化为图形或图像在屏幕上显示,并利用数据分析和开发工具发现其中未知信息并进行各种交互处理的理论、方法和技术。

广义的数据可视化指一切能够把抽象、枯燥或难以理解的内容,包括看似毫无意义的数据、信息、知识,以一种容易理解的视觉方式展示的技术。

可视不是指可以看见,更多的是指可理解,是使繁杂抽象的数据变得具体易懂,以便传播、交流和研究。因此数据可视化是将单一数据或复杂数据以视觉的形式呈现,从而精简又高效地传递某一信息或知识。它还能将一些抽象的、冗余的甚至毫无联系的信息整合起来,并将它们转换为图形、符号或者概念模型。

数据可视化是利用图形、图像处理,计算机视觉以及用户界面等技术,通过表达、建模以及对立体、表面、属性或动画的显示,对抽象的原始数据加以解释并将其转化为具象的可视化图形。数据可视化是全面分析数据的关键,也是深层次理解数据的关键。

【个人任务】 请用三个关键词写出你对可视化的理解。

_____、_____、_____

(二)数据可视化的特征

1. 可视性(Intuitive)

数据可以用图像、曲线、二维图形、3D 和动画等显示,以视觉效果来加强用户对数据的感知能力。

2. 交互性(Interactivity)

允许用户选择感兴趣的内容,或者改变数据的展示形式,更好地促进用户和数据之间的互动。

3. 多维性(Multi-dimension)

对数据相关的多个变量或多个属性进行标识,可根据每一维的量值来进行显示、组合、排列与分类。

【个人任务】 列举人力资源管理领域数据可视化的例子,解释说明数据可视化的特征。

(三) 数据可视化的演变历程

数据可视化技术的快速发展和其不断变化的认知框架正在为我们打开新的视野,很多新的数据可视化形式不断产生。了解数据可视化的演变历程,有助于我们加深对数据可视化的理解,感受技术的发展和进步。

5-1-1 数据可视化的演变历程

三、如何进行数据可视化

(一) 数据可视化设计的原则

1. 分析目的要明确

数据可视化设计是为了更好地将内容传达给观众,让观众通过直观的图表来理解内容,迅速读取重点信息。因此,数据可视化首要的准则就是明确分析目的,依据数据分析的目的和内容进行设计。

2. 图表呈现易理解

在数据可视化阶段,最重要的就是选择正确的图表来表达数据背后的故事。使用可视化图表是为了对数据有直观的表现。因此,在图表类型的选择上要简洁明了、直观有效。数据可视化图表必须容易被理解,要避免密密麻麻的文字。进行数据可视化设计是为了让视觉效果更好,设计的结果必须是非常容易理解的,即使不了解数据分析技术、IT 技术的人也能迅速看懂。很多时候数据可视化结果是用来做报告的,这些报告有可能是对内的,也可能是对外的,让受众容易理解至关重要。

3. 图表重点要突出

数据可视化的设计不在于图表类型的多样化,而在于如何能在简单的一页之内让用户读懂数据之间的层次与关联,这就关系到色彩、布局等图表的综合运用。数据可视化的设计就是对已经初步形成的数据可视化的结果进行润色。在润色的过程中,要更好地将隐藏的信息表现出来。数据分析人员了解数据设计的整个过程,也知道哪些数据是没有被结果体现出来的。在设计过程中,如果这些信息是关键的、重要的,就要将这些信息用特殊形式表现出来,做到整体布局、色彩风格、字体大小等协调统一。因此,数据可视化既具有技术性,也具有艺术性。

(二) 数据可视化工具

数据可视化工具为数据分析人员提供了一种更为简便的方法来进行可视化。常用的数据可视化工具及简介见表 5-1。

表 5-1 数据可视化工具及简介

工 具	简 介
Excel/PPT	入门级工具,被大量使用,但在数据量处理、图表样式选择上有限
Python/R	计算机程序语言,相对复杂的开源工具,对工具使用者有较高的代码开发要求
Tableau	专业数据报表、数据可视化分析工具,具有多种可用版本,包括桌面应用程序、服务器和免费的公共版本;操作需要学习和培训;非免费版本价格昂贵
Charts	Google Charts 是一款功能强大的免费数据可视化工具,专门用于创建在线嵌入的交互式图表。其优点是提供多种图表格式,可以处理动态数据

续表

工具	简 介
ECharts	百度用 JavaScript 实现的开源可视化库,可运行在计算机和移动设备上,可以实现高度个性化定制
DataV	阿里云的专业大屏数据可视化工具,通过拖拽组件和配置数据的方式快速生成可视化大屏
用友分析云	用友用于商业分析、可视化的工具,支持拖拽操作,图表丰富(详见5-1-2)
Power BI	微软自助智能商业分析工具,可连接数百个数据源、简化数据准备并提供各种即时分析

5-1-2 用友分析云操作界面

1. 任务描述

将清洗完成的员工薪酬数据上传至用友分析云,新建并管理/设计故事板。

2. 操作步骤

第一步,进入分析云界面,上传"员工薪酬数据",详见5-1-3和5-1-4操作演示。

第二步,故事板的管理与设计,这是用友分析云的核心功能,它体现了分析所要展现的信息。具体步骤包括:新建文件夹→管理文件夹→管理故事板→设计故事板(详见5-1-5操作演示)。

5-1-3 员工薪酬数据

5-1-4 数据准备视频演示

5-1-5 故事板管理与设计视频演示

任务二　制作可视化图表

图表是数据可视化的展示形式,合适的图表可以方便用户解读数据信息,发现事物的规律、特点或发展趋势,并做出正确的判断。数据可视化图表类型多样,包括通用可视化图表(柱状图、直方图、折线图、饼图、玫瑰图、双轴图、雷达图、散点图等)、地理数据可视化图表(地图、热力图、线图)、关系数据可视化(关系图、树图、旭日图)、文本分析(词云图)、统计专用分析(盒须图)、多维数据可视化平行坐标、BI 分析图表(漏斗图、仪表盘、K线图)等。

一、制作柱状图和条形图

5-2-1 可视化图表(纵向柱状图)视频演示

(一)任务描述

以清洗完成的员工薪酬数据为例,分析不同学历员工的年薪,比较各部门员工的人数,并用合适的图表呈现。

(二)操作步骤

首先,进入"员工基本情况分析"故事板编辑页面,点击"可视化"下的"新建",在"选择数据集"对话框中选择数据源"员工薪酬数据",点击确定。

其次,选择维度、指标和合适的图表类型。其中,维度指的是定性变量,包括定类变量(如性别、部门等)和定序变量(如学历、年龄区间等);指标指的是定量变量,如年龄、司龄、基本工资、年薪;图表类型要依据可视化分析的目的来选择。例如,本任务要求分析不同学历员工的年薪,可以选择学历为维度、年薪为指标,图表类型选择柱状图,详见5-2-1操作演示。比较不同部门的员工人数,可以选用柱状图或条形图,详见5-2-2操作演示。

5-2-2 可视化图表(条图)视频演示

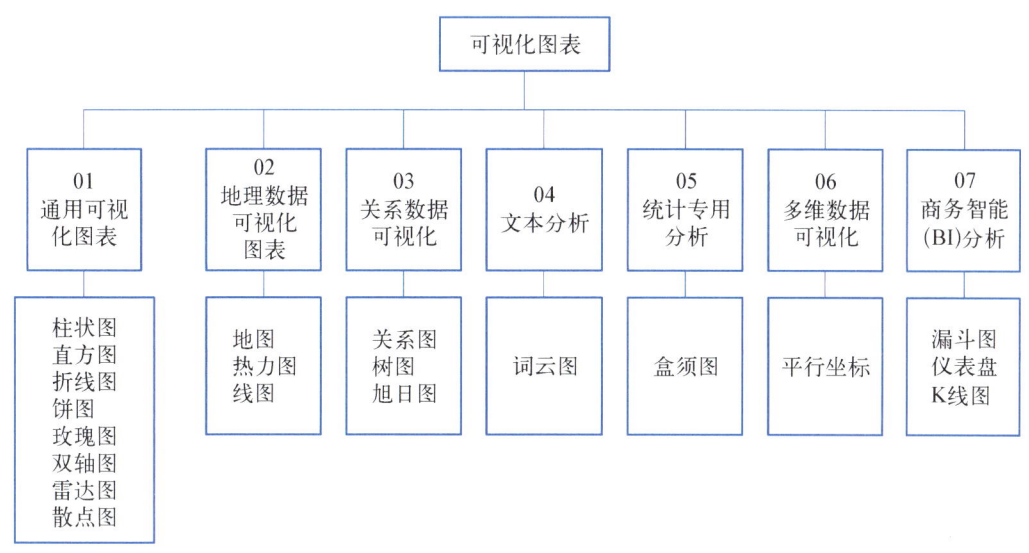

图 5-1 数据可视化图表类型

(三) 图表解读

柱状图通常用来展示一个系列不同项之间或多个系列不同项之间的差别。通过使用水平或垂直方向的不同高度的柱子来显示不同类别的数值,其中一个轴显示正在比较的类别,另一个轴代表对应的刻度值。

进行比较的项目较少时可选择纵向柱状图,如图 5-2 表示不同学历员工的年薪。

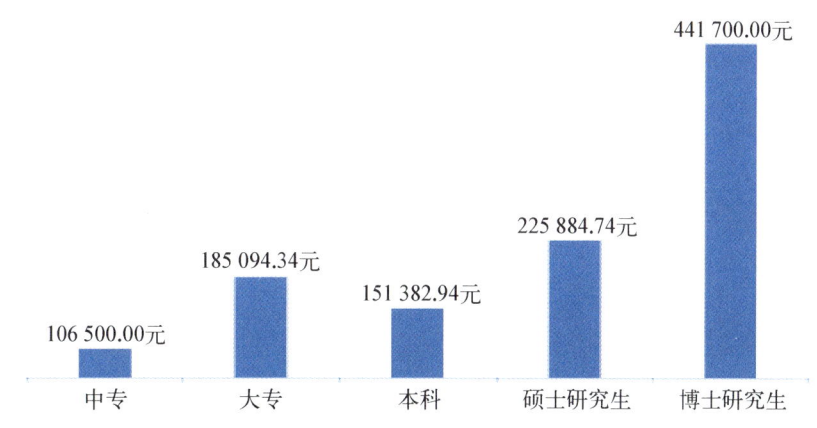

图 5-2 不同学历员工的年薪(纵向柱状图)

横向柱状图的柱子是水平方向的,又称条图。当图表的数据标签很长或者进行比较的项目数目较多时,选择用条图可以获得比较好的展示效果,如图 5-3 表示各部门的员工人数。

(四) 使用建议

避免使用太多颜色。一个柱状图/条形图表示一种相同的度量,使用相同的颜色或同一颜色的不同色调。如果需要强调某一个数据时,可以使用对比色或变化色调来突出显示有意义的数据点。

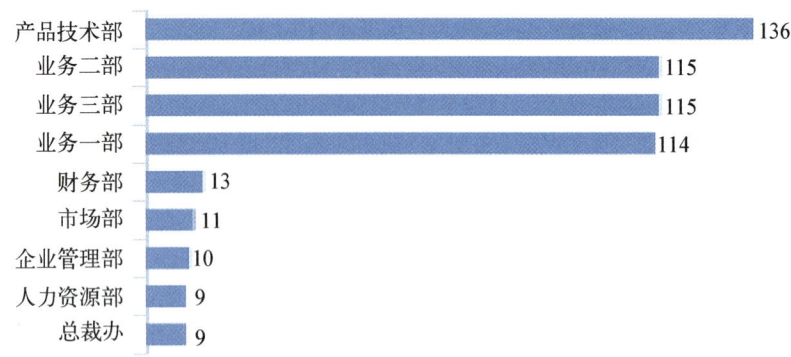

图 5-3　各部门员工的人数(条图)

柱状图柱子间的宽度和间隙要适当。当柱子太窄时,用户的视觉可能会集中在两个柱子中间的空间,而这里是不承载任何数据的。合理的宽度和间隙应该是单个柱子的宽度不小于柱间间隙的两倍。

柱状图 y 轴数据应该从 0 基线开始,以恰当反映数值。如果展示的是被截断的数据,就会误导人们得出错误的结论。

对多个数据系列排序时,如果不涉及日期、学历、职称等特定数据,就要符合一定的逻辑顺序。可以通过升序或降序排布,如按照数量多少、字母顺序等来排序。

一般情况下不使用三维柱状图(如图 5-4)。因为三维柱状图在数据传达方面不太精准,人们需要猜测到底哪个才是数据的顶端。

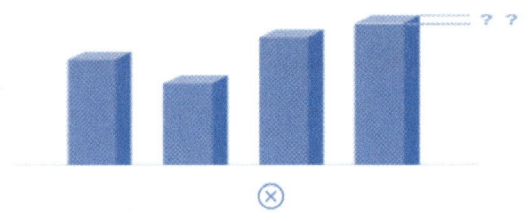

图 5-4　三维柱状图(不推荐使用)

二、制作折线图

(一) 任务描述

以清洗完成的员工薪酬数据为例,对 2016—2018 年这三年的绩效结果变化情况进行分析,并用合适的图表呈现。

(二) 图表解读

折线图主要用来展示数据随着时间推移的趋势或变化。折线图适合用于展示连续的二维数据。根据表 5-2 数据,用折线图展示 2016—2018 年绩效考核结果为 A 的比例变化情况,如图 5-5 所示。

5-2-3 可视化图表(折线图)视频演示

(三) 使用建议

使用实线绘制数据线,要保证能够区分数据线和坐标轴线,并且要尽力使所有的数据清晰可识别。

表 5-2　2016—2017 年绩效考核结果变化情况

绩效结果	人数(人)			比例		
	2016 年	2017 年	2018 年	2016 年	2017 年	2018 年
A	85	67	71	22%	13%	13%
B+	185	244	301	48%	46%	57%
B	104	185	128	27%	35%	24%
C	13	36	32	3%	7%	6%
合计	387	532	532	100%	100%	100%

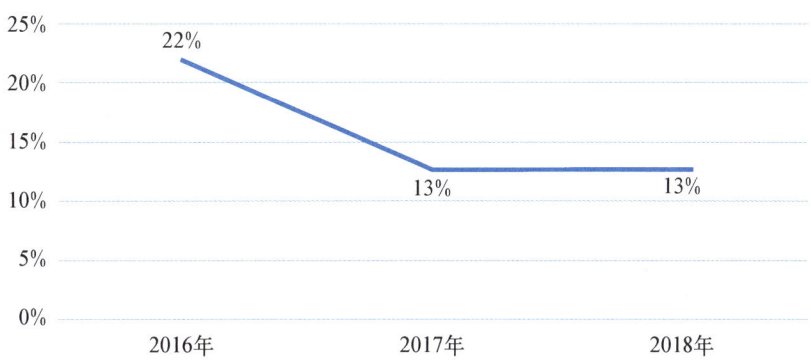

图 5-5　绩效结果为 A 的比例变化情况(折线图)

不要绘制 4 条以上的折线,如果线都折叠在一起,并且没有明显的对比,整张图只会混乱并且难以阅读。

不使用过多的装饰来区分图表,图例虽然可以帮助读者区分不同数据系列,但使用过多种类的图例会模糊重点。

展示折线图的数据时,要避免刻意的歪曲趋势,应根据展示数据波动的参考单位做有意义的波动分析。

三、制作双轴图

(一) 任务描述

以清洗完成的员工薪酬数据为例,分析不同职级员工的年龄、工龄情况,并用合适的图表呈现。

(二) 图表解读

双轴图也叫组合图,由柱状图和折线图组合而成。通常反映数量与占比之间的趋势关系,如用柱状图表示近五年公司员工人数,用折线图表示每年员工增长速度。

为分析不同职级员工的年龄和工龄情况,也可以选用双轴图,如图 5-6 所示。

5-2-4　可视化图表(双轴图)视频演示

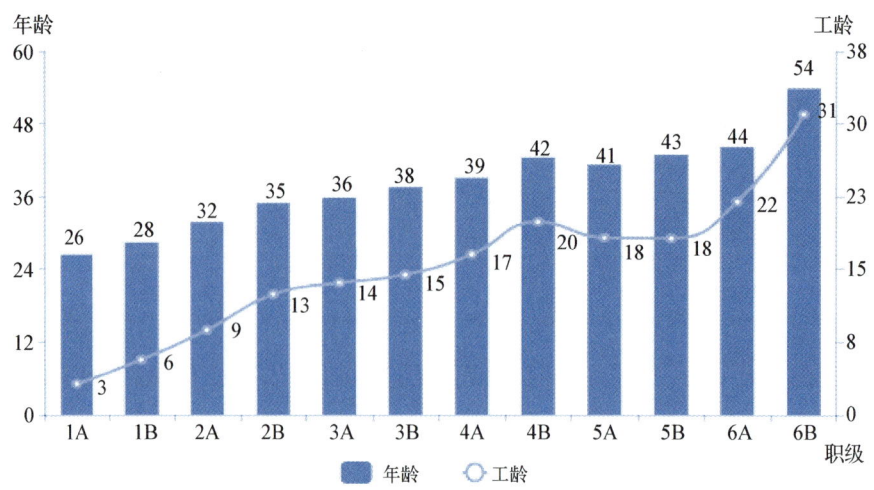

图 5-6　不同职级员工年龄-工龄分布（双轴图）

（三）使用建议

确定范围，使小组数量介于 5～12 组。

分组大小要相同且数据不能重叠。

标注清楚各组名称。

四、制作饼图和环形图

（一）任务描述

以清洗完成的员工薪酬数据为例，对性别构成、学历构成进行分析，并用合适的图表呈现。

（二）图表解读

当对某一组数据中各个数值的占比进行分析时，饼图是最佳选择，如图 5-7 表示性别构成；有时也选用环形图，可以在空心区域显示文本信息，如图 5-8 表示学历构成。

5-2-5 可视化图表（饼图）视频演示

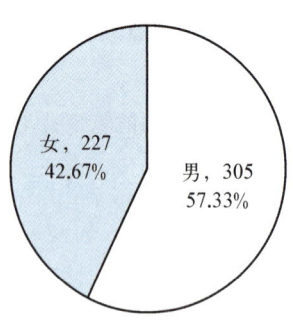

图 5-7　性别构成（饼图）

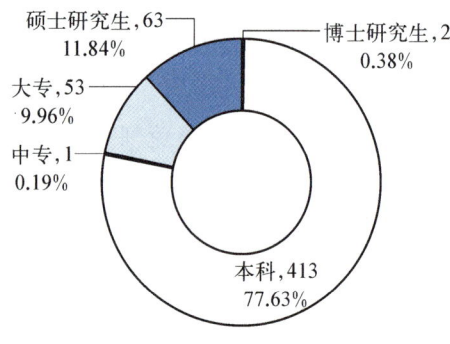

图 5-8　学历构成（环形图）

（三）使用建议

饼图适合用来展示单一维度数据的占比，要求其数值中没有 0 或负值，并确保各分块占比总和为 100%。

饼图分块数量宜控制在 5 个以内。当数据类别较多时，可把较小或不重要的数据合并成"其他"模块。若各类别都必须全部展示，则选择柱状图或堆叠柱状图更合适。

大多数人的视觉习惯是按照顺时针或自上而下的顺序去观察。绘制饼图时，应从12点钟开始沿顺时针方向，将右边第一个分块绘制成饼图最大的数据分块，以强调其重要性。其余数据分块按照数据大小依次顺时针排列，或在12点钟的左边绘制第二大分块，其余的分块按照逆时针排列，最小的分块放在底部。当然，也可以将需要强调的最重要的部分（不一定是最大的部分）放在最突出的位置。

三维饼图歪曲了各分块相对于整体的比例关系，会造成错误及理解上的困扰，因此不建议使用三维饼图。

饼图不适合用于精确数据的比较，各类别数据占比较为接近时选用柱状图或南丁格尔玫瑰图更合适。玫瑰图是饼图的延伸，将数值之间的差异放大，适合用来对比大小相近的数值。它不适合用于对比差异较大的数值，数值过小的类目会难以观察。玫瑰图也适用于表示周期/时间概念，如星期、月份等。数据量不超过30条，超出可考虑条形图。

旭日图由多层的环形图组成，在数据结构上，内圈是外圈的父节点，它能像饼图一样表现局部和整体的占比，又能像矩形树图一样表现层级关系。旭日图支持数据下钻，当用户点击了某个扇形块之后，将会以该节点作为根节点显示，并且在中间出现一个返回上层节点的圆，可以逐层查看数据。

五、制作热力图

(一) 任务描述

以清洗完成的员工薪酬数据为例，对不同职级员工的学历进行分析，并用合适的图表呈现。

(二) 图表解读

热力图主要通过颜色来表现数值的大小，可以应用在直角坐标系以及地理坐标系上，直角坐标系上必须使用两个类目轴。如图5-9显示，职级为2B且本科学历的员工占比最高，为15.98%，图中显示颜色最深。

5-2-6 可视化图表(热力图)视频演示

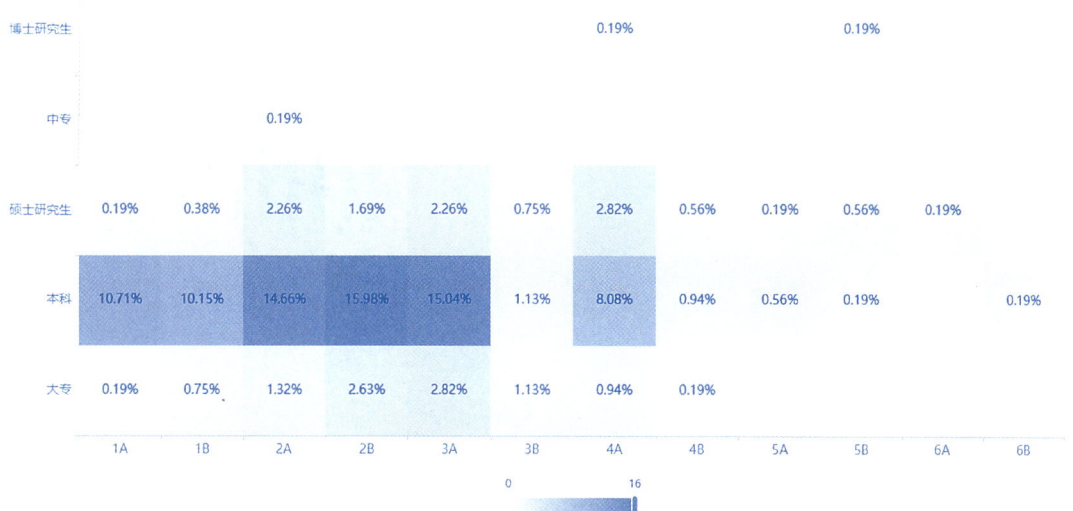

图5-9 职级-学历分布(热力图)

六、制作词云图

(一) 任务描述

以清洗完成的员工薪酬数据为例,分析公司员工的专业分布情况,并用合适的图表呈现。

(二) 图表解读

5-2-7 可视化图表(词云图)视频演示

词云图又称标签云、文字云、词图等,是文本数据的视觉表示,由词汇组成类似云的彩色图形,是对文本中出现频率较高的关键词予以视觉化展现的结果。词云图可用来过滤大量低频低质的文本信息;词云图也可以用于展示大量文本数据,每个词的重要性以字体大小显示,字体越大、越突出表示越重要。通过词云图,用户可以快速感知最突出的文字,迅速抓住重点。如图5-10所示,公司员工的专业主要是会计学、市场营销等。

图 5-10 专业分布

制作完成的可视化图表可以通过截图工具、复制图片、图片另存为等方式保存或者点击"保存"按钮直接在故事板保存,选择故事板保存的方式会将制作的图表一一排列在故事板上,如图5-11所示。

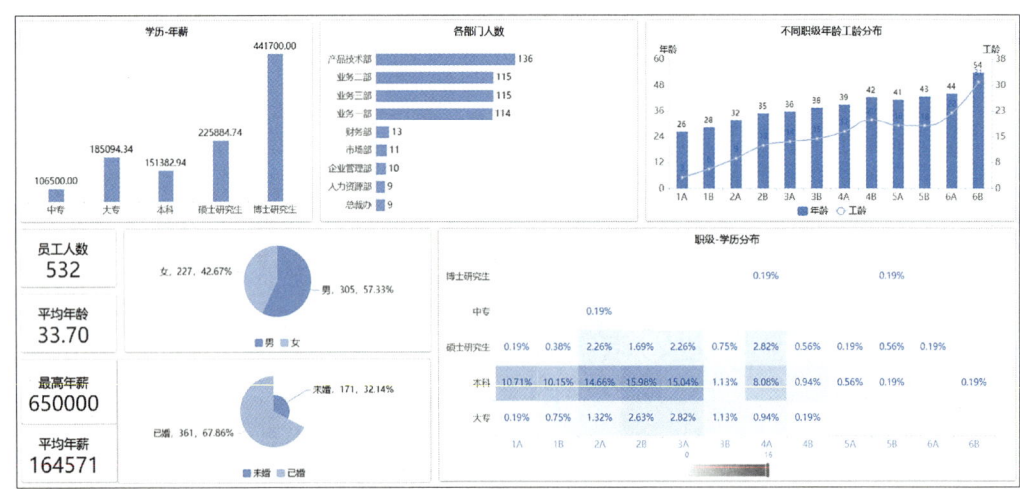

图 5-11 员工基本情况分析

【个人任务】 根据你制作的数据可视化图表,写出结论。

_____

_____

【个人任务】 总结可视化图表类型及适用情况。

学 以 致 用

一、单选题

1. 一般采用( )标识事物发展变化的时间趋势和规律。
   A. 饼图　　　　　B. 柱状图　　　　C. 折线图　　　　D. 散点图
2. ( )由柱状图和折线图组合而成,反映数量和占比之间的趋势关系。
   A. 散点图　　　　B. 双轴图　　　　C. 玫瑰图　　　　D. 堆叠柱状图
3. 数据可视化更容易挖掘隐藏的信息,( )。
   A. 构建数据挖掘模型　　　　　　　B. 进行数据计算
   C. 进行数据清洗　　　　　　　　　D. 找到事物之间的关联性
4. 如果表示连续变量的分布情况,反映集中趋势和离散趋势,则适用( )。
   A. 柱状图　　　　B. 直方图　　　　C. 条形图　　　　D. 散点图
5. 如果关注两个变量之间是否表达出预期所要证明的模式关系,则适用( )。
   A. 饼图　　　　　B. 圆环图　　　　C. 玫瑰图　　　　D. 散点图

二、多选题

6. 下列关于数据可视化的描述,正确的有( )。
   A. 传递速度快
   B. 数据显示的多维性
   C. 直观的信息展示
   D. 图像更容易理解,更容易让人记住,可以有效克服大脑记忆能力的限制
   E. 实现了多位使用者与数据的双向互动
7. 下列选项中,描述属于数据可视化的特征的有( )。
   A. 可视性　　　　B. 交互性　　　　C. 单一性　　　　D. 多维性

8. 常用的数据可视化工具有（　　　　）。
   A. Excel　　　　B. Python　　　　C. Tableau　　　　D. 用友分析云
9. 如果出现"大于""小于""大致相当""多""少"等需要对事物进行比较、排列顺序的情况时，则适用的图表类型有（　　　　）。
   A. 柱状图　　　　B. 散点图　　　　C. 条形图　　　　D. 以上都适用
10. 如果想表达的信息包含"份额""百分比""预计将达到百分之几"等时，关注的是每个部分占总体的比重，则可选择的图表类型有（　　　　）。
    A. 饼图　　　　B. 环形图　　　　C. 玫瑰图　　　　D. 折线图

参考答案
1. C　2. B　3. D　4. B　5. D　6. ABCDE　7. ABD　8. ABCD　9. AC　10. ABC

思 维 导 图

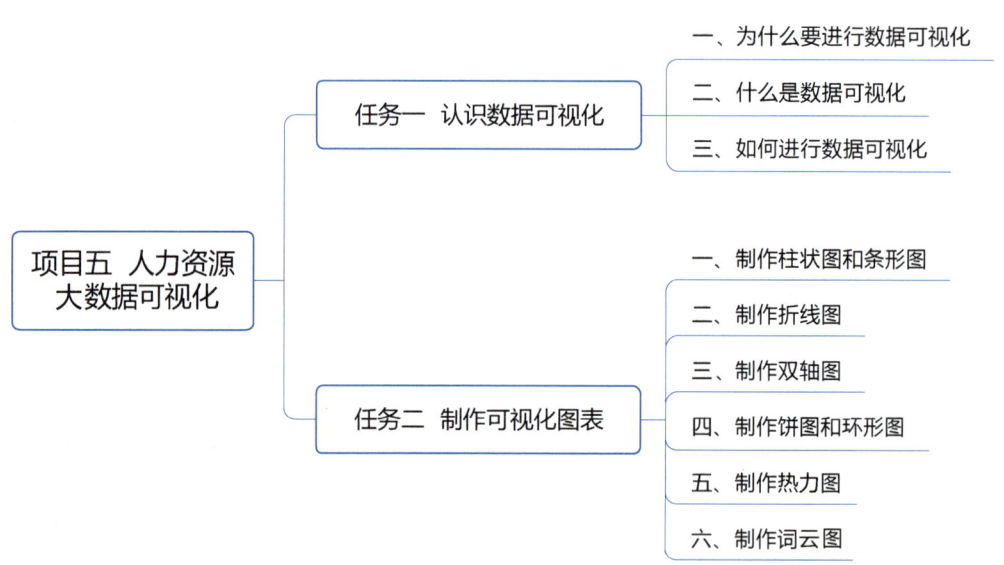

项目六

数据分析报告撰写

工作情境

经过业务理解、数据收集和预处理、深入的数据分析与挖掘、数据可视化等一系列工作后,最终项目小组准备撰写数据分析报告,也就是对数据分析结果和图表进行总结分析。

数据分析报告是数据分析工作最常见的成果体现,是整个项目过程所付出的所有劳动的最终结果。数据分析报告通常有两种形式:一种是用文字处理软件如Word、WPS等撰写图文并茂的文字版报告,另外一种是用于汇报时的PPT展示报告。

工作任务

人力资源部拟成立一个数据分析报告撰写小组,对前期数据进行分析与挖掘,对数据可视化分析的结果进行总结分析,发现人力资源管理中存在的深层次问题,并提出改进建议,为人力资源管理决策提供有力的参考和依据。

学习目标

知识目标

① 了解数据分析项目结果展示的多种方式及其选择规则,能够进行口头解释;
② 熟悉数据分析报告的基本类型,能够指出不同类型报告的特点和作用;
③ 理解并掌握数据分析报告的撰写原则,能够评判报告的优缺点;
④ 掌握数据分析报告的基本结构和撰写要求。

能力目标

1. 能对数据分析结果和图表进行总结分析；
2. 能利用文字处理软件撰写数据分析报告；
3. 能制作和展示数据分析报告汇报演示文稿。

素质目标

1. 培养实事求是、严谨保密的素养；
2. 培养团队合作和沟通协调的能力；
3. 培养书面和口头语言表达能力；
4. 培养数据敏感性和洞察分析能力，能利用数据分析结果进行原因分析并辅助决策。

任务一　认识数据分析报告

一、为什么要撰写数据分析报告

数据分析报告的作用主要表现在三个方面。

（一）展示分析结果

我们利用各种统计软件对数据进行分析和挖掘后，如果直接将软件输出结果呈现给决策者，则决策者可能没有足够的时间去看或根本看不明白。因此，数据分析和挖掘、数据可视化的结果要通过报告这一特定的形式清晰地展示给决策者，方便决策者或其他受众迅速理解、分析、研究问题的基本情况、结论与建议。

（二）验证分析质量

数据分析报告是对数据分析过程和结果的总结，也是对整个数据分析项目进行总结。数据分析报告在呈现分析结果之前，需要对数据收集途径、预处理方法以及数据分析和挖掘的方法予以描述和说明，以此来验证数据分析的质量，进而让决策者感受到整个数据分析过程是科学且严谨的。

（三）提供决策依据

数据分析的最终目标是解决业务问题，为业务决策提供参考依据。因此，数据分析报告中的结论与建议部分，一定是在前期科学可行的数据分析基础上得出的。部分决策者可能没有时间去通篇阅读分析报告，但一定会重点阅读结论与建议部分，并根据分析结果辅助其作出最终决策。因此，数据分析报告是决策者获得二手数据的重要来源之一，是其进行管理决策的重要参考依据。

【小组任务】 阅读北森人才管理研究院发布的《2019—2020年中国企业敬业度报告》，说说这份报告的关键信息有哪些，对企业 HR 开展工作有什么帮助。

_____

_____

_____

二、什么是数据分析报告

(一) 数据分析报告的定义

数据分析报告是运用数据来反映、研究和分析某项事物的现状、问题、原因、本质和规律，并得出结论，提出解决问题办法的一种应用文体。

企业大数据分析报告是根据企业内部、外部经营管理相关数据分析原理和方法，运用大数据来反映、研究和分析企业经营管理中存在的问题，探究其原因、本质和规律，并提出解决问题办法的一种应用文体。

【个人任务】 请用三个关键词写出你对数据分析报告的理解。

_____、_____、_____

(二) 数据分析报告的种类

1. 专题性报告

专题性报告是对社会经济现象的某一方面或某一个问题进行专门研究的一种数据分析报告。其主要作用是为决策者制定某项政策、解决某个问题提供参考和依据。

由于专题性报告不要求反映事物的全貌，而是针对某一方面或某一个问题进行深入的分析，因此它要求重点鲜明突出，便于集中精力解决主要问题；所以，专题性报告不仅要具体描述问题，还要对引发问题的原因进行有深度的分析，提出切实可行的解决对策，如员工离职原因分析、员工敬业度提升分析等。

【个人任务】 请分别用一个词描述专题性报告的内容和特点。

内容：_____

特点：_____

2. 综合性报告

综合性报告是全面评价一个地区、单位、部门业务或其他方面发展情况的一种数据分析报告，例如世界人口发展报告、全国经济发展报告、某企业运营分析报告等。综合性报告具有全面性和联系性的特点。

(1) 全面性。综合性报告反映的对象，无论一个地区、一个部门还是一个单位，都必须以这个地区、这个部门、这个单位为分析总体，站在全局的高度，反映总体特征，做出总体评价，得出总体认识。在分析总体现象时，必须全面、综合地反映对象各个方面的情况。

(2) 联系性。综合性报告要把相互关联的一些现象、问题综合起来进行全面系统的分析。这种综合性不是对全面资料的简单罗列，而是在系统地分析指标体系的基础上，考察现象之间的内部联系和外部联系。这种联系的重点是比例关系和平衡关系，分析研究它们的发展是否协调。因此，从宏观角度反映指标之间关系的数据分析报告一般属于综合性报告。

3. 日常数据通报

日常数据通报是以定期数据分析报表为依据，反映计划执行情况，并分析影响和形成原因的一种数据分析报告。一般是按日、周、月、季、年等固定周期进行，所以也叫定期分析报告。

日常数据通报可以是专题性的，也可以是综合性的。日常数据通报应用广泛，具有以下三个特点。

（1）进度性。由于日常数据通报主要反映计划的执行情况，因此必须把计划执行的进度与时间的进展结合起来分析，观察比较两者是否一致，从而判断计划完成的程度。所以，需要进行一些必要的计算，比如用计划完成程度这个相对指标来表示计划完成情况。

（2）规范性。日常数据通报基本上是数据分析部门的例行报告，定期向决策者提供。所以，日常数据通报的结构形式是规范统一的，一般由以下几个部分构成：反映计划执行的基本情况、分析完成或未完成的原因、总结计划执行中的成绩和经验、找出存在的问题、提出措施和建议。这种分析报告的标题也比较规范，有时为了保持连续性，标题只变动一下时间，如"××月××日业务发展通报"。

（3）时效性。日常数据通报是时效性最强的一种分析报告。时间就是生命，只有及时提供业务发展过程中的各种信息，才能帮助决策者掌握企业经营的主动权。一旦拖延就会贻误良机，对企业经营发展造成损失。

【小组任务】 请每个人收集自己感兴趣的报告，将报告题目填写在相应的横线上，然后在小组内分享；小组代表汇报本组报告收集情况及主要发现。

专题性报告：_____
综合性报告：_____
日常数据通报：_____

(三) 数据分析报告的结构

数据分析报告的一般结构是"总—分—总"，运用金字塔原理，以结论为导向推论过程，先说结论或归纳中心思想，找到支持结论的 3 个论点（一级论点），然后找到支持一级论点的 3 个二级论点。要遵循 MECE 原则，即各部分之间相互独立（Mutually Exclusive），所有部分做到完全穷尽（Collectively Exhaustive）。

【小组任务】 每个小组选一篇数据分析报告，对报告的结构进行重点分析，按照图 6-1、图 6-2 绘制本报告的结构图。

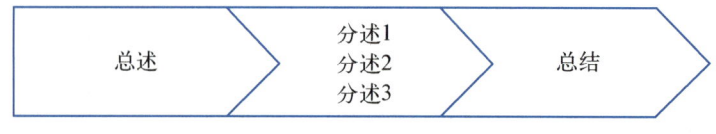

图 6-1 "总—分—总"结构

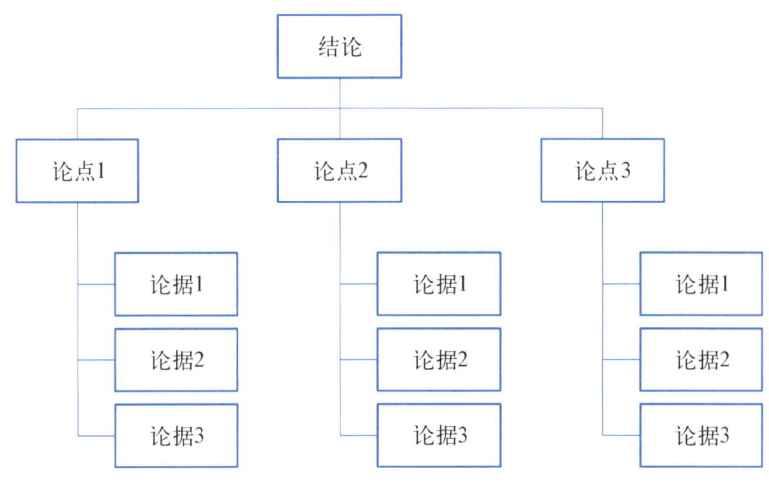

图 6-2　结论—论点—论据

三、如何撰写数据分析报告

(一) 数据分析报告撰写的原则

1. 目的性与重要性

数据分析目标要清晰,分析内容应围绕分析目标与问题解决展开。可以依据分析目标选取关键指标,从不同角度进行对比、交叉等可视化或挖掘分析,判断分析指标的优劣,进而总结结论,提出改进方法。

2. 规范真实性

数据分析报告中的名词术语要规范,适用的标准要规范,做到前后一致,规范统一。数据务必真实有效,方法必须科学可行,围绕指标、数据反映出的问题结合专业知识进行解读,得出分析结论,即报告得出的结论要基于数据说话,与可视化图表或挖掘分析的结果一致,严谨专业。

3. 创新性

在遵循目的性与重要性、规范真实性的基础上,数据分析报告还应适时引入各种新型研究模型与分析方法,在研究方法或问题解决思路上有所创新。

4. 逻辑性

分析和推理过程科学、合理、全面,具有逻辑性,这样的数据分析报告才有说服力。同时要注意,应基于具体的业务背景提出问题解决方案与建议措施,针对性要强。

(二) 数据分析报告撰写的注意事项

1. 结构合理,逻辑清晰

一份合格的分析报告,思路应该非常清晰,结构是否合理是决定分析报告质量高低的关键因素。

2. 数据可靠,客观分析

数据质量是分析报告的生命线。要确保数据是真实、准确、完整、及时的,实事求是,符合客观事物的本来面目,保持中立态度,不要加入自己的主观意见。

3. 方法科学，结论严谨

选用数据的分析方法要科学，不唯方法论，根据不同的数据类型和分析情形选用合适的分析方法，分析结论要依据数据、结合业务，严谨准确又能深入洞察问题和原因所在，并提出切实可行的建议。

4. 格式规范，排版美观

分析报告的写作要符合格式规范的要求，通篇要有统一的规划，如字体字号、各级标题、图表标题等，在规范性的基础上，要布局合理、配色合理，呈现出美观的排版。

【个人任务】 写出你认为一份好的数据分析报告最关键的三个方面。

_____、_____、_____

任务二　撰写数据分析报告

一、任务描述

在对数据分析报告有初步认识之后，报告撰写小组准备亲自实践，分工合作制作数据分析报告文字版和 PPT 版本，并进行汇报展示。

二、操作步骤

（一）选题定向

数据分析报告无非是发现问题、提出问题、分析问题和解决问题。发现问题并提出问题是解决问题的前提，只有正确地提出问题，才能科学地解决问题。选题时应结合企业实际工作，结合个人专长和兴趣；选题切忌贪大求全，但要力求有新意、有价值。

（二）搜集资料

资料是作者为了撰写数据分析报告，从不同渠道使用不同方法搜集而来的文字、数据和图表等相关材料。从搜集方法来看，对资料的搜集包括一手资料和二手资料的搜集。

1. 一手资料的搜集方法

一手资料的搜集主要包括观察法、访问法、问卷调查法、实验法。观察法是通过调查者的感官和辅助工具，有目的、直接地、有针对性地了解正在发生、发展和变化的社会现象，观察过程中应随时做好记录。例如，对员工上班行为状态（如认真完成本职工作、浏览工作无关的网站、长时间闲聊等）的观察。访问法是调查者有计划地通过与被调查者的直接交谈来获取调查资料，包括个别访谈和集体访谈。问卷调查法是社会调查中常用的一种资料搜集方法，以调查者事先精心设计的问卷为工具，通过被调查者对问卷中问题的回答来了解情况、征询意见，从而测量人们的行为、态度和社会特征，获得有关社会现象和社会行为的各种资料。实验法是通过改变某种控制因素，观察事物的变化，进而分析原因，常用于自然科学领域。

2. 二手资料的搜集方法

二手资料的搜集通常通过文献调查法，根据一定的调查目的，通过收集和分析各种相关文献，以获得需要的资料。所谓文献，是指人们用一定的技术手段建立起来的储存与传递信息的载体,包括文字、数据、图像、符号、音频、视频等多种信息载体。例如报纸杂志、书籍、档案、统计报表、工作记录、信息系统等。

(三) 拟定提纲

拟定提纲的过程实际上就是把调查材料进一步分类、构架的过程,是报告构思的关键环节,也是写好报告的前提和基础。提纲相当于文章的骨架,表明写作的逻辑思维和结构布局。

(四) 起草报告

这是数据分析报告的行文阶段,通常也称为初稿写作阶段。要根据已经确定的主题、选好的材料和写作提纲,按照分析报告的写作结构有条不紊地行文。写作结构从顺序上依次包括标题、目录、前言、正文、结尾。

1. 标题

标题是一份数据分析报告的文眼,是对数据分析报告的高度凝练和概括,也是一种语言艺术。好的标题不仅能表现分析主题,而且能激发读者的兴趣。标题应遵循简洁、直接、确切、新颖的基本要求。

具体来说,标题的形式有四种类型。

(1) 揭示主题,如《2023 中国数字经济发展研究报告》《2023 年北京市人力资源市场薪酬大数据报告》《新职业——网约配送员就业景气现状分析报告》。

(2) 表明观点,如《中国人力资源服务行业迎来高速发展的新时代》《企业迈入数质化招聘时代》。

(3) 概括内容,如《2023 年一季度 GDP 同比增长 4.5%》。

(4) 提出问题,如《人力资源外包能降成本吗》。

2. 目录

目录体现数据分析报告的逻辑关系、整体结构,可以帮助读者或者观众快速获知分析报告的大纲和结构,体现出报告的分析思路。目录不需要太详细,比如只保留前言、数据分析结果、结论与建议、附录,避免目录太长让人感觉冗长且耗时。

3. 前言

前言包括报告的目的与背景,阐述现状或存在的问题,需要解决什么问题,运用了什么分析思路、分析方法和模型,给出总结性的结论或者效果,并给出数据来源。

4. 正文

正文是报告的主体,用数据和事实说明和阐述观点。正文要求逻辑性强、层次结构清晰、分析结论严谨准确等,需要进行可视化图形分析、挖掘分析并呈现正确解读的结论。

客观事物的发展离不开时、空,即纵、横两个方面。因此,正文部分有三种结构可供参考。

(1) 纵式结构,按照客观事物发展阶段或实践先后顺序安排组织内容,也可按事物的逻辑关系安排材料。

(2) 横式结构,按事物的构成安排材料,即把构成整体的各个部分逐一展开并予以分析和说明。

(3) 交叉式结构,是纵式结构和横式结构的结合。在实际的分析报告中,一般没有纯粹的纵式结构或横式结构,而是两种基本结构的复合体。

5. 结尾

结尾是对全文的总结、深化和提炼,是得出结论、提出建议、解决问题的关键所在。结论通常以综述性的文字来说明。它不是分析结果的简单重复,而是结合公司实际业务形成的总体论点,是通过去粗取精、由表及里的分析探索出共同的规律和特征。建议是根据分析结论针对公司实际业务面临的问题提出的切实可行的改进方法。

此外,在学术研究中通常会在文章后按要求的文献格式列出报告中参考的文献资料。与报告有关的具有科学价值的重要原始资料、数据,如调查问卷、访谈提纲、复杂的公式推导过程、计算程序、统计表、统计图等都可以放在附录中,既有利于说明和帮助读者理解分析报告,又可提供有用的科学信息。

(五)修改定稿

好文章是改出来的。初稿要成为定稿,需要经过润色修改的过程。要改好一篇数据分析报告,一要掌握修改的方法,二要明确修改的内容。

1. 掌握修改的方法

(1)征求意见。

广泛征求、虚心听取身边的人的意见。同时,细心甄别正确的意见和合理的建议,并予以充分吸收消化。

(2)自我推敲。

对自己的文章反复多角度深入推敲,对观点、结构、资料、文字等反复斟酌。

(3)对比衡量。

收集与选题近似或相关的报告进行比较,博采众长、积极创新。

2. 明确修改的内容

(1)审核观点。

重点审核观点的正确性。还要看观点是否与文章题目匹配,是否符合实际情况,是否在数据文字资料的基础上提炼而来,是否存在主观偏见,是否观点鲜明等。

(2)核实资料。

核实资料的真实性、准确性、完整性等,关键是资料是否真实可靠,能否支持观点,从而使得文章有说服力。

(3)优化结构。

优化结构在于合理布局文章的章节和整体结构。例如,推敲是否符合逻辑思维,文章整体结构是否完整,章节排列是否层次分明,文字比重是否协调。

(4)斟酌文字。

斟酌文字在于力求语言通顺、简洁明了。例如,考虑用词是否贴切、简洁、严谨,语言是否规范,是否有错别字、生僻字等。

(5)排版格式。

文章的排版格式是否符合规范和要求。例如,考虑标点符号是否使用恰当,图表标题是否符合要求,字体字号是否统一,排版是否整洁等。

(6)选择方法。

选择方法在于选择合理有效的论证方法。数据分析报告有其特有的论证方法,包括提问和定义、分类和举例、比较和引用、假设和推断、数字和图表等。要看文章所选用的方法是否科学、合理、可行。

三、评价标准

在此,以"一带一路"暨金砖国家技能发展与技术创新大赛大数据分析应用与决策赛项人力大数据赛道为例,介绍数据分析报告的评价标准。

该大赛旨在考查学生在实际工作场景中的人力大数据分析能力,包括识别常用分析数据指标、计算公式,应用常用分析模型,解读数据结论等。要求学生能够结合给定的企业经营管理案例与数据,基于"场景理解—业务需求分析—数据处理—分析与挖掘—建议方案"思路,撰写大数据分析报告并讲解呈现分析报告。案例分析报告撰写及展示的评价标准见表6-1。

表6-1 案例分析报告评分标准

评价项目			分值
案例分析报告（60分）	内容完整、结构严谨、文字流畅		10
	案例问题描述准确,简明扼要,重点突出		10
	案例分析客观、科学、可靠	分析与挖掘的内容针对案例问题展开,能有效揭示与解决问题	10
		采用恰当的可视化图表,图表直观,结论正确全面	10
		数据挖掘模型选择恰当,挖掘结论具有说服力	5
	案例结论建议合理,见解独到		15
案例展示（20分）	熟悉课件,语言简练,口齿清晰,表达准确流畅自然		10
	条理清晰,重点明确,结构完整		10
现场答辩（20分）	正确回答评委的问题,有较强的分析应变能力		10
	能够准确完整、及时流畅地回答评委所提问题		10
总计			100

学 以 致 用

一、单选题

1. 方便管理者迅速理解分析和做出决策的数据分析工作成果是（　　）。
   A. 数据软件输出表格　　　　　　B. 数据软件输出图表
   C. 数据分析方法　　　　　　　　D. 数据分析报告
2. 数据分析的最终目的是（　　）。
   A. 获得数据资料　　B. 利用数据资料　　C. 解决业务问题　　D. 展示分析技术
3. 针对员工敬业度这一专题进行深入分析而形成的员工敬业度提升分析报告属于（　　）。

A. 综合性报告　　　B. 日常数据通报　　　C. 专题性报告　　　D. 全面性报告

4. 数据分析和推理过程要科学合理全面,解决方案和建议措施要基于具体的业务背景和分析结果得出。这说明数据分析报告撰写应遵循(　　)原则。

A. 真实性　　　B. 规范性　　　C. 创新性　　　D. 逻辑性

5. 数据分析报告内容应围绕分析目标与问题解决展开,指的是数据分析报告撰写应遵循(　　)原则。

A. 真实性　　　B. 规范性　　　C. 目的性　　　D. 创新性

二、多选题

6. 数据分析报告的作用有(　　　)。

A. 展示分析结果　　B. 提供决策依据　　C. 寻找事物联系　　D. 验证分析质量

7. 下列选项中,属于专题性报告的特征的有(　　　)。

A. 全面反映事物的各个方面　　　B. 针对某一方面进行分析
C. 原因分析有深度　　　D. 主要问题和重点鲜明突出

8. 下列选项中,属于综合性分析报告的有(　　　)。

A.《世界人口发展报告》　　　B.《员工离职原因分析报告》
C.《中国经济发展报告》　　　D.《第一季度业务发展通报》

9. 数据分析报告的结构一般包括(　　　)。

A. 标题　　　B. 目录　　　C. 前言　　　D. 正文
E. 结尾

10. 数据分析报告撰写要遵循MECE原则,指的是(　　　)。

A. 各部分之间相互包含　　　B. 各部分之间相互独立
C. 所有部分完全穷尽　　　D. 以上都对

参考答案

1. D　2. C　3. C　4. D　5. C　6. ABD　7. BCD　8. AC　9. ABCDE　10. BC

思 维 导 图

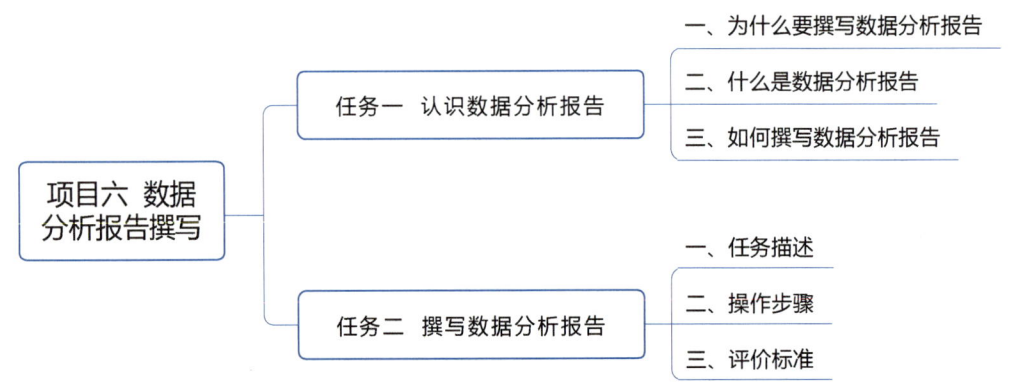

模块二 人力资源大数据分析实践

项目七

人才盘点

工作情境

藤泽科技股份有限公司(简称藤泽科技)成立于2010年5月,公司总部位于北京,是一家提供金融行业专用信息化软件系统、信息技术服务、创新性软件解决方案的高科技IT企业。其组织架构如图7-1所示。母公司为已成立30多年、拥有2万多名员工的国内著名信息化软件上市公司韬昭集团。依托母公司提供的人才和资金,公司成立后迅速创立了"TZ"知名品牌,连续5年保持了年均超过40%的快速增长,并于2015年成功上市,在金融行业业务软件开发、市场推广等方面积累了丰富的经验。

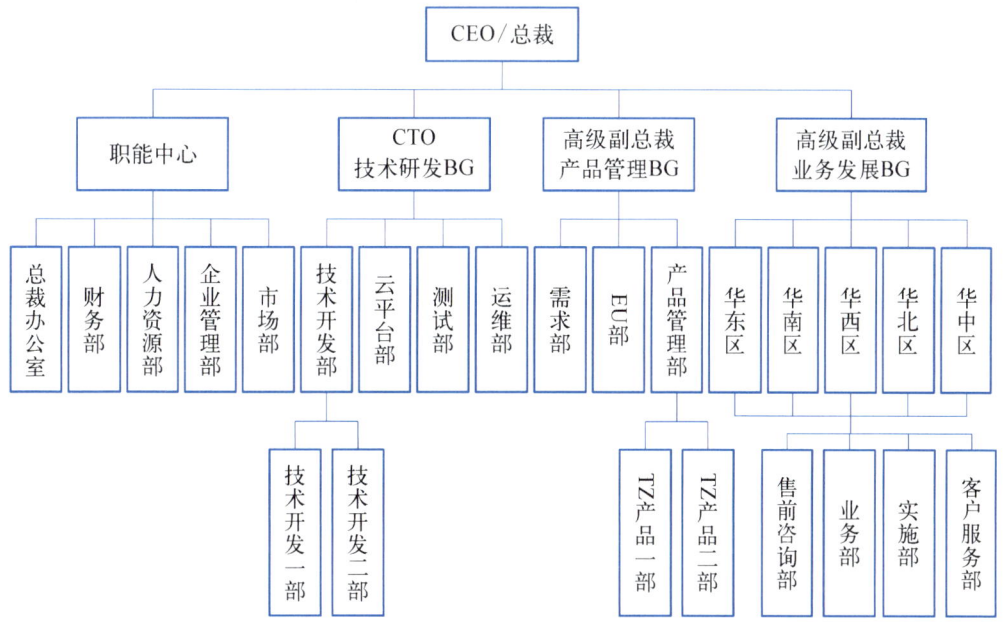

图7-1 藤泽科技组织结构

公司遵循"以市场为导向、以技术为核心、以服务为保障"的经营方针,秉承"主动、进取、善于学习,合作、创新、追求卓越"的核心价值观,凭借优秀的产品性能、优质的技术服务,紧跟行业动态,产品被1 000多家行业头部客户采用,受到用户高度评价及肯定。公司在全国按五大区域设立了营销机构,发展分销代理伙伴,年总营业收入近8亿元,市场占有率一直居于行业前五位。

但随着金融行业改革的深化、国内外市场环境的剧烈变化,行业竞争加剧,以及受内部管理变动等影响,公司业绩增长持续放缓。为此,公司提出了发展云服务业务的战略,并尝试进入其他战略新兴业务领域。经过3年的开拓,新的云业务等获得了较好的发展,目前收入比重占到公司总业务收入的30%左右,收入比上年同期增长73%。公司决定新的一年及未来几年加大新业务投入力度,提升新业务比重,力争使其成为公司发展的突破点。

目前公司拥有员工1 400多人,内部管理方面建立了基本的人力资源管理体系,每年实行绩效考核,与薪酬奖金等挂钩,建立了基本的岗位职级体系,开展了一些员工培训活动以提升员工能力。在业务开拓发展的同时,公司也出现了人员流动加大的现象,华北区高级业务总监郑俊侠、云平台部高级技术总监孙茂才等关键岗位人员也相继提出了离职申请。各部门以发展新业务、人员变动、工作量繁重、加班严重等为由不断提出人手不足、需要大量增加人员的需求,部分部门员工抱怨、牢骚较多,员工士气、工作氛围等较前几年也有了明显的变化。

工作任务

藤泽科技总裁郭博敬找到入职不到一年的人力资源总监夏慕凝,提出希望人力资源部门对公司目前的人力资源状况做一个盘点,在人力资源如何支持业务战略顺利达成、如何改善公司人员管理现状、为未来发展储备核心人才等方面提出建议和对策。

学习目标

知识目标

① 了解员工人才盘点的价值和意义,能够进行口头解释;
② 理解并掌握人才盘点的概念,能够说明人才盘点的时机;
③ 理解并掌握人才盘点模型,能够说明人才盘点的步骤;
④ 理解人才盘点的指标体系,能够解释具体指标的含义。

能力目标

① 能制订人才盘点数据的收集方案;
② 能对收集的人才盘点数据进行预处理;
③ 能对人才盘点数据进行可视化分析;

④ 能利用人才盘点数据完成员工绩效聚类分析、人员潜力评估和人员接替计划;

⑤ 能利用文字处理软件撰写人员盘点分析报告,能制作人员盘点分析报告和汇报演示文稿。

素质目标

① 学习领会新时代人才强国战略,形成"爱才重才育才成才"的基本理念,树立努力成才的理想信念;

② 拥有团队合作、公平公正、客观严谨、热情服务的素养;

③ 具有较强的书面和口头的语言表达能力;

④ 拥有数据素养,如具备数据意识和数据敏感性,能够洞察和分析数据,并对数据具有批判性思维,能利用人才盘点数据结果进行原因分析和辅助决策。

任务一 人才盘点业务理解

要想在战场上取得胜利,就要了解自己有多少将领,有多少士兵,谁可担当重任,哪里战斗力不足,哪里需要补充兵力,哪里需要再训练。当今市场的竞争程度不亚于战场,企业要想在竞争中脱颖而出,同样需要精准把握自己的人才状况,精准部署。这就需要企业开展定期和不定期的人才盘点。人才盘点已经成为通用电气、宝洁、华为、阿里巴巴等著名企业管理的重要抓手。

藤泽科技在开拓业务的同时,出现了人员流动加大的现象,甚至不少高级管理人员和关键岗位人员也相继提出了离职申请。多个部门人手不足、员工需求增加,员工士气整体不高,有些员工抱怨不断,种种现象表明企业有必要通过人才盘点解决人力资源保留和激励等问题。

一、为什么开展人才盘点

人才盘点的价值就在于主动掌握人力资源的现状,以便有效地支持组织战略目标的达成。对公司来说,人才盘点是战略性经营工具;对管理者来说,人才盘点是强有力的管理手段;对员工来说,人才盘点是职业生涯发展的关键方法。

(一) 管理角度

首先,通过人才盘点,企业可以全面了解员工的能力、素质和潜力,更好地进行人员配置,通过有效组合人才实现企业的战略目标。其次,基于胜任力的人才盘点,可以更全面、立体地观察、评价和发现人才,促进人才的内部流动。再次,通过人才盘点,企业掌握了员工的能力短板和素质需求,可以开展有针对性的培训,为企业的发展提供人才支持和人才储备。最后,人才盘点的结果可以直接应用于奖金分配、薪酬调整、培训计划制订、员工职业生涯规划、人才配置等。

(二)员工角度

人才盘点可以帮助员工客观了解自身的优势与短板,了解组织与他人对自身的评价,增强自我认知水平和自我改善动力,引导员工自主努力,提高个人绩效。人才盘点还可以勾勒和展现员工的综合竞争能力、目标、兴趣、待发展能力等,帮助员工更好地把握自身的职业发展需求、发展瓶颈和未来成长路径,促进员工个人职业规划与组织战略保持一致。

二、什么是人才盘点

人才盘点是基于未来业务发展的需要,对现有的组织内部人才的数量和质量进行评估,找到现状与未来需要的差距,促进未来组织拥有足够数量和高质量人才的一组业务流程。通常企业处于五种时期时,就应该进行人才盘点。

第一,企业战略转型期。企业战略转型时对人才的标准和要求都会发生相应的变化,需要盘点人才是否适应公司新的发展。

第二,外部招聘量过大时。如果外部招聘量过大,就会对组织文化造成冲击,员工对岗位的适应能力也有待观察,需要进行人才盘点。

第三,企业快速发展阶段。当企业规模不断扩大时,企业需要更多的人才来支撑组织的发展,对人才的数量和质量都会提出新的要求。

第四,关键人才流失比较严重时。关键人才流失严重,会增加企业的用工成本,导致人才青黄不接,也会影响员工士气。组织中到底哪些人可以继续用,哪些人可以重用,需要了解清楚。

第五,企业人才供给、分布不均衡时。同一公司不同的部门,不同的区域,不同的分、子公司,人才的数量和质量可能都不一样。有的部门可能人才济济,有的部门则青黄不接,每个部门都想留下优秀人才,这就阻碍了人才的内部流动。通过人才盘点可以让人才透明可见,建立无障碍的人才流动机制。

【个人任务】 藤泽科技目前需要进行人才盘点,是因为企业处于以上五种时期的哪一个时期?

_____

_____

_____

三、如何进行人才盘点

(一)人才盘点的步骤

人才盘点的工作过程可分为六个步骤。

第一步:战略与组织分析。人才盘点是以组织的战略目标实现为目的,通过对公司未来战略的理解,分析战略对组织能力的要求,评估公司当前组织架构能否承接战略的需求。

第二步:人才需求规划。根据未来战略、组织能力和组织架构的需求,制订人才数量和人才质量的需求规划。

第三步:人才数量盘点。对组织现阶段的人力资源效能和人才结构进行分析,找到未来需求与现状之间的数量差距。

第四步:人才质量盘点。确定人才标准,进行人才评价,建立人才九宫格,找到未来需求与现状之间的质量差距。

第五步:人才地图绘制。通过人才盘点会议,绘制人才地图,制订人才发展计划。

第六步:人才盘点结果应用。将人才盘点的结果应用在人员增减、人才激励和人才培养等方面,最终达到提升组织人力资源效能的目的。

【个人任务】 请用自己的语言写出人才盘点的主要步骤。

_____
_____
_____

(二) 人才盘点工具

开展人才盘点需要合适的人才盘点工具。例如,企业在进行战略与组织分析时,一般采用组织结构图;在进行人才评价时,主要采用360度评估、员工心理素质测评、评价中心技术等;在进行人才质量盘点时,采用人才素质结构图、人才九宫格等;在进行人才调动时,采用人才发展计划和绩效评估等。

四、人才盘点指标体系

人才盘点的指标主要包括人员数量、人员结构、绩效、劳动生产率、流动率、人才梯队、接替计划等。

(一) 人员数量指标

年平均人数=(年初与年末人数之和)÷2
　　　　　=(年内各季平均人数之和)÷4
　　　　　=(年内各月平均人数之和)÷12
人员增长率=本期净增员工人数÷上年同期员工人数×100%
研发人员占比=年末研发人员数量÷公司年末总人数
销售人员占比=年末销售人员数量÷公司年末总人数

(二) 人员结构指标

年龄指标,即企业(部门)员工的平均年龄、相应的人数以及比重。年龄区间一般可划分为:25岁以下、25~30岁、30~35岁、35~40岁、40~45岁、45岁以上。

性别指标,即企业(部门)男性、女性相应的人数以及占总体的比重。

工龄指标,即企业(部门)员工从事工作的累计年限、平均工龄、不同工龄时段相应的人数以及占总体的比重。

司龄指标,即企业(部门)员工在本公司的累计工作年限、平均司龄、不同司龄时段相应的人数以及占总体的比重。其中,员工在同一集团公司或控股股东所属成员企业内来回调动,这期间的工作时间一般连续计算司龄。

学历指标,即企业(部门)所有在岗员工的学历、相应的人数以及占总体的比重。学历一般可以划分为博士研究生、硕士研究生、本科、大专、大专以下。

(三) 人员评价指标

职级,即企业(部门)所有在岗员工的职级、相应的人数以及比重。

绩效,即企业(部门)所有在岗员工的绩效、相应的人数以及比重。一般绩效考核结果采用等级分布,由高到低分为3~5级,如用1~5分,A、B+、B、C等表示。

$$人工总成本 = 职工工资总额 + 社会保险费用 + 职工福利费用 + 职工教育经费 + 劳动保护费用 + 职工住房费用 + 其他$$

$$人均人工成本 = 人工总成本 \div 总人数$$

$$净利润率 = 净利润 \div 营业收入 \times 100\%$$

$$人均净利润 = 净利润 \div 总人数$$

$$人均劳动生产率(人均营业收入) = 年末营业收入 \div 员工年末人数$$

$$人事费用率 = 人工总成本 \div 营业收入 \times 100\%$$

潜力评估,即高潜力员工的数量、质量、比重。

人才梯队、接替计划,即关键岗位接替人员数量及准备度。

(四) 人员流动率指标

$$流动率 = (统计期内流入人数 + 统计期内流出人数) \div 统计期员工平均人数 \times 100\%$$

$$离职率 = 统计期内离职总人数 \div 统计期员工平均人数 \times 100\%$$

$$员工被动离职率 = 统计期内公司解聘员工人数 \div 统计期员工平均人数 \times 100\%$$

$$员工主动离职率 = 统计期内主动离职的员工人数 \div 统计期员工平均人数 \times 100\%$$

$$关键岗位员工离职率 = 统计期内关键岗位员工离职人数 \div 统计期关键岗位员工平均人数 \times 100\%$$

【小组任务】 根据藤泽科技的实际情况,描述公司面临的问题以及人才盘点项目的具体分析目标,并将表7-1补充完整。

表7-1 藤泽科技人才盘点问题描述与具体分析目标

序号	问题描述	具体分析目标
1	近三年业绩增长持续放缓	● 内部业务数据分析 ● 对比行业、同类公司外部数据分析
2	人员流动加大	

续　表

序　号	问　题　描　述	具体分析目标
3		● 关键岗位人才离职率数据分析 ● 离职原因分析 ● 人才梯队、接替计划
4	各部门提出增加人员的需求	● 人员结构分析 ● 绩效考核结果数据分析 ● 人均劳动生产率分析 ● 人事费用率分析 ● 薪酬分析、人工成本分析 ● 人员能力、潜力及人岗匹配度分析
5	部分部门人员抱怨、牢骚较多，员工士气、工作氛围问题	● 组织氛围分析 ● 管理方式、满意度等分析
6	支持业务战略达成 储备核心人才	● 加大云服务等新业务的投入力度 ● 人员数量、人员结构、人工成本 ● 现有核心人才数量、绩效分析、储备核心人才 ● 高潜人才识别、培养 ● 人才梯队、人才接替计划
7	建议和策略	● 人员管理现状及问题阐述 ● 人员管理优化策略、人才储备及发展策略

任务二　人才盘点数据收集

人才盘点所需的数据较多。从数据的类别来看，有组织层面的指标、团队层面的指标和个人层面的指标；从数据的类型来看，有组织信息类数据、业务数据和人力资源数据。因此，人才盘点的数据来源也呈现出多样化的特点。

一、数据收集的方法

人才盘点的数据来源包括内部报表、第三方报告、调查访谈、日常行为数据等。由于数据来源不同，因此需要公司各类部门和人员，如管理层、业务部门、财务部门、人力资源部门、员工等提供数据。

企业应提前建立起信息完整、科学规范的员工信息库。员工信息库应包括基本信息、教育经历、工作经历、业绩档案、测评记录、培训记录、奖惩记录等内容，如表7-2所示。人力资源部门要承担梳理和整理的职责，员工主要负责填写关键业绩描述，如重大事件、成功事项等。

表 7-2 员工信息库的基本结构

条　目	涉　及　内　容
基本信息	个人基本信息、证件信息、工作信息、家庭成员、合同信息、联系信息、紧急情况联系人等
教育经历	教育背景、语言技能、职称/资格/特种作业证书
工作经历	本公司工作经历、非本公司工作经历
业绩档案	至少近两年的员工考核成绩,员工关键业绩的描述,即员工做出的成功事项
测评记录	至少包括近三年公司层面统一的测评结果
培训记录	至少近两年的员工参加公司组织或外部机构组织的重大培训记录
奖惩记录	公司层面的至少近两年的奖惩记录情况,包括优秀员工、内部讲师、项目奖等

二、确定人才盘点数据收集方案

【小组任务】　藤泽科技的人才盘点需要获得哪些数据？请将表 7-3 填写完整。

表 7-3 人才盘点数据收集方案

数据类别	数据名称	数据来源	相关数据结果表	提供部门/岗位	采集周期
组织层面	经营目标				半年
组织层面	组织结构图				半年
组织层面	营业收入、利润、劳动生产率				季度
组织层面	人员编制、人工成本				半年
组织/团队层面	数量、年龄、性别、学历、工龄、司龄、职级				月度
组织/团队层面	流动率、离职率				月度
团队层面	业务部门业绩数据				季度
个人层面	绩效考核结果				半年/年报
个人层面	潜力评估				年报

任务三　人才盘点数据预处理

对人才盘点收集到的数据需要进行数据清洗即数据预处理工作。

一、任务描述

对藤泽科技 2022 年人员绩效考核结果进行数据清洗，要求：（1）清理非法字符、空格并替换成 0；（2）将 2022 年绩效考核结果的变量值由 A、B+、B、C 替换成数值 5、4、3、2。

二、操作步骤

在"数据清洗"界面，选择数据源"2022 年员工绩效考核结果信息表"，保存后，点击"查看数据源"，在"结果预览"界面会显示部分数据，可以观察字段和数据情况。

三、结果解读

观察清洗结果可以看出，"2022 绩效考核结果"的变量值已经由 A、B+、B、C 替换成数值 5、4、3、2。将字符串替换成数值，方便后续采用各种方法进行分析和挖掘。

7-3-1　数据清洗视频演示

任务四　人才盘点数据可视化分析

人才盘点数据可视化分析可以从员工基本信息、职级、绩效考核结果以及离职情况等方面进行分析。

一、数据可视化基本分析

（一）任务描述

对员工人数、部门、性别、学历、职级、年龄、司龄、工龄、绩效考核结果、离职情况等数据进行可视化基本分析。

（二）操作步骤

选择数据源"人才盘点-人员基本信息数据集-2022 人员信息表"，可视化分析员工基本信息，如员工人数、部门、性别、学历、职级、年龄、司龄、工龄等；或选择数据源"人才盘点-绩效考核结果数据集-2022 年绩效考核关联数据集"，可视化分析员工绩效考核情况；或选择数据源"人才盘点-离职人员信息数据集-2022 离职人员信息表"，可视化分析员工离职情况。

7-4-1　数据可视化基本分析视频演示

（三）结果解读

选择以故事板的方式保存可视化分析结果，如图 7-2 所示。

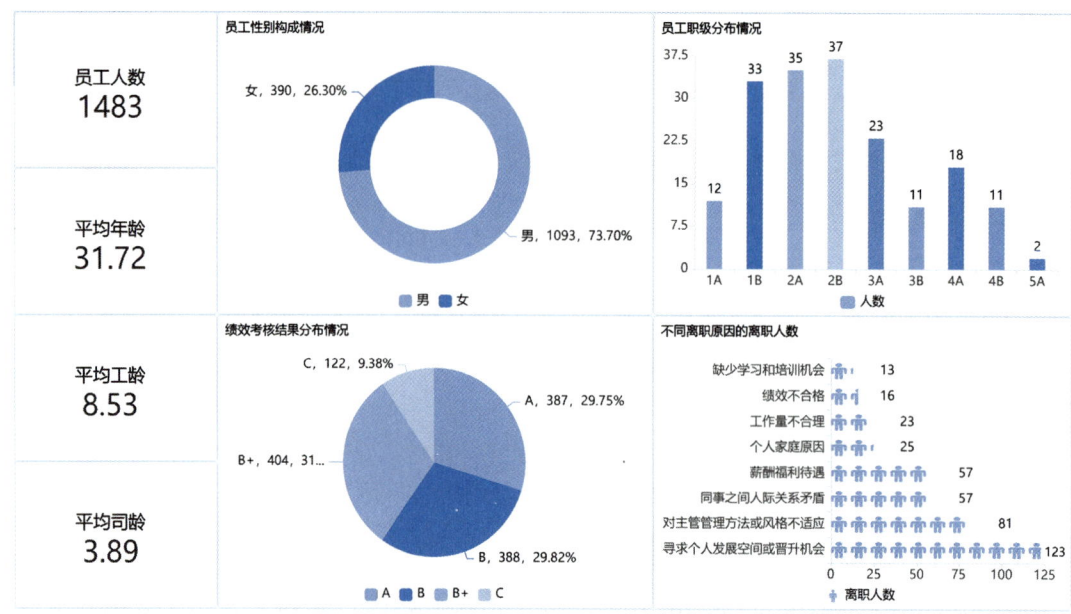

图7-2　人才盘点可视化基本分析故事板

【个人任务】　根据上面的可视化图表写出结论。

二、数据可视化交叉分析

7-4-2　数据可视化交叉分析视频演示

（一）任务描述

对业务情况、绩效考核结果、离职情况等数据进行可视化交叉分析。

（二）操作步骤

对公司业务情况进行可视化交叉分析，分析不同"年份"的"营业收入万元""净利润万元""人工总成本万元"的趋势变化。

对公司绩效考核结果进行可视化交叉分析，分析不同"职级"员工的"绩效考核结果"。

对公司离职情况进行可视化交叉分析，分析不同"年份"的"总离职率""流动率""R_4A以上人员占总人数比例""R_4A以上人员离职占4A以上人员比例"的变化情况。

（三）结果解读

选择以故事板的方式保存可视化交叉分析结果，如图7-3所示。

【个人任务】　根据交叉分析结果的可视化图表写出结论。

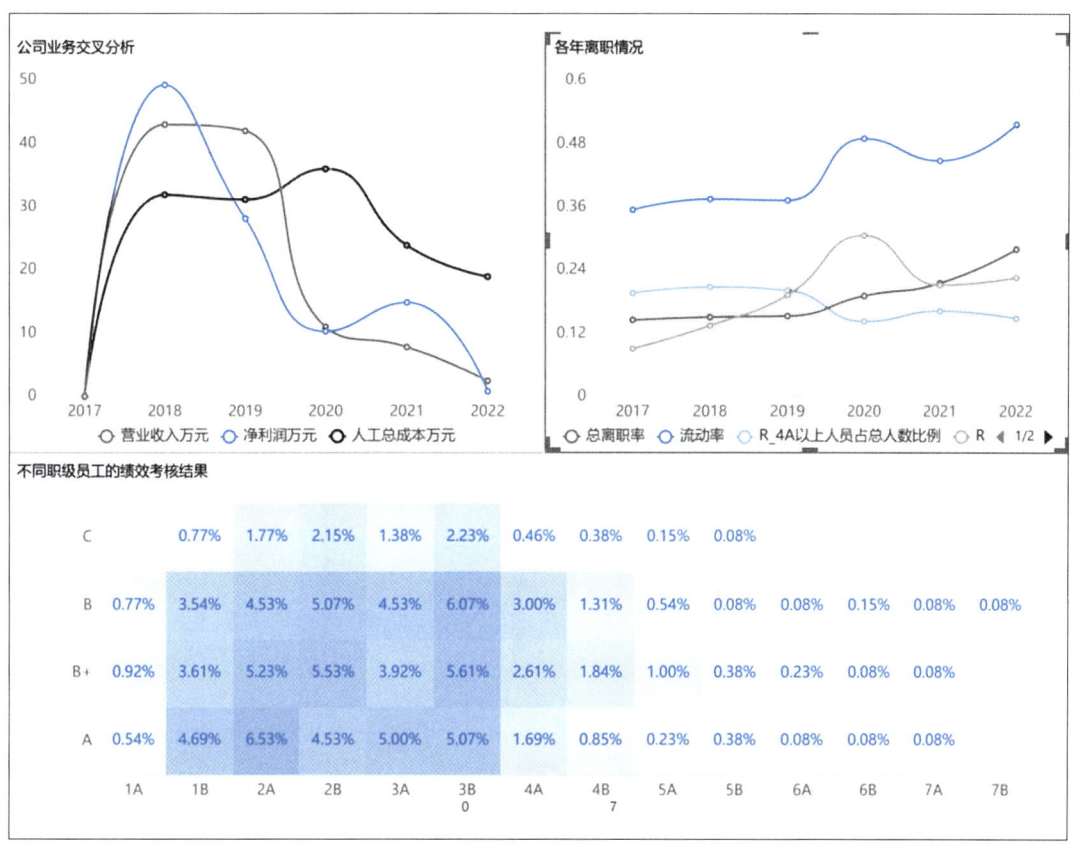

图 7-3　人才盘点可视化交叉分析故事板

任务五　人才盘点数据分析与挖掘

人才盘点数据分析与挖掘,可以采用聚类分析将具有相似绩效和特征的员工进行分类,也可以绘制人才九宫格进行人员潜力评估,还可以绘制人员接替计划图。

一、数据聚类分析

在人才盘点中,企业期望通过聚类分析将具有相似绩效和特征的员工进行归类,以达到分类管理的目的。人才盘点过程中收集到的数据包括人员结构的相关数据(如年龄、性别、学历、职级、司龄、工龄等)、绩效考核结果、离职数据、业务数据等,可以利用这些数据进行聚类分析。

(一) 任务描述

对绩效考核结果进行聚类分析,要求建立年龄、司龄、工龄、绩效的 K 均值聚类算法模型。

(二) 操作步骤

对"2022年员工绩效考核清洗结果表"中"年龄""司龄""工龄"和"2022绩效考核结果"

7-5-1 数据聚类分析视频演示

进行 K 均值聚类分析,结果发现数据聚为三类,且聚类效果较好。

(三) 结果解读

将聚类后的数据文件导出上传到分析云,绘制可视化图形进行分析,如图 7-4 所示。

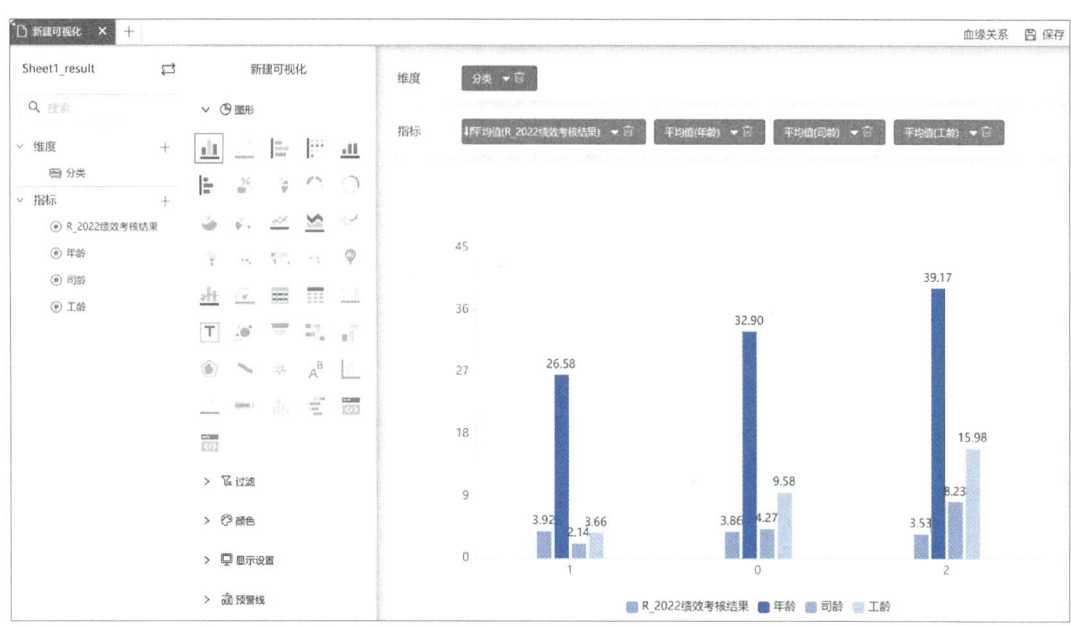

图 7-4　聚类分析结果柱状图

【个人任务】　根据聚类分析结果的可视化图表写出结论。

_____

_____

_____

二、潜力绩效评估

潜力绩效评估即人才质量盘点,是对照公司各层级、各类别人员需要具备的绩效和素质标准,对现有人员的素质、能力、绩效,乃至潜力状况进行评价,通过统计和分析,对照人才质量规划找出差距,以此判断现有人员能否支持和适应组织未来发展的需要。其步骤如图 7-5 所示。

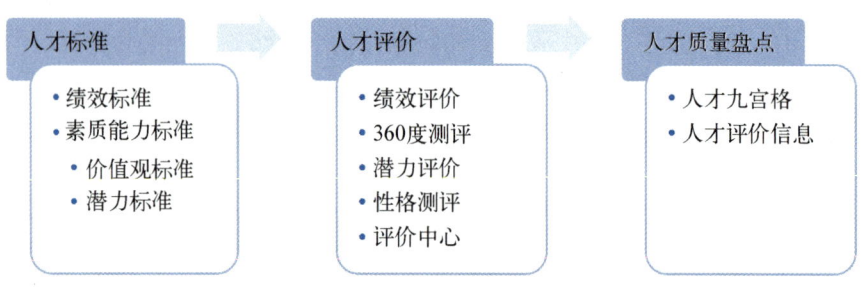

图 7-5　潜力绩效评估的步骤

潜力绩效评估首先需要企业构建人才标准，主要包括绩效标准和素质能力标准两个维度。基于不同的目的和需要，企业可以构建不同的素质能力标准，如阿里巴巴构建了价值观和领导力标准，华为和联想构建了潜力和领导力标准。再依据人才标准采用绩效评价、360度评估等方法对人才进行精准识别和评价。最后按照绩效、潜力两个维度建立人才九宫格，并将所有员工填入九宫格中。

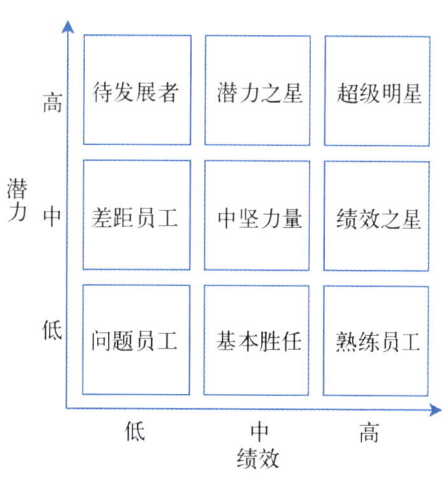

图7-6　人才九宫格

(一) 任务描述

统计藤泽科技员工人才九宫格分布情况。

(二) 操作步骤

将"绩效得分区间"和"潜力得分区间"分别置于 x 轴和 y 轴，制作热力图，得到人才九宫格。

(三) 结果解读

利用人才九宫格对人员潜力进行评估，如图7-7所示。

7-5-2　潜力绩效评估视频演示

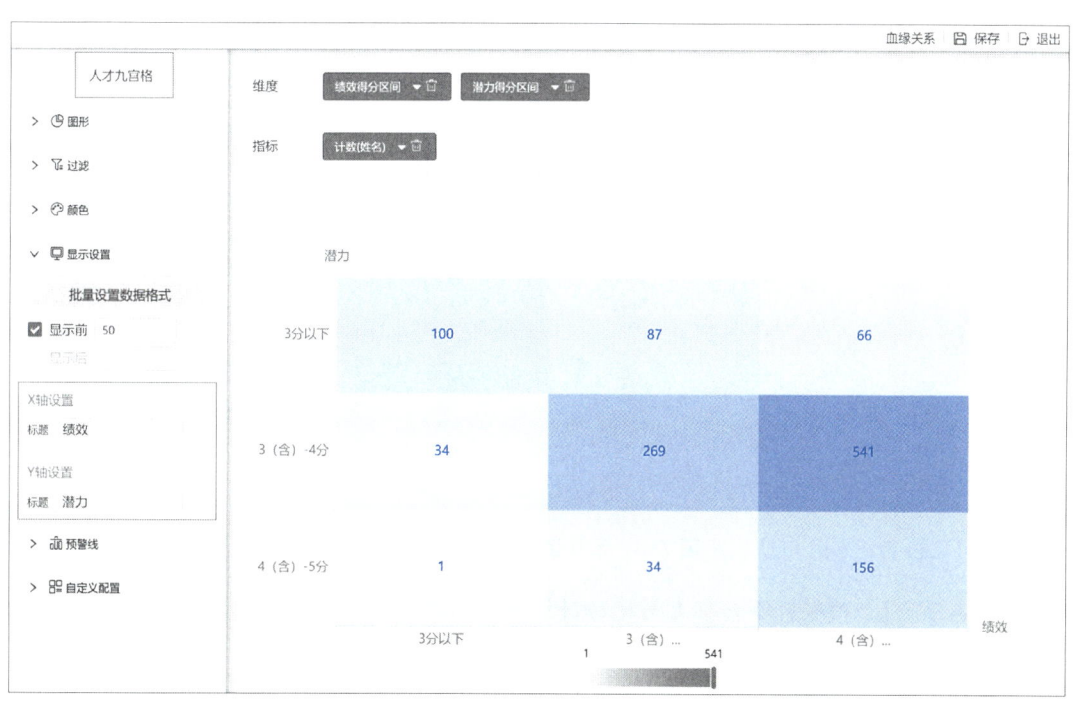

图7-7　人才九宫格热力图

【个人任务】　根据人员潜力评估可视化图表写出结论。

三、人员接替计划

通过人才盘点，可以了解员工现有能力和未来的潜能，也能掌握员工现有能力和胜任关键岗位能力之间的差距，以便通过各种人才培养方式提高员工各方面的能力，使之最终满足关键岗位的胜任力需求，这就是人员接替计划。

（一）任务描述

将云平台部人员接替计划进行可视化分析。

7-5-3 人员接替计划视频演示

（二）操作步骤

根据绩效、潜力指标统计云平台部人员接替计划的人选。根据"二级部门""姓名""绩效得分区间""潜力得分区间""人数"等制作表格。

绘制云平台部高级技术总监孙茂才的接替人员名单和层级。在子任务一的基础上，增加"职级""绩效得分""潜力得分"等制作表格。

（三）结果解读

利用云平台部人员接替计划人选可视化图表确定岗位填补名单，如图 7-8 所示。

图 7-8　云平台部接替计划人选

【个人任务】 根据云平台部人员接替计划人选可视化图表写出结论。

【个人任务】 根据云平台部高级技术总监与其接替人员（如图 7-9 所示）可视化图表写出结论。

维度	二级部门 ▼	姓名 ▼	绩效得分区间 ▼	潜力得分区间 ▼	↓职级 ▼			⊕ 列维度
指标	计数(序号)	平均值(绩效得分)	平均值(潜力得分)					

二级部门	姓名	绩效得分区间	潜力得分区间	职级	人数	绩效得分	潜力得分
云平台部	孙茂才	4（含）-5分	4（含）-5分	5B	1.00	5.00	4.30
云平台部	魏子瑜	4（含）-5分	4（含）-5分	4A	1.00	5.00	4.10
云平台部	孔承基	4（含）-5分	4（含）-5分	3B	1.00	4.70	4.40
云平台部	杨飞舟	4（含）-5分	4（含）-5分	3B	1.00	4.70	4.30
云平台部	孙鸿哲	4（含）-5分	4（含）-5分	3B	1.00	4.80	4.00
云平台部	马光临	4（含）-5分	4（含）-5分	3A	1.00	5.00	4.00
云平台部	王莞尔	4（含）-5分	4（含）-5分	3A	1.00	5.00	4.00
云平台部	吕和正	4（含）-5分	4（含）-5分	2B	1.00	5.00	4.00
云平台部	汤弘博	4（含）-5分	4（含）-5分	2B	1.00	4.00	4.10
云平台部	孟华美	4（含）-5分	4（含）-5分	2B	1.00	4.70	4.50
云平台部	文雅健	4（含）-5分	4（含）-5分	2A	1.00	4.30	4.60
云平台部	金蕴和	4（含）-5分	4（含）-5分	2A	1.00	5.00	4.10
云平台部	高浩淼	4（含）-5分	4（含）-5分	2A	1.00	4.60	4.00
		合计			13.00	4.75	4.18

图 7-9　云平台部高级技术总监与其接替人员

任务六　人才盘点分析报告撰写

【小组任务】　根据藤泽科技人才盘点数据可视化分析、数据分析与挖掘的结果，撰写人才盘点报告。下面是《藤泽科技人才盘点项目分析报告》的提纲，请根据提纲写出报告的简要内容。

藤泽科技人才盘点项目分析报告

一、前言
（一）项目背景简介
（二）项目分析目标
（三）项目分析思路与方法（可选）
二、人才盘点项目分析
（一）公司人员现状
1.
2.
3.
4.
5.
（二）数据分析结论
1.
2.

```
    3.
   (三) 核心人才储备分析及结论
    1.
    2.
    3.
  三、结论与建议
```

学 以 致 用

一、单选题

1. 关于人才盘点的说法，错误的是(　　)。
   A. 优化人员配置　　B. 提供人才支持　　C. 优化业务流程　　D. 提升个人绩效
2. 人才盘点的第一步是(　　)。
   A. 人才需求规划　　B. 人才数量盘点　　C. 人才质量盘点　　D. 战略与组织分析
3. 人才盘点聚类分析的主要目的是(　　)。
   A. 分类管理　　　　B. 绩效评价　　　　C. 培训开发　　　　D. 薪酬设计
4. 人员潜力评估主要的使用工具是(　　)。
   A. 组织结构图　　　B. 360度评估　　　C. 评价中心技术　　D. 人才九宫格
5. 人员接替计划可视化分析主要使用的是(　　)。
   A. 饼图　　　　　　B. 表格　　　　　　C. 柱状图　　　　　D. 水波图

二、多选题

6. 人才盘点的价值主要体现在(　　)。
   A. 人才盘点是战略性经营工具　　　　　B. 人才盘点是强有力的管理手段
   C. 人才盘点是职业生涯发展的关键方法　D. 人才盘点可以解决企业的所有问题
7. 人才盘点的时期通常包括(　　)。
   A. 企业战略转型期　　　　　　　　　　B. 外部招聘量过大时
   C. 企业快速发展阶段　　　　　　　　　D. 关键人才流失比较严重时
8. 人才盘点主要涉及(　　)。
   A. 对现有的组织内部人才的数量进行评估
   B. 对现有的组织内部人才的质量进行评估
   C. 对现有的组织外部人才的数量进行评估
   D. 对现有的组织外部人才的质量进行评估

9. 人才盘点的主要工具有（　　　　）。
   A. 组织结构图　　　B. 360 度评估　　　C. 评价中心技术　　　D. 人才九宫格
10. 人才盘点的指标通常包括（　　　　）。
   A. 地区层面的指标　　B. 组织层面的指标　　C. 团队层面的指标　　D. 个人层面的指标

参考答案
1. C　2. D　3. A　4. D　5. B　6. ABC　7. ABCD　8. AB　9. ABCD　10. BCD

思 维 导 图

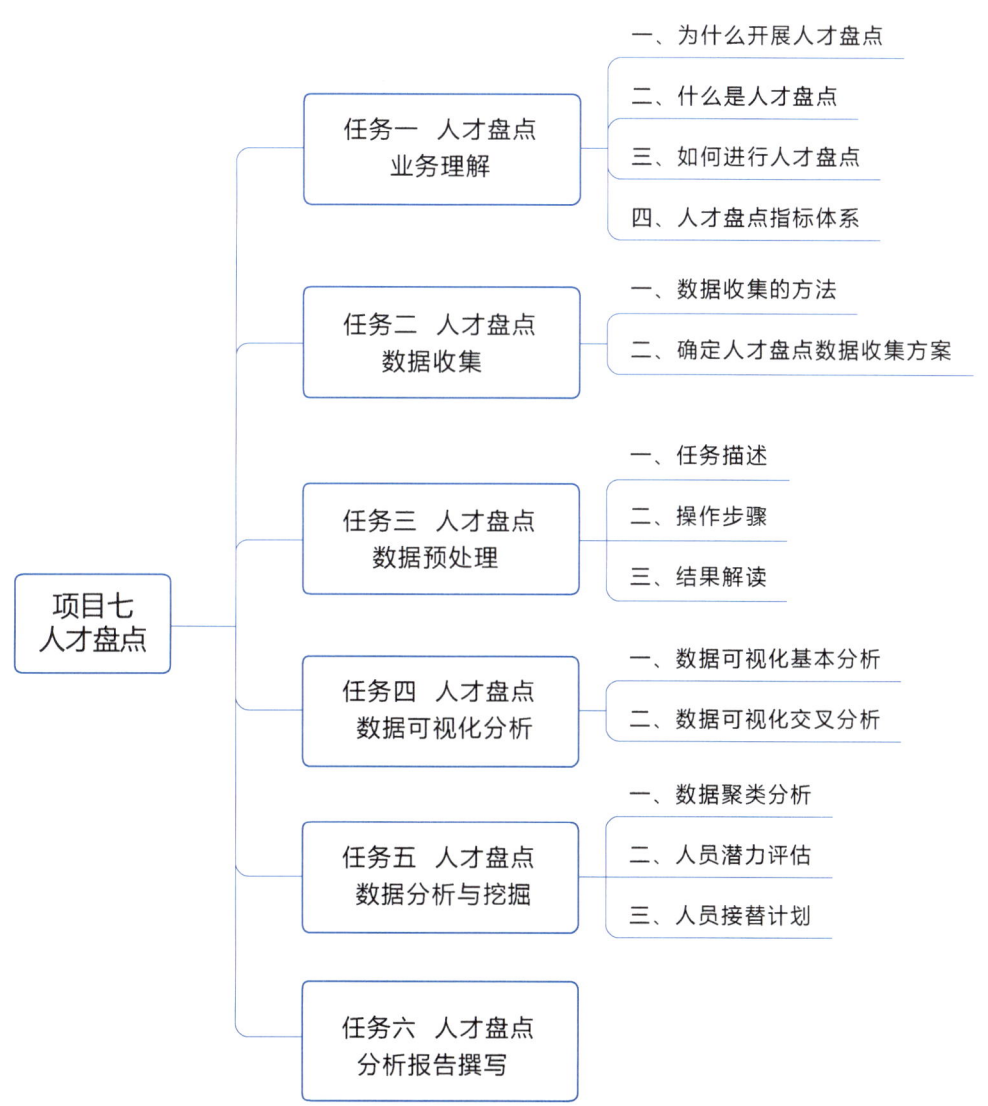

项目八

人才需求画像

 工作情境

北京华奥人力资源有限公司是一家采用人工智能技术开展招聘服务的人力资源服务企业,成立于2010年,总部位于北京,拥有超过1 000名专业顾问,现在全国40多个中心城市设有办事处,致力于在全国范围内的互联网、电子通信、高端制造、金融、房地产、医药卫生、新能源等行业为客户提供优质的高端人才招聘服务。

作为一家成立较早的人才服务机构,北京华奥人力资源有限公司依靠多年来积累的优势和经验,为一万多家客户提供专业服务,包括高端人才寻访、人力资源外包、背景调查、人力资源管理咨询、行业人才发展趋势研究等服务。

北京华奥人力资源有限公司始终坚持自主创新,致力于运用新技术、新手段构建中国招聘行业数据应用的智能化平台,形成人才招聘生态系统,促进中国人才招聘领域专业化、智能化、平台化发展。

其组织架构图如图8-1所示。

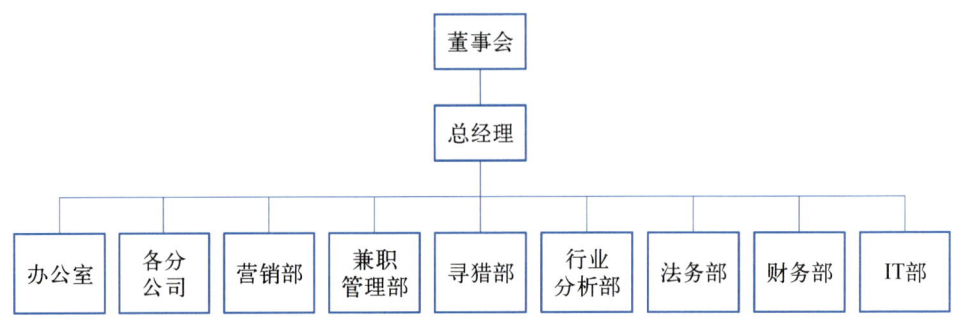

图8-1 组织架构图

随着企业数字化转型的加速,越来越多的企业加大了对数字化人才的布局,但显然目前市场上数字化相关的人才很少,而且非常抢手。

根据国内著名的大型求职招聘网站"新道人才网"发布的职位景气指数报告,在近3个月内与数据处理、数据挖掘、数据分析等数字化领域相关的人才供需比例达到1∶10,数字化人才需求旺盛,但供给严重不足。职位景气指数报告引起了公司总经理李密的高度关注。

今天，总经理李密专门为此召开一个会议，召集寻猎部经理、行业分析部经理、营销部经理、北京分公司经理及部分相关人员参加会议。行业分析部的分析员张永也参与了此次会议。会议结束以后，总经办撰写了一份会议纪要。

现在这份会议纪要展现在张永面前，虽然在会议上有心理准备，但当他开始认真思考这个问题时，他陷入了沉思。

会 议 纪 要

主题：关于大数据相关职位需求趋势及应对之策

时间：202×年1月25日上午9:00—11:30

地点：公司会议室2306

参会人员：李密总经理、寻猎部顾永怀经理、行业分析部石达康经理、营销部李德凯经理、北京分公司赵耀经理、寻猎部汤一兵、行业分析部张永、营销部霍亦君

记录人：办公室王姝

会议主要内容：

1. 大数据相关职位的市场趋势判断

(1) 李总经理介绍自己参加"新道人才网"组织的报告发布会的情况，指出大数据相关职位所需人才已成为目前人才市场上最为紧缺的人才之一，但公司目前未对此开展深入的分析，更没有提出相应的应对策略。因此，这成为未来一段时间公司主营业务方向的重点领域之一，十分紧迫。

(2) 行业分析部石经理根据前段时间对行业追踪调查研究的结果，指出在202×年因为5G技术的大规模商用，诸多行业将会迎来跨越式发展，因此，与数据相关的人才需求将显著增长。

(3) 寻猎部顾经理根据公司近3个月服务于客户的典型案例，阐述了目前大数据相关职位人才需求确实较高，但要求的职位类型多样，有大数据工程师、大数据分析师、算法工程师等不同的类型，而且每个客户提出的对能力与技能的需求并不完全相同。

(4) 营销部李经理指出，在目前的市场条件下，做好公司的品牌宣传十分重要。此外，公司应该针对5G时代大量的新型职位进行深度跟踪，发布有影响力的研究成果。通过引起市场的广泛关注，来提高公司的品牌影响力，达到进一步拓展客户资源的目的。

(5) 李总在听取大家的发言以后做出总结。未来大数据人才的发展是不可逆转的最基本的趋势，如果目前不做好相应的应对，未来就可能给竞争对手以可乘之机，使得公司丧失较好的机会。

2. 公司面临的问题

(1) 公司已经意识到了大数据相关职位的发展前景，但现有人才库中的人才较少，尤其是大数据相关的高端人才，在现有的简历库中数量较少，层次也并不是特别高，对于市场上人才的需求还没有形成完整的画像。

(2) 竞争对手目前的市场分析以及业务跟进情况，我们现在还一无所知。

(3) 公司尚未提出大数据相关岗位的能力素质模型，对不同职位应当承担的

责任及具备的相关任职资格还并不明晰。

（4）公司的市场营销策略必须提前拟定，目前对相关内容要做好安排。

3. 后续工作安排

（1）要求行业分析部开展对大数据相关职位的深度分析与解读，做出人才需求的企业画像，并对岗位职责与任职资格进行分析，尤其要关注大数据岗位需要的技能；具体工作由参加会议的行业分析部张永牵头完成。公司定于两周后听取汇报，具体时间待定。

（2）寻猎部根据客户对大数据岗位的需求，与其他人力资源服务机构合作，获取大数据相关人才信息，特别是高端大数据相关人才信息，绘制好人才地图。具体由寻猎部顾经理负责。

（3）营销部近期组织一次客户活动，强调公司在大数据人才寻访方面具备的实力，提高客户数量与质量。

假如你是张永牵头组建的项目分析小组成员，下面该如何开展工作？

 工作任务

① 分析大数据人才需求基本特征，例如通过分析学历、工作经验等判断大数据人才需求的状况；

② 分析大数据人才需求的企业画像，例如通过分析城市、区域等判断对大数据人才需求强烈的企业分布在什么城市或区域；

③ 分析大数据岗位职责与任职资格，例如分析大数据岗位技能，形成大数据人才画像；

④ 分析大数据人才需求的企业画像、大数据人才画像，提出市场策略建议。

行业分析部项目分析小组根据讨论结果确定项目分析目标与思路，并以小组为单位提交讨论结果。

学习目标

知识目标

① 了解如何通过大数据技术分析人才需求画像，包括其定义、应用场景和重要性；

② 了解人才需求画像大数据收集与预处理方法；

③ 掌握人才需求画像大数据分析可视化的基本操作；

④ 了解人才需求画像大数据挖掘算法的基本原理。

能力目标
1. 学会使用数据分析工具,进行数据预处理、分析和挖掘;
2. 学会使用数据可视化工具将数据分析结果呈现出来;
3. 熟悉常用的数据挖掘算法,并能够根据业务需求选择合适的算法进行深入分析。

素质目标
1. 培养学生的数据分析思维与意识;
2. 培养学生用数据、算法、数智工具等进行辅助招聘决策的能力;
3. 培养细致耐心、团队合作、责任心、良好的职业道德等职业素养,塑造向上的心理品质。

任务一 人才需求画像业务理解

一、人才需求分析项目背景

(一) 公司现状

公司目前未对此开展深入的分析,更没有就此提出相应的应对策略。简历库中相关人才数量较少,层次也并不是特别高;对于市场上的人才需求没有形成完整画像;公司尚未构建与大数据相关的岗位能力素质模型,对不同职位应当承担的责任以及相关任职资格还不明确。

(二) 人力资源问题分析

基于公司面临的问题,张永梳理出来的具体分析目标如表8-1所示。

表8-1 问题描述和分析目标

序号	问题描述	分析目标
1	公司未关注大数据相关职位	分析大数据人才需求基本特征,例如通过分析学历、工作经验等判断大数据人才需求的状况
2	公司未对大数据相关职位进行深入分析	分析大数据人才需求的企业画像,例如通过分析城市、区域等判断对大数据人才需求强烈的企业分布在什么城市或区域

续表

序号	问题描述	分析目标
3	公司对大数据相关职位能力素质模型不明晰	分析大数据岗位职责与任职资格,例如分析大数据岗位技能,形成大数据人才画像
4	市场营销策略不清楚	分析大数据人才需求的企业画像、大数据人才画像,提出市场策略建议

二、什么是人才需求画像

人才需求画像是以数字化思维,用数字标注的方式,挖掘人才在特定岗位及组织环境中实现卓越绩效所需要的各种特征的标签组合。因此可以将人才画像概括地理解为从多元视角出发,描绘岗位任职者所需具备条件的多方面数据集合。

【个人任务】 讨论并总结人才需求画像对企业的帮助体现在哪些方面。

_____、_____、_____

三、人才需求画像的内容

人才需求画像的内容包括两大类:一类是外显特征,另一类是隐性特质。外显特征是通过个人简历信息能够发掘出来的内容,包括人才自身的基本条件(如学历、年龄、专业、职称、执业资格),还包括人才的岗位经历、实践经验等。隐性特质包括岗位要求表现卓越的任职者应具备的兴趣偏好、个性特质、职业价值观、知识结构与能力特征等。

正是这些标签构成了一个立体化的人才画像,人才画像可以应用于人才管理的各种场景,贯穿于人才管理的全过程。所以,人才画像本质上就是将影响岗位任职者绩效的因素集成化、数据化和标签化的结果。

任务二 人才需求画像数据收集

为了进一步分析并解决大数据相关职位的问题,需要收集相应的数据,以描述现状,分析原因,然后提供人力资源决策支持。

一、招聘数据收集来源

常见的人才招聘信息的来源及渠道如下。

(1)人才网站+App:前程无忧、智联招聘、猎聘网、拉勾网、赶集网、实习僧网、BOSS直聘、58同城、行业人才网、城市/省份人才网;

(2)传统人才市场或招聘会:省市地区人才市场、中高端人才供需见面会、大中专毕业生专场招聘会、高校毕业生专场招聘会;

(3)社交媒体:微信公众号、微信朋友圈、微信小程序、领英、脉脉、就业BBS;

（4）人才需求网站：人才需求单位网站、合作招聘网站。

案例情境的数据收集需要从人才招聘网站进行信息采集。对人才招聘网站的信息采集包括岗位信息（如岗位名称、职位描述、工作地点、薪资水平等）和公司信息（如公司名称、公司简介、所在地、成立时间等）。

二、网络招聘数据收集方法

（一）爬虫软件

有云爬虫和采集器两种。云爬虫是无须下载安装软件，直接在网页上创建爬虫，如神箭手云爬虫。采集器是下载安装在本机，在本机创建爬虫，如八爪鱼采集器、后羿采集器。

（二）Python

Python在网络爬虫和数据采集方面具有以下优点：简单易学，语法更加简单明了，上手更快；灵活性强，可以快速地实现各种复杂的数据采集和网页爬取任务。缺点是：一些网站可能会采取反爬虫措施，限制或者封锁IP地址，使得采集工作可能会被限制或封锁；爬虫可能会触发网站的安全机制，如触发反爬虫机制或被视为恶意攻击；采集数据时可能涉及隐私和版权等问题，违反相关法律法规可能会导致法律风险。

例如，张永在"新道人才网"通过查询城市和职位，可以看到如图8-2所示信息。

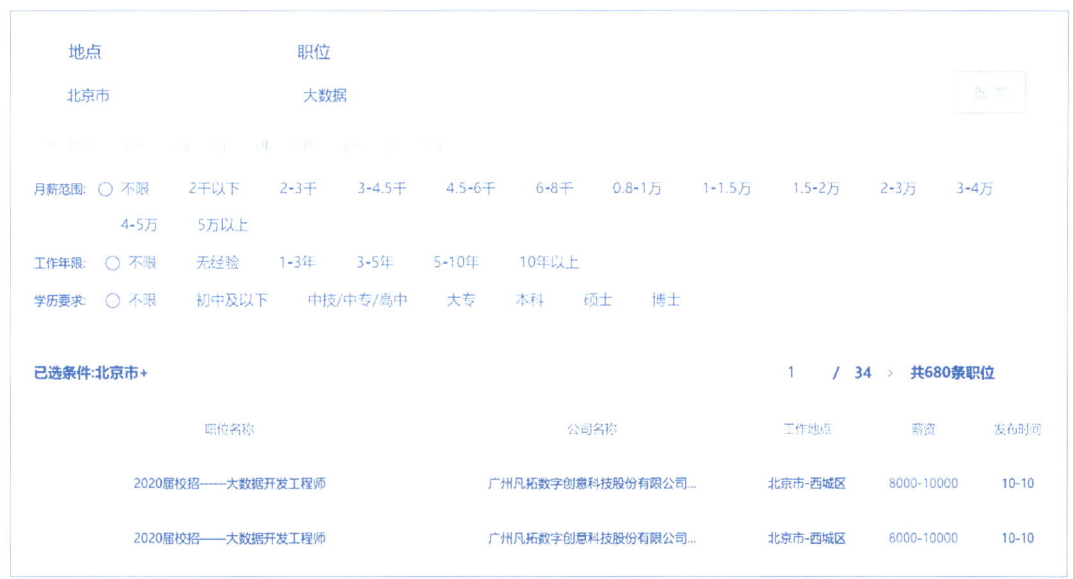

图8-2　新道人才网查询城市和职位

应用Python语言程序爬取外部招聘网站"新道人才网"信息的部分代码如图8-3所示。

```python
# -*- coding: utf-8 -*-
"""
新道人才
"""
import requests
import json
import xlwt

headers = {
    'User-Agent':'Mozilla/5.0 (Windows NT 10.0; WOW64) AppleWebKit/537.36 (KHTML, like Gecko) Chrome/65.0.3325.181 Safari/537.36'
}
postData = {
    'cityCode':'',    # 城市
    'position':'',    # 职位
    'salary':'',      # 月薪范围,仅限 页面展示的 月薪范围 内容,作为可选项.
    'experience':'',  # 工作年限
    'education':'',   # 学历
    'pageIndex':'1',  # 起始页
    'pageSize':'5'    # 查询总条数
}
postUrl = 'https://stalents.seentao.com/test/talents/talents.position.selectpositionbyparam'
# 采集的 请求接口,用于获取数据

def get_page(postUrl):
    rsp = requests.post(postUrl,data = postData,headers = headers)
    if(rsp.status_code == 200):
        print('数据源获取成功')
    return json.loads(rsp.text)
rsps = get_page(postUrl)
rztJson = rsps['result']
Table = xlwt.Workbook(encoding = "utf-8", style_compression = 0)
sheet = Table.add_sheet("人才需求画像.xls", cell_overwrite_ok = True)
for i in range(len(rztJson)):
    salary = '面议' if 'salaryStart' not in rztJson[i] else str(rztJson[i]['salaryStart']) + '-' + str(rztJson[i]['salaryEnd'])
    rzt = [rztJson[i]['posName'], rztJson[i]['company'], rztJson[i]['cityCode'], salary, rztJson[i]['releaseTime']]
    for j in range(len(rzt)):
        sheet.write(i, j, rzt[j])
Table.save("./人才需求画像.xls")
```

图 8-3　Python 爬取数据

任务三 人才需求画像数据预处理

一、任务描述

张永认为,数据分析的前提是确保数据的完整性、准确性及一致性,基于数据分析的预测结果才是预测的有效依据。数据清洗的方式包括使用 Excel 处理和借助清洗工具处理。但他发现在"新道人才网"采集的招聘信息会有重复数据、空值等问题;分析招聘数据中的薪酬水平时,表格中的数据都是文本格式,而且单位不统一,很难计算;对招聘数据进行工作地点城市分布分析时,工作地点的数据也不统一,大部分都是城市,即使有的数据会显示城市和区域,也需要对工作地点字段进行分列处理。

二、操作步骤

张永通过 Python 代码编辑器爬取"新道人才网"关于大数据相关职位的招聘信息,用 Excel 表示,如图 8-4 所示。

8-3-1 数据预处理基本分析视频演示

图 8-4 新道人才网大数据相关职位的招聘信息截图

首先,对招聘信息表格中同一公司在不同时间发布的相同或相似的职位信息进行删除重复值处理,同时去除非大数据开发/分析职能类别的职位信息,处理后结果如图 8-5 所示。

图 8-5 数据筛选、去重与清理后的招聘数据截图

其次,通过数据分列,用函数运算的方式来计算薪酬低值、薪酬高值,结果如图 8-6 所示。

图 8-6　薪酬数据分列处理之后结果截图

最后,需要对工作地点字段进行分列处理,处理之前如图 8-7 所示。

图 8-7　工作地点数据分列处理之前截图

三、结果解读

工作地点数据分列处理之后的结果如图 8-8 所示。

图 8-8　工作地点数据分列处理之后截图

任务四　人才需求画像数据可视化分析

一、任务描述

在分析云中选择合适的可视化图表,依据对案例业务问题的深入理解,对大数据人才需求基本特征(如区域、城市、学历、工作经验等)进行单项描述性分析。

在分析云中选择合适的可视化图表,依据对案例业务问题的深入理解,对大数据人才需求、企业的基本特征(如企业规模分布、企业类型分布、企业薪酬分布等)进行单项描述性分析。

8-4-1　人才需求基本特征可视化分析视频演示

二、操作步骤

选择并点击数据集"人才需求画像",再点击"人力大数据",然后点击"2-人才需求画像",选择里面的"大数据相关职位招聘关联数据集";可视化分析人才需求信息,如分布城市、省份、工作经验、学历。

选择并点击数据集"人才需求画像",再点击"人力大数据",然后点击"2-人才需求画像",选择里面的"大数据相关职位招聘关联数据集";可视化分析人才需求企业特征,如企业规模分布、企业类型分布、企业薪酬分布、薪酬与学历/工作经验分析、薪酬与公司类型/规模分析。

三、结果解读

选择故事板的方式保存可视化分析结果,如图8-9、图8-10所示。

8-4-2 人才需求企业特征可视化分析视频演示

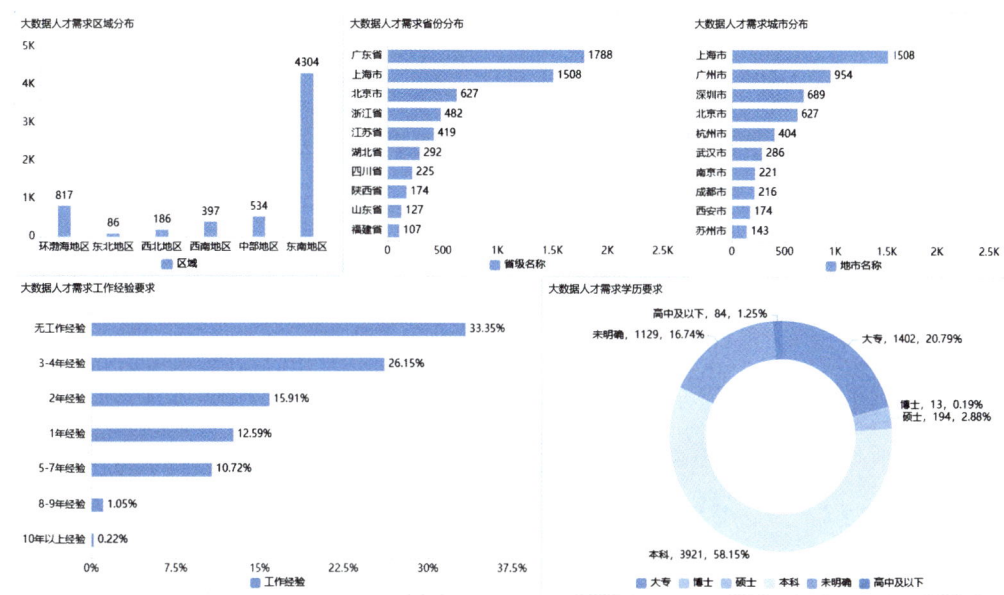

图8-9 大数据人才需求基本特征故事板

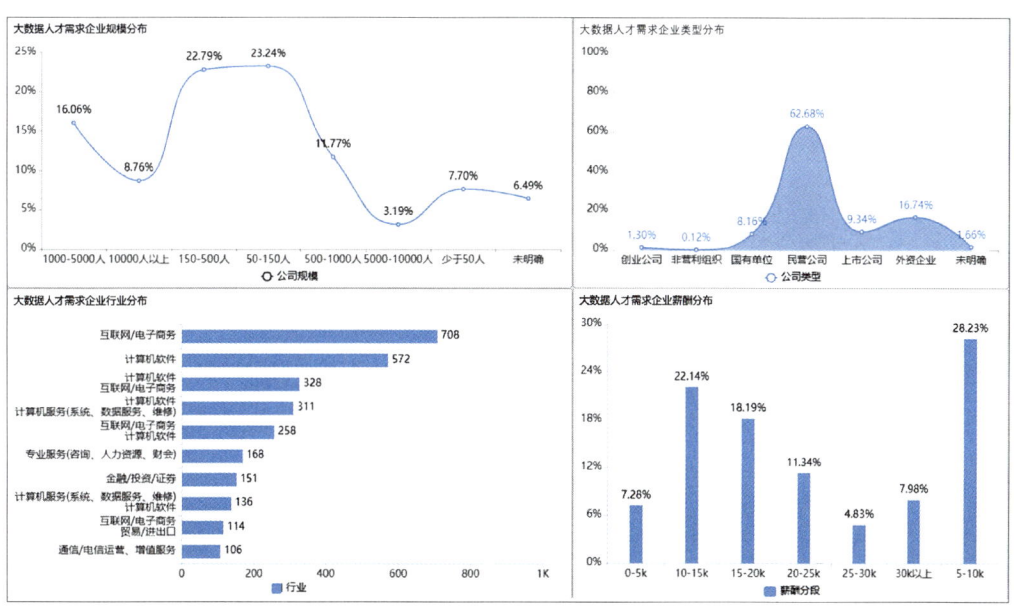

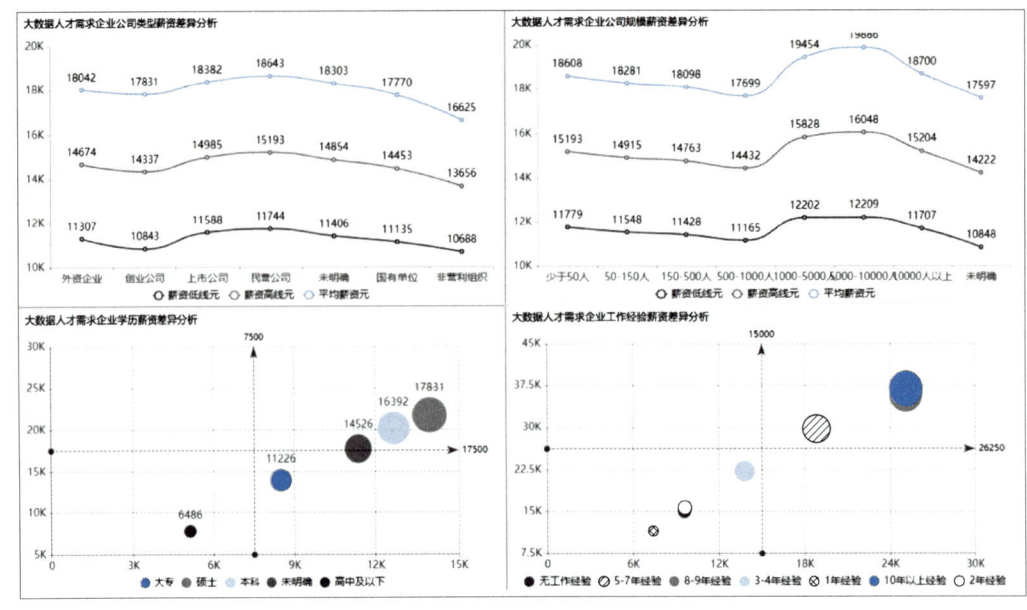

图 8-10 大数据人才需求企业特征故事板

任务五 人才需求画像数据分析与挖掘

一、任务描述

以清理后的大数据职位需求数据（Excel 文件）作为数据源完成大数据人才需求企业画像模型构建及优化。

针对聚类算法选取适宜的变量、合适的参数进行聚类分析，根据关联数据集，以序号、学历和薪资为例进行挖掘，完成企业画像聚类结果分析。

二、操作步骤

8-5-1 数据聚类分析视频演示

对"大数据开发分析招聘职位信息 1204.xlsx"中大数据人才需求企业画像进行模型构建，以序号、学历和薪资进行 K 均值聚类分析。

三、结果解读

通过 K 均值聚类分析，可直观呈现企业对大数据人才的需求结构，如图 8-11 所示。

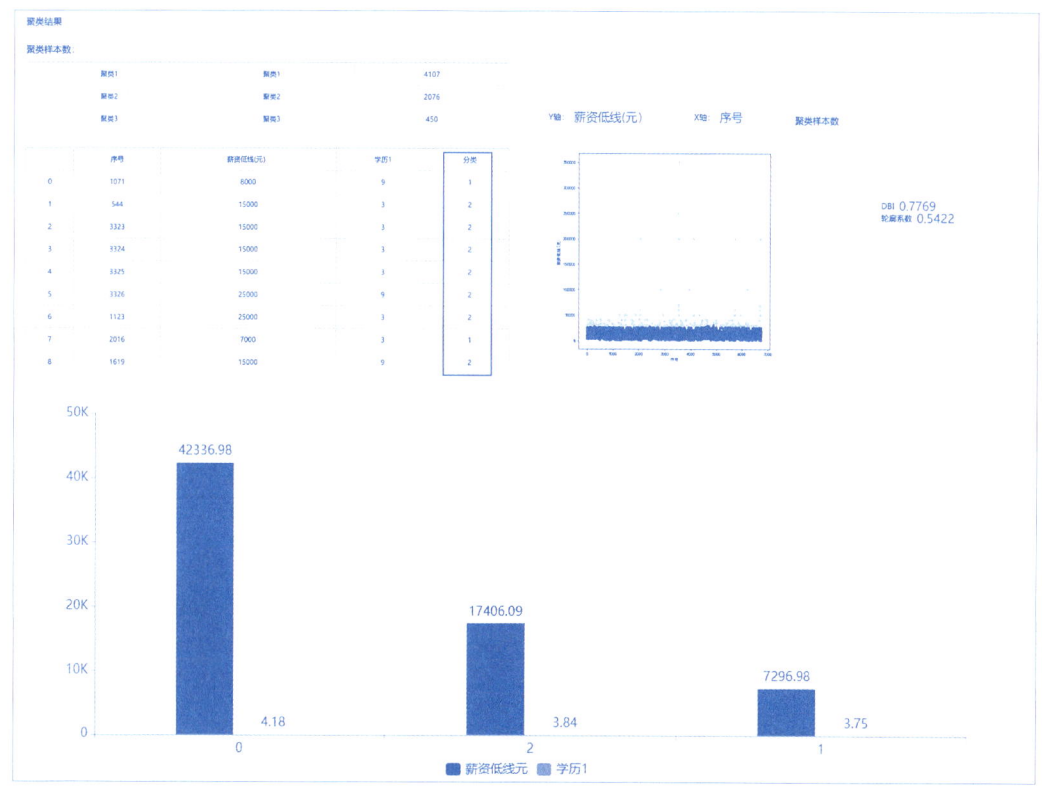

图8-11 大数据人才需求企业画像聚类分析结果

【个人任务】 根据聚类分析结果的可视化图表写出结论。

任务六 人才需求画像分析报告撰写

完成数据分析和挖掘、数据可视化分析之后,需要将数据分析结果、图表进行总结分析,最终形成人才需求画像报告,这也是数据分析工作最常见的成果体现形式。下面是《人才需求画像项目分析报告》的提纲,请根据提纲写出报告的简要内容。

人才需求画像项目分析报告

一、前言
(一)项目背景简介
(二)项目分析目标
(三)项目分析思路与方法(可选)
二、人才需求画像项目分析
(一)公司人员现状

1.
2.
3.
（二）数据分析结论
1.
2.
3.
（三）核心人才储备分析及结论
1.
2.
3.
三、结论与建议

学 以 致 用

一、单选题

1. 人才需求画像中，以下选项中不属于外显特征的是（　　）。
   A. 学历　　　　　　B. 年龄　　　　　　C. 岗位经历　　　　D. 职业价值观
2. 外显特征主要用于评估人才的（　　）方面。
   A. 性格特点　　　　　　　　　　　B. 基本素质和资格水平
   C. 兴趣爱好　　　　　　　　　　　D. 家庭背景
3. 人才画像的主要目的是（　　）。
   A. 对人才进行简单分类
   B. 评估人才的基本素质
   C. 将影响岗位绩效的因素进行集成化、数据化、标签化处理
   D. 展示人才的个人特点
4. 在人才招聘中，人才画像的作用主要体现在（　　）。
   A. 提高招聘流程的效率　　　　　　B. 展示公司的文化特点
   C. 帮助公司筛选与岗位匹配度高的候选人　　D. 评估候选人的家庭背景

二、多选题

5. 人才需求画像的隐性特质通常包括（　　）。
   A. 学历　　　　　B. 兴趣偏好　　　　C. 个性特质　　　　D. 实践经验
   E. 职业价值观
6. 关于Python在网络爬虫和数据采集方面的缺点，以下说法中正确的有（　　）。
   A. Python的语法复杂，学习难度大
   B. 一些网站可能会采取反爬虫措施，限制或封锁IP地址
   C. 爬虫可能会触发网站的安全机制，被视为恶意攻击
   D. Python在处理大规模数据采集任务时性能卓越

E. 采集数据时可能涉及隐私和版权问题，存在法律风险

7. 常见的人才招聘信息来源渠道包括(　　　)。
   A. 人才网站及 App　　　　　　　　B. 传统人才市场或招聘会
   C. 社交媒体　　　　　　　　　　　D. 人才需求单位网站

8. 在人才招聘网站的信息采集过程中，(　　　)属于岗位信息的范畴。
   A. 公司名称　　　B. 职位描述　　　C. 工作地点　　　D. 薪资水平
   E. 公司成立时间

> **参考答案**
> 1. D　2. B　3. C　4. C　5. BCE　6. BCE　7. ABCD　8. BCD

思 维 导 图

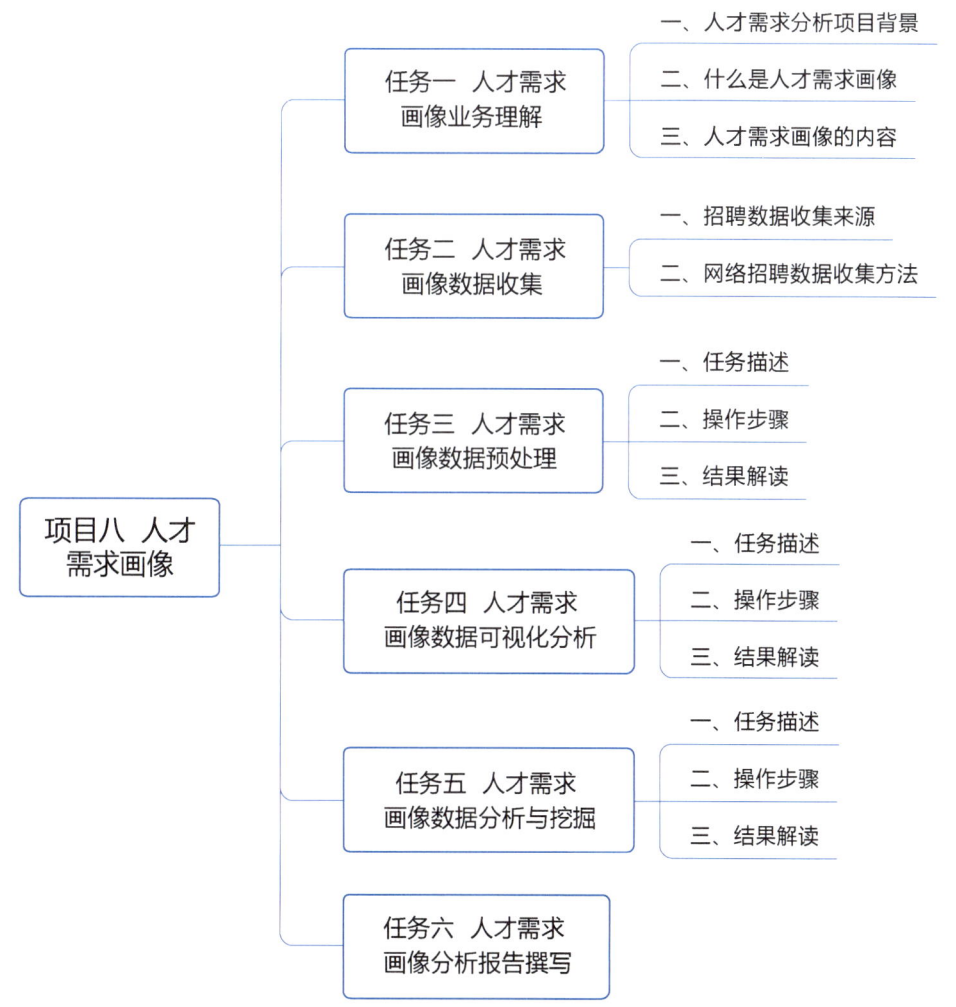

项目九

员工敬业度分析

 工作情境

捷胜公司是一家致力于交通出行智能终端设备和软件产品的研发、销售、服务的创业公司。成立5年来,公司以技术发展为第一驱动力,以良好的产品优势获得了市场的认可,度过了困难的初创期。公司现有人员376名,分为研发、市场推广、职能等7个部门,推行扁平化的管理模式,其组织结构如图9-1所示。公司今年持续获得大额订单,业务快速发展,人员规模预计增长100%以上。

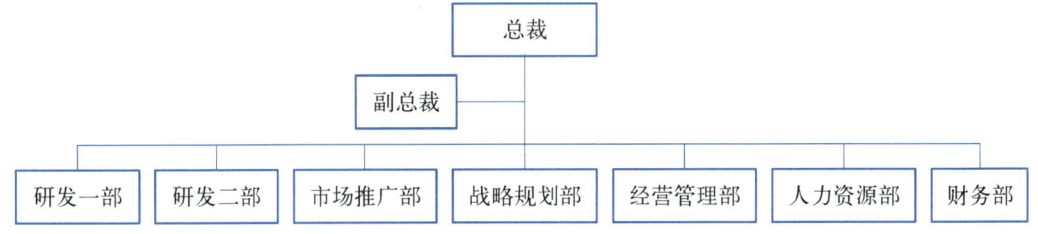

图9-1 捷胜公司组织结构

在业务蓬勃发展的同时,公司的人员管理上出现了一些不好的倾向,部分员工对公司的领导、文化、激励、流程等方面提出了很多意见,人力资源部也时常听到员工的抱怨。为提供良好的组织和人员保障能力,经管理层批准,人力资源部配合怡安翰威特公司进行咨询诊断,并对管理层、员工进行了调查和访谈,以便快速解决问题,提高员工凝聚力,为公司下一个5年的高质量跨越式发展、成为行业翘楚而努力收集数据和信息,不断提升敬业度,达成组织绩效目标。

 工作任务

人力资源部拟成立一个数据分析小组,根据收集整理的公司员工基本信息、敬业度调查的数据等,通过数据分析挖掘人力资源管理中存在的深层次问题,提出改进建议,为今后发展奠定良好的基础。

学习目标

知识目标

1. 了解员工敬业度分析的目的和意义,能够进行口头解释;
2. 理解并掌握员工敬业度分析的概念,能够解释与员工满意度概念的不同;
3. 理解并掌握员工敬业度分析的常见类型,能够指出不同类型的特点;
4. 掌握员工敬业度的构成维度与影响因素,能够根据不同单位的特点设计敬业度的影响因素分析方案。

能力目标

1. 能设计员工敬业度调查问卷和调查方案;
2. 能利用软件或网站制作员工敬业度调查问卷;
3. 能对员工敬业度数据进行数据特征分析及数据降维等预处理;
4. 能对员工敬业度数据进行影响因素回归分析、预测等分析和挖掘;
5. 能对员工敬业度的基本信息、影响因素、构成维度及关联数据进行可视化分析;
6. 能利用文字处理软件撰写员工敬业度分析报告,并能制作和展示员工敬业度分析报告汇报演示文稿。

素质目标

1. 传承敬业乐群的中华传统文化,培养爱岗、乐业、敬业的精神,塑造积极向上的心理品质;
2. 培养团队合作、严谨保密、诚实守信的素养;
3. 培养书面和口头的语言表达能力;
4. 培养数据素养,如具备数据意识和数据敏感性,能够洞察和分析数据,并对数据具有批判性思维,能利用敬业度分析数据结果进行原因分析和辅助决策。

任务一 员工敬业度业务理解

如何调动员工的工作积极性是人力资源管理的核心问题。通用电气前董事会主席兼 CEO 杰克·韦尔奇曾提出,现金流、客户忠诚度、员工敬业度是衡量一家公司稳定性的三个指标。敬业度可以用来衡量员工在情感和行为方面对组织的投入程度。员工敬业度提升可以提升员工工作绩效,进而影响组织绩效的产出。研究表明,敬业度高的员工往往会表现出更高的绩效。韬睿咨询公司曾经进行过一项研究,他们调查了 50 家跨国公司的员工敬业度与财务绩效,然后发现:那些员工敬业度相对较高的公司,利润高 19%,每股收益高 28%;而员工敬业度低的公司,利润低 32%,每股收益低 11%。

捷胜公司在人员规模和业务快速扩张的同时,在人员管理上也出现了一些问题,员工产生了抱怨和不满,影响了员工凝聚力,导致员工敬业度出现问题,难以实现组织绩效目标。因此,需要及时收集员工敬业度的有关数据,分析存在的问题和原因,并采取改进措施来提升员工敬业度。

一、为什么开展员工敬业度调查

在企业管理中,如何发挥人的作用,一直是管理者和研究者关心的问题。20 世纪 70 年代以前,主要是通过各种规章制度来对员工的行为进行控制,而忽视了如何解决员工的抱怨以提升员工满意度。随着知识经济时代的到来,工作内容和工作方式发生了很大的变化,企业开始关注员工的工作动机等心理激励方式,从而转向了对员工敬业度等积极心理的研究。

(一) 帮助企业分析问题背后的原因,有的放矢地提升人力资源管理水平

通过员工敬业度调查,帮助企业了解薪酬福利、领导同事、文化激励、流程制度等问题背后的原因,从而有针对性地提出对策,不断提升人力资源管理水平。

(二) 帮助企业与员工有效沟通,更为真实地倾听员工心声、把握员工状态

通过员工敬业度调查,促使企业与员工开展及时有效的沟通,通过调查问卷和访谈等形式开展书面和口头的交流,从不同角度倾听员工的心声,把握员工的状态,从而对企业是否健康运行及时诊断,帮助企业改善管理水平。

(三) 追踪员工敬业度变化,帮助企业预测员工敬业度对发展的影响

通过定期开展员工敬业度调查,跟踪员工敬业度的发展变化,从而预测员工敬业度对企业发展的影响。研究显示,员工敬业度增长 10%,可促进销售额增长 2.7%,客户满意度提升 4%,利润提升 4%,缺勤率降低 2.7%,离职率降低 2.4%。

(四) 提供综合评价管理水平的一个视角,帮助一线管理者有效制订改善计划

通过开展员工敬业度调查,全方位了解员工的敬业状态,为企业提供一个评价管理水平的客观视角,从而不断健全管理制度和流程,制订改善行动计划,提升组织效能。

【小组任务】 小组讨论如何利用鱼骨图分析捷胜公司员工不满意的因素。

二、什么是员工敬业度

(一) 什么是敬业

《现代汉语词典》对于"敬业"的定义是"专心致力于学业或工作"。在中国,"敬业"一词最早来源于《礼记·学记》中的"一年视离经辨志,三年视敬业乐群"。孔颖达解释说:"敬业,谓艺业长者,敬而亲之。乐群,谓群居,朋友善者,愿而乐之。"可见,早期中国人对敬业乐群的理解是学生尊敬师长、与学友和睦相处。而朱熹认为"敬业者,专心致志以事其业也",敬

业就是恭敬严肃地对待自己的职业。敬业也从对个体的情感过渡至对某项工作、职业的态度。梁启超在《敬业与乐业》中引用朱熹的话"主一无适便是敬",并阐释道:"凡做一件事,便忠于一件事,将全副精力集中到这事上头,一点不旁骛,便是敬。"这一阐释更接近现在所定义的敬业度。

【个人任务】 请用三个关键词写出你对"敬业"的理解。
_____、_____、_____

(二)员工敬业度的由来

实践中,员工敬业度调查起源于美国的盖洛普公司,该公司是全球知名的民意测验和商业调查咨询公司,自20世纪90年代以来开始对全球雇员的敬业度进行调查,以Q12测评法著称。通过对健康企业成功要素的相互关系进行了近四十年的潜心研究,建立了揭示员工个人表现与公司最终经营业绩、公司整体增值之间关联的盖洛普路径,见图9-2。

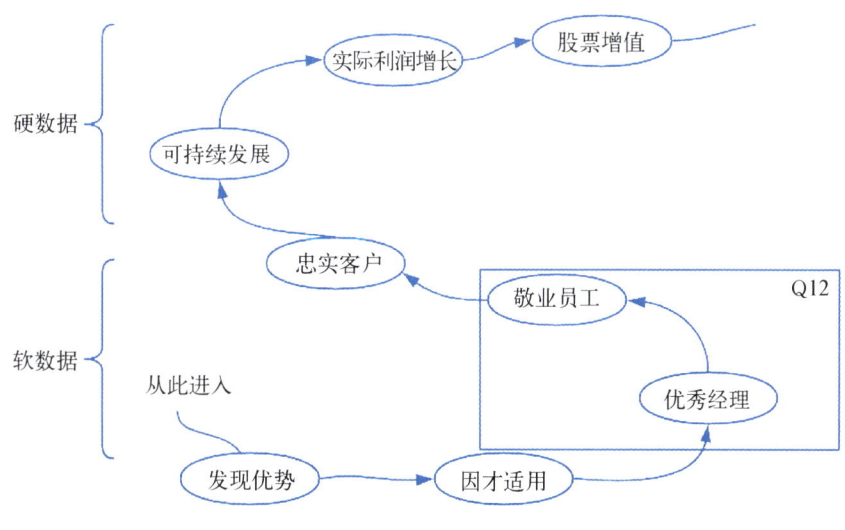

图9-2 盖洛普路径

(三)员工敬业度的概念

"员工敬业度"这一概念在国内学者的研究中最终被译为工作投入,在国外的研究中往往以员工敬业和工作投入两种形式出现。前者以盖洛普公司和学者卡恩(Khan)为代表,后者更多存在于工作压力、工作倦怠领域的研究中,以荷兰学者肖费利(Schaufeli)为代表。在实践中,对员工敬业度的研究起始于管理咨询领域,以盖洛普、怡安翰威特、韬睿、合益、北森等咨询公司为代表,如表9-1所示。

表9-1 员工敬业度的概念

咨询公司	概　　念
盖洛普	员工在情感上认同和投入其所做工作和所在组织的程度,是组织在给员工创造良好的环境和发挥优势的基础上,使每个员工成为组织的一分子,并产生一种归属感和主人翁的责任感

续　表

咨询公司	概　　念
怡安翰威特	员工在情感和知识方面对组织的承诺和投入的程度,衡量员工是否乐意留在公司和努力为公司服务的程度
韬睿	员工帮助企业成功的意愿和能力的强弱程度,从另一个角度讲,就是员工愿意将能够自主决定的努力应用到工作中的程度
合益	激发员工工作热情并将其导向组织成功的结果,它包含员工承诺及其与组织的情感纽带——意欲留守在组织中并且积极主动愿意超越工作本身要求而做得更多、更好
北森	是一种与工作相关的积极、饱满的情绪和认知状态,它反映了员工在工作中的投入度

【个人任务】　比较不同公司对员工敬业度概念的界定,请用自己的语言写出你对员工敬业度的理解。

_____

_____

_____

虽然不同公司对于员工敬业度的定义不尽相同,但这些定义有其共同之处。员工都会在某种层面上对工作、群体或组织产生认同或做出承诺,他们努力工作表现出来的一系列行为会对组织绩效带来正面的积极影响。因此,本书将员工敬业度定义为:员工结合自身的工作角色,对工作、团队及组织本身的认同、承诺以及投入的程度。

【小组任务】　请个人利用维恩图写出员工满意度和员工敬业度的相同和不同之处,并进行小组讨论汇总。

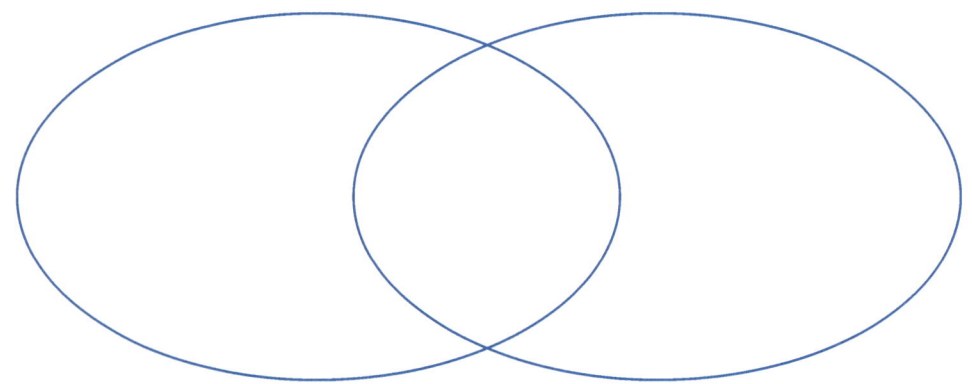

三、如何测量员工敬业度

员工敬业度的测量在咨询公司等实践和学术领域分别采用不同的测量方法,以盖洛普工作场所调查(GWA)、MBI、乌得勒支(Utrecht)工作投入量表(UWES)、怡安翰威特的 3S 测量、韬睿公司的感性和理性因素二元结构测量等为代表。

(一) 工作场所调查

工作场所调查(GWA)是盖洛普公司的员工敬业度测量工具,包含一个总体满意度问题和 12 个具体问题。

9-1-1 工作场所调查

(二) MBI 量表

MBI 量表是马斯拉奇和莱特(Maslach & Leiter)于 1997 年开发的,最初用于测量职业倦怠。该量表根据他们对敬业度的定义和维度划分,反向计分即为敬业度量表,分别测量精力、投入和专业效能。

9-1-2 MBI 量表

(三) UWES 工作投入量表

肖费利和萨拉诺瓦(Schaufeli & Salanova)2001 年通过对高绩效员工的访谈,编制了 UWES 量表,分为 17 个题目和 9 个题目的两个版本,测量活力、奉献和专注三个因素。UWES 量表具有较高的内部一致性信度,也具有跨文化的稳定性。随着积极心理学的深入发展,UWES 已经日益取代 MBI 而成为主流的测量工具。

9-1-3 UWES 工作投入量表

(四) 3S 量表

怡安翰威特咨询公司认为,员工敬业度反映了员工对公司投入的智慧、感情和承诺的程度,最终表现为三种行为:第一层是乐于宣传(Say),员工一如既往地向同事、潜在同事及客户(现有客户及潜在客户)盛赞自己所在的组织;第二层是乐于留任(Stay),员工强烈地希望留在组织之中,对组织有强烈的归属感;第三层是乐于努力(Strive),员工愿意为组织付出额外的努力并致力于那些能够促进经营成功的工作。

9-1-4 3S 量表

尽管人们对于员工敬业度的结构维度还没有形成统一的看法,但比较一致的观点是员工敬业度的结构是多维的,见图 9-3。

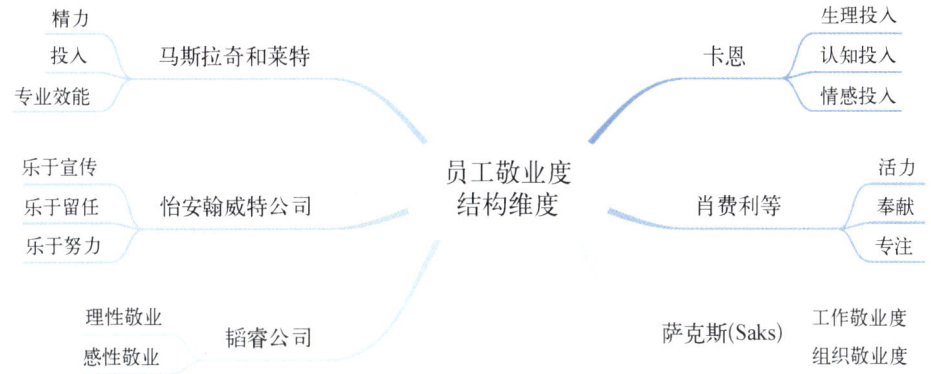

图 9-3　员工敬业度结构维度

任务二　员工敬业度数据收集

员工敬业度数据收集的途径包括问卷调查和访谈调查,以问卷调查为主,访谈调查为辅。调查问卷的设计步骤包括:确定敬业度构成维度与影响因素的测量指标→确定测量指标的数据特性与来源→确定各指标的数据采集方法与工具→确定调查问卷格式→制作调查问卷。

一、确定敬业度构成维度与影响因素

在设计问卷前,除了考虑测量敬业度的构成维度之外,还要考虑影响敬业度的因素,寻找原因,从而给出提高敬业度的对策。

捷胜公司采用怡安翰威特的员工敬业度测量方法,构成维度包括乐于宣传(S1)、乐于留任(S2)、乐于努力(S3),影响因素共包括23个,具体见第149页的员工敬业度调研问卷。

二、确定测量指标的数据特性与来源

在此,以捷胜公司员工敬业度调查为例,确定测量指标的数据特性与来源。该调查主要包括调查对象、调查内容、调查问卷问题、变量类型、编号、详细说明及取值范围。调查对象为捷胜公司员工。调查内容包括敬业度不同维度和影响因素。根据不同维度和影响因素设计调查问卷问题,并确定因变量和自变量类型,给出每个变量的类型说明,并对量表进行计分。本次为六级计分,取值范围为1~6。如表9-2所示。

表9-2 员工敬业度测量指标的数据特性与来源

调查对象	调查内容	调查问卷问题示例	变量类型	编号	详细说明	取值范围
员工	敬业度构成维度S1:乐于宣传	如果有机会,我将向公司以外的人员介绍在这里工作的好处	因变量	1	定序变量	完全同意:6 同意:5 基本同意:4 略有异议:3 不同意:2 完全不同意:1
	敬业度构成维度S2:乐于留任	我不会轻易离开这家公司		2		
	敬业度构成维度S3:乐于努力	公司能够激励我每天尽全力工作		3		
	Q1:薪酬满意度	相对我为公司所作出的贡献而言,我的薪酬回报是合理的	自变量	1		
	Q2:福利满意度	总体来说,公司的福利计划能很好地满足我(和家人)的需要		2		
	Q3:工作任务满意度	我非常喜欢自己的日常工作		3		
	Q4:客户导向满意度	公司在客户中有良好的声誉		4		
	……	……		…		
	Q23:企业文化	企业文化与价值观有效落实到我的日常工作行为中		23		

三、确定各指标数据采集方法与工具

员工敬业度调查通常采用问卷法和访谈法,两者可以相互补充、结合使用,问卷法适合快速收集群体的结构化数据,访谈法可以深入剖析相关内容,作为问卷的后续。问卷调查主要分为纸质问卷调查和互联网调查。互联网调查由于其组织简单、成本低、速度快、不受时空限制、可省去纸质问卷的录入环节等优点,在工作中得以广泛应用。例如,可通过问卷星、腾讯问卷、问卷网、调研宝、金数据等网站、App 或者小程序开展在线问卷调查,但纸质问卷调查也具有问卷回收率高、问卷回答质量相对高等优点,工作中可根据实际情况斟酌使用。

访谈法是调查者有计划地通过与被调查者的直接交谈获取资料的调查,是一个被调查者倾诉、调查者询问和倾听的过程。根据被调查对象的数量,可以分为个别访谈与集体访谈两种:个别访谈是指调查者与一个被访谈者围绕调查主题进行的单独交谈;集体访谈是将若干个访谈对象集中在一起,就访谈主题进行交谈。访谈调查的实施步骤包括访谈前的准备、进入访谈现场、访谈与记录、结束访谈四个步骤。

【小组任务】 结合访谈记录,针对捷胜公司现状,设计一份员工敬业度访谈提纲。

四、确定调查问卷格式

调查问卷的格式主要包括五个部分:标题、指导语、被调查者基本情况、主要题目、结束语。下面是捷胜公司的员工敬业度调查问卷。

员工敬业度调研

感谢您参与捷胜公司员工敬业度调查。这是您畅所欲言的好机会,欢迎您就如何把捷胜公司打造成一个更好的工作场所提出宝贵的建议或意见。完成本调查大约需要 15 分钟。您的回答是匿名的,在调查结果中您的个人身份不会被识别。如果您选择在调查的最后填写一段评论,您的评论的原话将完整地被包含在调查答案中。

一、基本信息

1. 您所在部门
☐研发一部　　☐研发二部　　☐市场推广部　　☐战略规划部
☐人力资源部　☐财务部　　　☐经营管理部

2. 您的性别
☐男　　☐女

3. 您的年龄
☐21~25 岁　☐26~30 岁　☐31~35 岁　☐36~40 岁　☐41~45 岁

4. 您在本公司的工作年限
☐1 年(含)以下　☐1~2 年(含)　☐2~3 年(含)　☐3~5 年(含)

二、调研问卷

序号	构成维度/影响因素	调研问题	6 完全同意	5 同意	4 基本同意	3 略有异议	2 不同意	1 完全不同意
S1	乐于宣传	如果有机会,我将向公司以外的人员介绍在这里工作的好处	○	○	○	○	○	○

续 表

序号	构成维度/影响因素	调研问题	6 完全同意	5 同意	4 基本同意	3 略有异议	2 不同意	1 完全不同意
S2	乐于留任	我不会轻易离开这家公司	○	○	○	○	○	○
S3	乐于努力	公司能够激励我每天尽全力工作	○	○	○	○	○	○
1	高层领导	我能观察到高层管理人员展现出有效的领导技能	○	○	○	○	○	○
2	直接上级	我的直接上级能够为我提供必要的支持,帮助我获得成功	○	○	○	○	○	○
3	工作生活平衡	我能在工作与生活之间保持适度的平衡	○	○	○	○	○	○
4	同事	在日常工作中,身边的同事尊重我的想法和感受	○	○	○	○	○	○
5	职业发展机会	在公司,我的职业发展前景不错	○	○	○	○	○	○
6	培训与发展	公司有相关的学习与发展计划(如课堂培训、在岗学习、轮岗等),帮助我掌握所需要的技能	○	○	○	○	○	○
7	重视员工	我感觉自己在企业中受到尊重和重视	○	○	○	○	○	○
8	工作任务	我非常喜欢自己的日常工作	○	○	○	○	○	○
9	成就感	我能从自己的工作中获得成就感	○	○	○	○	○	○
10	公司政策	公司制定和执行员工管理政策(如人才培养、职业发展等),为我营造了积极的工作氛围	○	○	○	○	○	○
11	绩效评估	公司的绩效管理方式帮助我有效识别自己的优势和需要提升的方向	○	○	○	○	○	○
12	认可	在工作中,我的付出和成绩能获得除薪酬外的认可(如口头表扬、表彰、新的锻炼机会等)	○	○	○	○	○	○
13	资源	公司现有的各项资源(如技术、工具、系统等)有助于我提高工作效率	○	○	○	○	○	○

续 表

序号	构成维度/影响因素	调研问题	6 完全同意	5 同意	4 基本同意	3 略有异议	2 不同意	1 完全不同意
14	工作流程	公司的工作流程（如操作指引、业务流程、工作目标和工作重点等）帮助我有效地工作	○	○	○	○	○	○
15	多样化	我们有一个开放的、包容个体差异（如性别、教育背景、地域、工作背景等）的工作环境	○	○	○	○	○	○
16	薪酬	相对我为公司所作出的贡献而言，我的薪酬回报是合理的	○	○	○	○	○	○
17	福利	总体来说，公司的福利计划能很好地满足我（和家人）的需要	○	○	○	○	○	○
18	公司声誉	我很自豪能成为公司的一员	○	○	○	○	○	○
19	创新	公司支持员工提出有建设性的创新想法	○	○	○	○	○	○
20	客户导向	公司在客户中有良好的声誉	○	○	○	○	○	○
21	企业文化	企业文化与价值观有效落实到我的日常工作行为中	○	○	○	○	○	○
22	定制化问题	我对所在公司人力资源部门工作的满意度	○	○	○	○	○	○
23	雇主品牌	公司履行对员工的承诺	○	○	○	○	○	○

三、开放性问题

请您用书面文字方式提出您对本公司工作体验以及满意/不满意情况。您的意见被收集后将被整理成报告，作为后续工作改进的重要依据。

_____

_____

_____

谢谢您的参与！

五、制作调查问卷

制作调查问卷的方式很多，可以利用 Word 和 Excel 软件、网络问卷平台等制作。

（一）任务描述

请利用新道云 DBE 人力资源大数据分析平台制作捷胜公司的员工敬业度调查问卷。

(二)操作步骤

在"分析云"界面,选择"数据填报",点击"＋创建表单",根据不同题型选择合适的控件类型(见图 9-4),完成问卷的设计(见图 9-5)。

9-2-1 敬业度调查问卷制作视频演示

图 9-4 控件类型

图 9-5 矩形框单选题批量设置

任务三　员工敬业度数据预处理

对捷胜公司的员工敬业度影响因素数据，使用因子分析进行数据规约的预处理工作。

一、任务描述

利用新道云 DBE 人力资源大数据分析平台，对捷胜公司的员工敬业度影响因素进行因子分析，并对因子进行命名。

二、操作步骤

选择数据源"敬业度影响因素降维分析数据集"，配置模型选择"降维"—"主成分分析"，选择需降维的 23 个变量，选择"正交旋转"因子旋转方法，点击"保存"，并"开始建模"，点击查看"训练结果"，见图 9-6。

9-3-1 敬业度数据预处理视频演示

图 9-6　因子分析检验结果

三、结果解读

通过观察因子分析最终结果（见图 9-7），归纳并命名公因子，方便后续利用回归分析等方法进行分析和挖掘。

【小组任务】　根据因子分析结果进行思考讨论，并对公因子进行命名。

公因子 1	公因子 2	公因子 3	公因子 4

	Factor1	Factor2	Factor3	Factor4
工作任务	**0.7918**	0.3868	0.1873	0.088
资源	**0.7408**	0.4074	0.29	0.104
工作流程	**0.7176**	0.2934	0.2921	0.3227
绩效评估	**0.7133**	0.1703	0.273	0.2726
雇主品牌	**0.5922**	0.454	0.2113	0.3827
创新	0.5919	**0.6082**	0.1064	0.2135
公司政策	**0.5742**	0.3142	0.4119	0.1999
公司声誉	**0.5601**	0.2663	0.3325	0.4319
客户导向	0.4497	0.4706	0.3287	0.4474
企业文化	0.4436	**0.5108**	0.135	0.4425
成就感	0.4414	0.4655	**0.5481**	0.1651
福利	0.4088	0.3923	0.1762	**0.6999**
工作生活平衡	0.4064	-0.0479	0.4609	0.4383
多样化	0.3911	**0.5229**	0.1661	0.3244
直接上级	0.3441	**0.6181**	0.3656	0.1837
高层领导	0.3214	**0.7785**	0.2322	0.1131
培训与发展	0.2913	0.1465	**0.6783**	0.2691
重视员工	0.2704	**0.6552**	0.0404	0.4223
定制化问题	0.2528	**0.4681**	0.3737	0.35
认可	0.2286	**0.6955**	0.2212	0.2569
职业发展机会	0.172	0.2848	**0.6032**	0.0951
同事	0.1544	**0.624**	0.4909	0.145
薪酬	0.0916	0.2665	0.2263	**0.6768**

图 9-7　因子分析最终结果

任务四　员工敬业度数据可视化分析

对员工敬业度数据的可视化分析可以从员工基本情况、敬业度影响因素、敬业度构成维度以及与敬业度关联的数据进行分析。

一、任务描述

对员工人数、性别、部门、学历、年龄、年龄区间、司龄、司龄区间、籍贯、婚姻状况、专业技能等级等基本情况进行可视化分析；对员工敬业度的 23 个影响因素进行可视化分析；对乐于宣传(S1)、乐于留任(S2)、乐于努力(S3)、敬业度平均分等进行可视化分析；对员工性别、部门、学历、年龄区间、司龄区间、专业技能等级等与敬业度 3 个构成维度、敬业度平均分等进行可视化的交叉分析。

二、操作步骤

（一）员工基本情况可视化分析

选择数据集"员工基本信息数据集",选择维度、指标和合适的图表类型,对员工人数、性别、部门、学历、年龄、年龄区间、司龄、司龄区间、籍贯、婚姻状况、专业技能等级等进行描述性分析。其中,员工性别构成饼图如图 9-8 所示。

（二）敬业度影响因素可视化分析

选择"敬业度分析关联数据集",指标逐一选择 23 个影响因素,注意先将"汇总方式"改为"平均值",然后选择矩形树图。如图 9-9 所示。

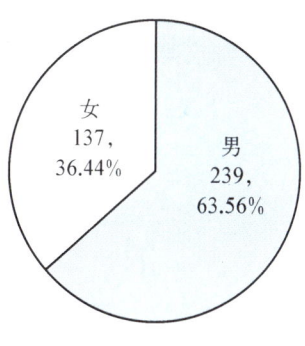

图 9-8　性别构成饼图设置及结果

9-4-1 员工基本情况可视化视频演示

9-4-2 敬业度影响因素可视化视频演示

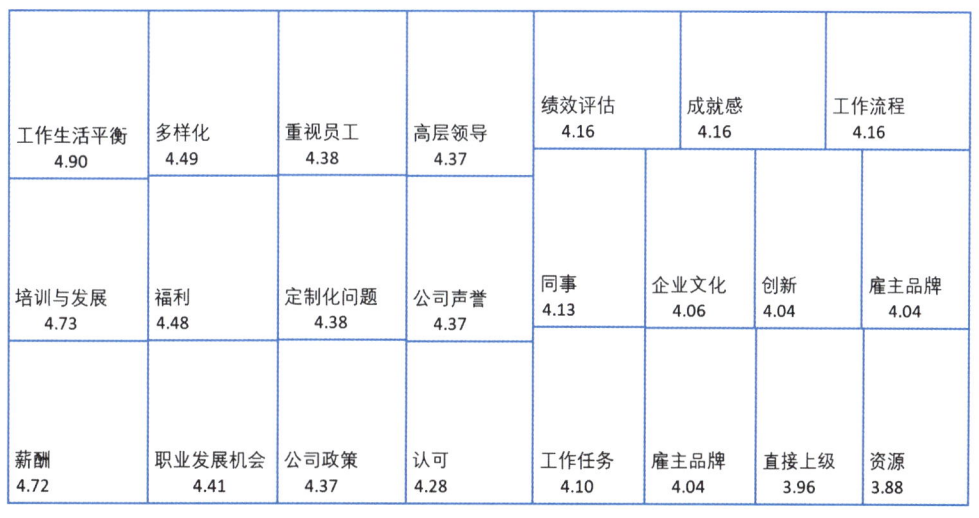

图 9-9　员工敬业度影响因素矩形树图

（三）敬业度构成维度可视化分析

选择"敬业度构成维度数据集",指标逐一选择乐于宣传(S1)、乐于留任(S2)、乐于努力(S3)、敬业度平均分,注意先将"汇总方式"改为"平均值",然后选择图表类型"表格"。如图 9-10 所示。

9-4-3 构成维度可视化分析视频演示

图 9-10　员工敬业度构成维度平均值可视化

（四）敬业度关联数据可视化分析

选择"敬业度分析关联数据集",维度分别选择性别、部门、学历、年龄区间、司龄区间、专业技能等级,指标选择敬业度平均分和 3 个维度平均分,指标的"汇总方式"选择"平均值",

选择合适的图表类型，分析不同类型员工的敬业度及各维度平均分差异情况。在此，仅以部门为例，给出可视化分析结果。如图 9-11 和图 9-12 所示。

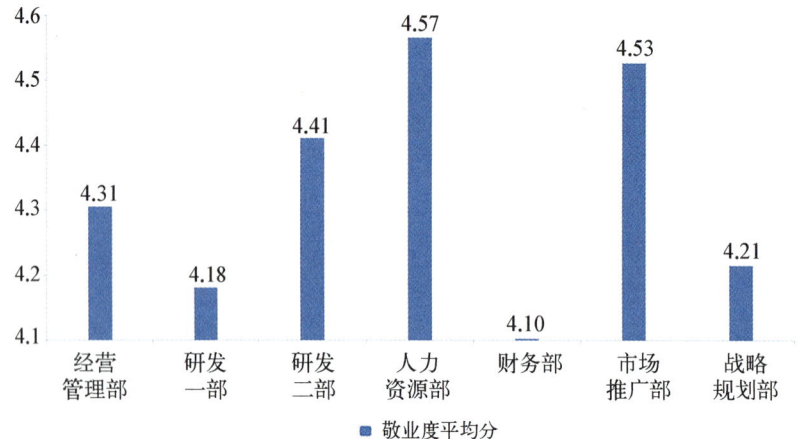

图 9-11　不同部门的敬业度构成维度均值

9-4-4　敬业度关联数据可视化视频演示

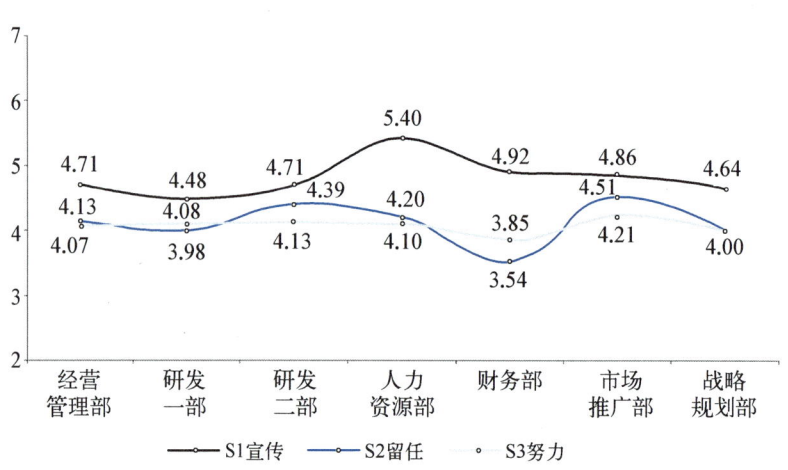

图 9-12　不同部门的敬业度构成维度均值

三、结果解读

通过数据可视化分析，可以直观看出员工基本构成、敬业度整体水平及各维度水平、敬业度影响因素的重要程度，对比分析不同类型员工的敬业度整体水平及各维度水平。

【个人任务】　根据以上敬业度可视化分析图表写出结论。

_____
_____
_____

任务五 员工敬业度数据分析与挖掘

通过因子分析已经将 23 个变量降维为 4 个维度，即基本薪酬、全面回报、组织支持和组织氛围。这 4 个维度对敬业度的影响程度如何呢？哪个维度影响程度大，哪个维度影响程度小？下一步如何提升员工敬业度，该从哪个维度入手、分清轻重缓急来解决呢？这些问题都可以通过构建敬业度影响因素的回归模型来实现。

一、任务描述

利用 DBE 系统对捷胜公司的员工敬业度降维后的敬业度影响维度数据进行多元回归分析。

二、操作步骤

选择数据集"敬业度降维数据"，配置模型选择"线性回归"，选择自变量为 4 个影响维度，因变量为敬业度分数，测试集比例选择默认的 0.25，开始建模。如图 9-13 所示。

9-5-1 敬业度数据分析视频演示

图 9-13 配置回归模型

三、结果解读

观察回归分析结果(见图9-14),通过比较回归系数来判断影响敬业度因素的重要程度,从而分析下一步提高敬业度的对策。

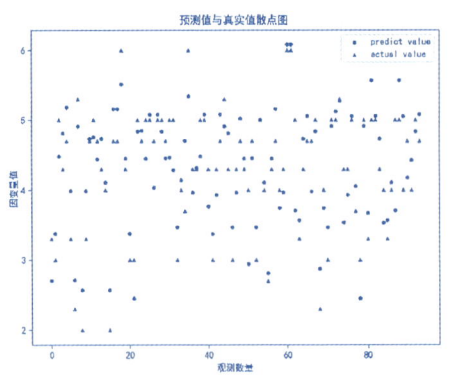
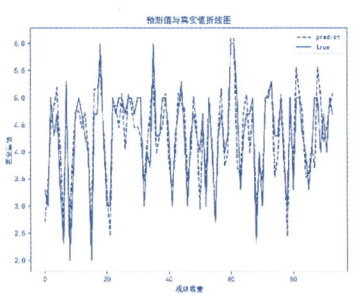

线性回归系数结果

组织支持	0.4498
组织氛围	0.4373
全面回报	0.2976
基本薪酬	0.3913

图 9-14 线性回归系数输出结果

【个人任务】 根据回归分析结果,写出结论。

任务六　员工敬业度分析报告撰写

【小组任务】 根据捷胜公司员工敬业度数据可视化分析、数据分析与挖掘的结果,撰写员工敬业度分析报告。下面是《捷胜公司员工敬业度分析报告》的提纲,请根据提纲写出报告的简要内容。

捷胜公司员工敬业度分析报告

一、前言
(一)调研方法

(二)项目背景

二、数据分析结果

（一）调研样本情况

（二）整体敬业度情况

（三）敬业度影响因素及构成维度分析

（四）敬业度关联数据交叉分析

（五）敬业度影响因素回归分析

三、结论与建议

学 以 致 用

一、单选题

1. 以下选项中，有关员工满意度与敬业度的说法正确的是（　　）。
   A. 员工敬业度与满意度是同一概念　　B. 工作满意度高就意味着工作敬业度高
   C. 工作满意度高的员工一定敬业　　D. 工作敬业度高的员工不一定对工作满意

2. 下列关于敬业度影响因素的说法中正确的是（　　）。
   A. 薪酬与福利是最重要的敬业度影响因素
   B. 直接上级以及同事关系等这些人为因素不是主要的敬业度影响因素
   C. 敬业度影响因素因不同公司的经营管理差异会产生较大的差别
   D. 企业文化难以测量，是非常弱的敬业度影响因素

3. 对员工敬业度数据采用因子分析进行数据预处理的方法是（　　）。
   A. 数据清洗　　　B. 数据转换　　　C. 数据集成　　　D. 数据规约

4. 下列关于员工敬业度的说法中正确的是（　　）。
   A. 员工敬业度研究起源于美国
   B. 员工敬业度表示只对工作负责，与员工的忠诚度无关
   C. 敬业度高的员工虽然工作兴趣较低，但工作态度与其他员工无差别
   D. 敬业度高的员工一定是天赋高、才华出众的优秀员工

5. 下列关于员工敬业度结构维度的说法中错误的是（　　）。
   A. 员工敬业度的结构维度是一维的　　B. 员工敬业度的结构维度是多维的
   C. 员工敬业度的构成维度并不统一　　D. 员工敬业度的结构维度包括两个维度

二、多选题

6. 敬业度分析的目的和意义包括（　　）。
   A. 帮助企业分析问题背后的原因，有的放矢地提升人力资源管理水平
   B. 帮助企业与员工有效沟通，更为真实地倾听员工心声、把握员工状态

C. 追踪员工敬业度变化,帮助企业预测员工敬业度对发展的影响

D. 提供综合评价管理水平的一个视角,帮助一线管理者有效制订改善计划

7. 怡安翰威特的员工敬业度维度包括(　　　)。

　　A. 乐于宣传　　　B. 乐于留任　　　C. 乐于努力　　　D. 乐于挑战

8. 卡恩将员工敬业度分为3个维度,即(　　　)。

　　A. 生理投入　　　B. 认知投入　　　C. 情感投入　　　D. 精神投入

9. 下列关于敬业度影响因素的说法中正确的有(　　　)。

　　A. 敬业度影响因素最主要的是薪酬福利

　　B. 盖洛普敬业度影响因素指组织氛围,包含发展、归属、奉献、需求四个方面

　　C. 翰威特敬业度影响因素包含组织支持、组织氛围以及全面回报三个方面

　　D. 敬业度影响因素是驱动敬业度提升或者降低的主要因素,又可称为驱动因素

10. 下列关于敬业度构成维度的说法中正确的有(　　　)。

　　A. 关于敬业度的构成维度,各研究机构以及专家学者没有完全统一的结论

　　B. 怡安翰威特敬业度构成维度为3S,即Say,Stay,Strive

　　C. 敬业度的构成维度包括组织、工作、个体三个方面

　　D. 敬业度的构成维度包括薪酬、工作职责、职位发展、组织氛围等方面

参考答案

1. D　2. C　3. D　4. D　5. A　6. ABCD　7. ABC　8. ABC　9. BCD　10. AB

思 维 导 图

- 项目九 员工敬业度分析
  - 任务一 员工敬业度业务理解
    - 一、为什么开展员工敬业调查
    - 二、什么是员工敬业度
    - 三、如何测量员工敬业度
  - 任务二 员工敬业度数据收集
    - 一、确定敬业度构成维度与影响因素
    - 二、确定测量指标的数据特性与来源
    - 三、确定各指标数据采集方法与工具
    - 四、确定调查问卷格式
    - 五、制作调查问卷
  - 任务三 员工敬业度数据预处理
    - 一、任务描述
    - 二、操作步骤
    - 三、结果解读
  - 任务四 员工敬业度数据可视化分析
    - 一、任务描述
    - 二、操作步骤
    - 三、结果解读
  - 任务五 员工敬业度数据分析与挖掘
    - 一、任务描述
    - 二、操作步骤
    - 三、结果解读
  - 任务六 员工敬业度分析报告撰写

项目十

薪酬评估

工作情境

北京阿尔法科技股份有限公司(简称北京阿尔法)是一家软件和信息技术服务业企业,长期专注于人力资源服务与人才管理软件开发领域,为各企事业单位提供专业的人力资源管理解决方案,经过多年发展,已经成为国内人力资源管理软件专业厂商中的引领者。公司的主要收入来源包括:为客户提供人力资源信息化产品及解决方案,收取软件销售费用;以云服务(SaaS)模式提供服务,收取年度服务费。

公司总部在北京,在全国各地设立了分公司。三年前,公司在南昌成立了规模较大的研发及服务中心,全国 30 个地区的分公司主要负责开拓当地区域的业务。分公司的主要岗位包括分公司总经理、客户经理、服务人员和运营人员,规模较大的分公司设置了销售经理和服务经理。其组织结构如图 10-1 所示。

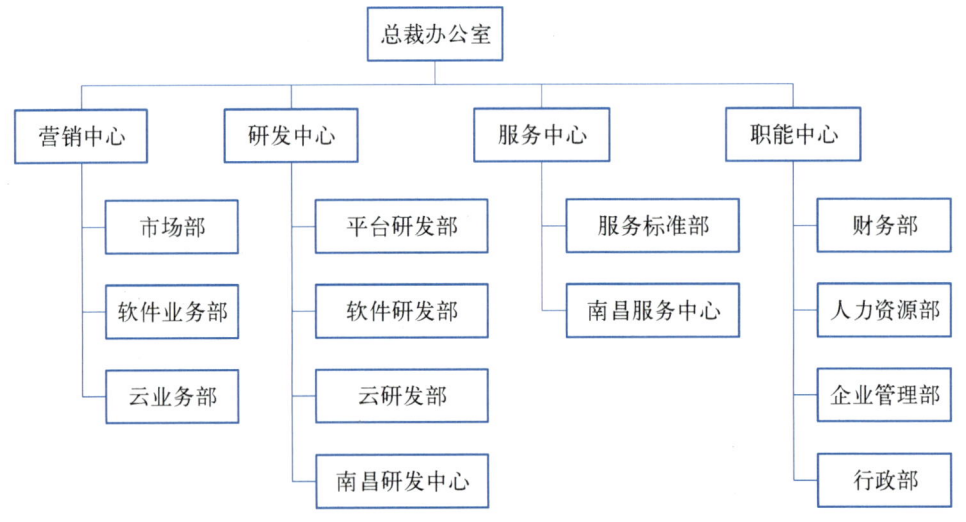

图 10-1 北京阿尔法组织结构

公司已经连续两个会计年度亏损,主要原因是软件销售是向客户一次性收取使用费,SaaS 软件按年收取费用,公司会在新客户签约的当期投入较大的市场营销成本、产品实施成本等,因此导致每获得一个新客户较难在当期收回成本。公司现处于业务拓展期,对研发、营销和服务体系建设的投入持续加大,进而导致亏损加剧。虽然公司在业务拓展期出现亏损,但如果客户成功应用 SaaS 产品,就会在未来年度持续付费,并会更大范围使用更多数量及种类的 SaaS 产品,而公司为此客户续购及增购而支付的营销及实施成本较低。因此,当公司积累了一定数量的老客户并保持较好的续约率时,会进入良性循环,实现持续盈利。

公司根据岗位、工作性质、职务条件等要素综合评估和建立职务薪资级别系统。根据员工的实践经验、知识技能等因素确定具体的薪资支付结构,包括基本工资、奖金、特别奖励、社会保险及福利、住房公积金等。

工作任务

各部门员工对现在的薪酬制度普遍不满,出现了一系列问题,包括:公司整体的调薪幅度相比上一年大幅减少;云研发部新人薪资高于该部门老员工和其他部门员工,员工感觉很不公平;竞争对手高薪挖走了老员工,影响了员工士气;公司提供的薪资太低,导致无法招聘到大数据开发工程师和产品经理;客户经理的奖金发放周期太长,激励效果差等。首席人力资源官涂华要求人力资源部的总经理吴丹平和薪酬经理阮博鹏进行薪酬评估,找到切实可行的解决方案。

学习目标

知识目标

① 了解开展薪酬评估的价值和意义,能够进行口头解释;
② 理解并掌握薪酬评估的概念,能够说明薪酬评估的内容;
③ 理解薪酬评估的方法,能够说明薪酬评估的流程;
④ 理解并掌握薪酬评估中的主要指标体系。

能力目标

① 能制订薪酬评估的数据收集方案;
② 能设计薪酬满意度调查问卷;
③ 能利用 Python 语言从招聘网站上收集薪酬数据;
④ 能对收集到的薪酬评估数据进行预处理;
⑤ 能对薪酬评估数据进行人工成本、内部公平性、外部竞争性、薪酬结构、薪酬满意度可视化分析;
⑥ 能对薪酬评估数据进行回归分析、聚类分析等分析和挖掘;

⑦ 能利用文字处理软件撰写薪酬评估报告,能制作薪酬评估报告和汇报演示文稿。

素质目标

① 深刻领悟按劳分配、多种分配方式并存的社会主义基本分配制度,形成效率与公平相统一的思维方式,塑造尊重劳动、热爱劳动的精神品质;
② 拥有公平公正、团队合作、严谨保密、系统思维的素养;
③ 具备较强的书面和口头语言表达能力;
④ 拥有数据素养(如具备数据意识和数据敏感性),能够洞察和分析数据,并对数据具有批判性思维,能利用薪酬评估数据结果进行原因分析和辅助决策。

任务一　薪酬评估业务理解

薪酬一直是员工和管理者最关心的问题,薪酬管理状况直接影响员工的工作积极性和企业的成本、效益。在经营过程中,企业需要不断根据内外部状况优化薪酬体系,完善薪酬制度,提升员工的薪酬满意度。当企业薪酬管理出现问题时,需要通过薪酬评估分析原因,解决问题。

北京阿尔法在开拓云服务业务的同时,薪酬管理上出现了一系列问题:老员工质疑薪酬公平性;优秀员工被竞争对手挖走;由于薪酬不具有竞争力,无法招聘到新员工;薪酬激励不能及时兑现等。北京阿尔法亟须通过薪酬评估,找到原因和解决办法,提升员工士气。

一、为什么开展薪酬评估

企业开展薪酬评估可以有效地服务于企业的经营管理。

(一) 提升战略适配度

企业战略目标的达成需要建立适应战略执行的人力资源管理战略,人力资源管理战略通过制订相应的招聘、培训、绩效、薪酬等方案使员工具备完成战略所需要的技能、行为和态度。薪酬评估可以评估现有薪酬管理系统的有效性,找到差距,以便更好地达成战略目标。

(二) 确保薪酬结构的平衡

薪酬结构是对组织内部不同职位之间的基本薪酬水平所作的安排,是薪酬内部一致性和外部竞争性平衡的结果。薪酬评估可以评价薪酬结构的合理性,确保薪酬结构对内、对外的平衡性。

(三) 增强内部公平性

员工对组织薪酬管理系统以及管理过程的公平性、公正性的看法尤为重要,当员工认为薪酬缺乏公平性时,往往会消极怠工,甚至离职。薪酬评估可以全面评价薪酬的内部公平性,提升薪酬的激励效果。

(四) 持续增强激励性

定期开展薪酬评估可以及时、全面地审视、发现薪酬管理过程中出现的问题,通过采取有效措施解决出现的问题,确保薪酬管理系统能够为员工提供持续的激励作用。

【小组任务】 请分析北京阿尔法需要借助薪酬评估解决哪些具体问题。

_____

_____

_____

二、什么是薪酬评估

(一) 薪酬评估的定义

薪酬评估是通过科学的方法获取一系列与企业薪酬、成本、销售相关的数据,对数据进行汇总、分析,发现薪酬管理中存在的问题的一系列做法。薪酬评估的实质是一种顾问服务活动,通过评估者的专业评估和意见,明确企业和员工的切实需求,确定薪酬设计的方向,实现企业员工之间、职位之间以及员工和职位之间的动态适应性,提高薪酬管理的质量。薪酬评估工作是企业对新的薪酬制度进行设计的前提步骤,其关键在于判断现行的薪酬制度是否适合企业特点。

(二) 薪酬评估的内容

薪酬评估主要包括四个方面:第一,组织战略。从组织全局和长远战略的视角进行综合考虑,并根据组织核心岗位的工作特点确定薪酬。第二,内部公平性。员工对薪酬公平性的评价来源于获得的薪酬值与期望值之间的关系以及员工对自己和他人薪酬值的比较。第三,外部竞争性。全面、系统、合理地掌握人才市场薪酬水平,确保本企业薪酬水平的竞争力。第四,人员成本,如总体人工成本、人工成本变化趋势、人工成本回报分析。具体来说,北京阿尔法薪酬评估项目的主要内容如下。

1. 人工成本总额评估

该项评估包括:评估工资、津贴、奖金、各项福利费等伴随劳动力使用支付的全部费用,参照同行业平均水平确定或根据本企业平均水平决定企业的支付能力,根据企业支付能力判断工资总额是否合适。

2. 内部公平性与外部竞争性评估

该项评估需要评估:现行薪酬体系与企业的经营方针是否一致,是否有利于生产效率、管理水平和技术水平的提高,是否实现了对外竞争性和内部稳定性,是否有利于调动员工工作积极性,相关人员对现行薪酬体系的建议或意见等。

3. 薪酬结构评估

该项评估包括:评估经营者对薪酬结构的态度,有无改善薪酬管理的愿望,现行薪酬结构存在的问题,薪酬支付结构的合理性等。其中对奖金的评估包括四个方面:奖金设计与发放是否与企业经营方针、人才方针紧密相连,奖金发放目的和发放方法是否考虑企业经营性质特点,奖金的浮动是否与企业的经营特点相关联,奖金总额的决定方式和分配方式是否妥当。

4. 薪酬满意度分析

薪酬满意度是指员工对获得企业的经济性报酬和非经济性报酬与他们的期望值相比较后形成的心理状态。薪酬满意度分析主要评估员工对薪酬的心理感受情况,包括薪酬水平满意度、薪酬提升满意度、薪酬管理满意度、薪酬结构满意度和福利满意度等。

三、如何进行薪酬评估

(一)薪酬评估的方式

薪酬评估的方式有两种:一是内部评估,是由企业选派内部员工进行自我薪酬评估;二是外部评估,是由企业聘请外部人员或组织机构进行薪酬评估。两种方式各有其优劣势,企业可以根据自己的实际情况选择合适的方式。

【小组任务】 请小组讨论薪酬评估两种方式的优劣势。

(二)薪酬评估的流程

薪酬评估的流程可分为三个步骤。第一步,准备阶段。抽调人员,组建薪酬评估小组,设计薪酬评估的具体方案。第二步,实施阶段。全面收集薪酬评估所需的各种数据,并采用合适的统计分析方法进行深入分析和挖掘,最后完成薪酬评估报告。第三步,落实阶段。落实薪酬评估报告提出的对策建议,在执行后进行全面评估,分析薪酬评估报告和执行中出现的问题并加以总结。如图10-2所示。

图10-2 薪酬评估的流程

四、薪酬评估指标体系

(一)内部公平性分析

内部公平性分析是从企业内部横向和纵向来看薪酬是否具有公平性。主要分析指标包括以下5种。

(1)按岗位类别分析:付薪的重点岗位、薪资倾向性、人工成本的消耗点。

(2)按部门分析:关键部门与其他部门之间的级差是否合理,部门内员工之间的级差是否合理。

(3)按工龄段分析:新老员工薪酬对比。

(4)按学历段分析:考察学历对薪资的影响,哪些岗位(部门)更看重学历。

(5)按员工类别分析:不同合同体制(劳务派遣、编内、编外)员工的待遇。

(二) 外部竞争性分析

外部竞争性分析包括两个方面：一是从空间上考察薪酬的竞争性，例如当地最低工资、当地社会平均工资、所在行业的人均收入水平、岗位与市场薪资水平的对比分析。二是从时间上考察调整薪资前后的竞争性，例如调前薪资水平、调后薪资水平、上年度薪资水平、下年度薪资水平、历史薪资数据等。

(三) 薪资体系结构

薪资体系结构主要考察企业在岗位之间薪酬差距的设计和安排情况，如总体级差、岗位间级差、同一岗位不同人员的级差。

(四) 薪资支付结构

薪资支付结构主要考察薪资支付结构的变化，例如，哪些薪资项目减少了，调整为其他哪些项目；薪资项目增减实际上是付酬要素的转换；薪资项目调整导致各项目占工资总额的权重变化，以及这一变化的价值；工资导向性的变化，即哪些项目决定了工资高低。

任务二　薪酬评估数据收集

一、数据收集的方法

薪酬评估所需要的数据包括员工基础信息、员工薪酬、薪酬满意度、行业市场信息和市场薪资信息等（见图 10-3）。其中员工基础信息、员工薪酬和薪酬满意度的相关数据都来源于组织内部，行业市场信息与市场薪资信息来源于组织外部。

员工基础信息	员工薪酬	薪酬满意度	行业市场信息	市场薪资信息
• 姓名 • 年龄 • 学历 • 毕业学校 • 工作地点 • 绩效	• 基本工资 • 年薪 • 奖金表 • 提成表 • 调薪记录 • 薪酬制度	• 薪酬水平满意度 • 薪酬提升满意度 • 薪酬结构满意度 • 福利满意度 • 薪酬管理满意度	• 对标公司人均单产 • 对标公司人均薪酬 • 竞争态势	• 相同岗位的薪酬水平

图 10-3　薪酬评估收集数据的清单

薪酬满意度数据需要通过问卷调查获得，调查内容应该包括 5 个维度：薪酬水平满意度、薪酬结构满意度、福利满意度、薪酬管理满意度、薪酬提升满意度。如表 10-1 所示。

表 10-1　薪酬满意度调查问卷题项举例

序　号	维　　度	题　项　举　例
1	整体层面	调查员工对个人整体薪酬的满意程度
2	薪酬水平满意度	调查员工对个人基本收入的满意程度

续 表

序 号	维 度	题 项 举 例
3	薪酬水平满意度	调查员工对激励性收入的满意程度
4	薪酬结构满意度	调查员工对企业薪酬结构的满意程度
5	福利满意度	调查员工对企业福利的满意程度
6	薪酬管理满意度	调查员工对薪酬内部公平性的感受
7	薪酬管理满意度	调查员工对薪酬外部公平性的感受
8	薪酬管理满意度	调查员工对企业薪酬制度的感受
9	薪酬管理满意度	调查员工对企业薪酬发放的满意程度
10	薪酬提升满意度	调查员工对企业涨薪管理的满意程度
11	（主观题）	调查员工离职的原因
12	（主观题）	调查员工对完善薪酬制度的意见和建议

从外部获得薪酬评估信息的方法包括：从招聘面试过程中了解应聘者在原单位的薪资；从专业薪酬调研公司发布的市场薪酬报告了解市场薪酬状况；从劳动部门、人事部门定期公告中了解相关岗位的指导工资标准等；通过人力资源从业人员、沙龙、聚会等方式搜集数据；大数据时代外部薪酬数据还可从人才网站上爬取获得。

二、确定薪酬评估数据收集方案

【小组任务】 北京阿尔法薪酬评估项目需要获得哪些数据？请将表 10-2 填写完整。

表 10-2 人才盘点数据收集方案

数据类别	数 据 名 称	数据来源	提供部门	相关文件	采集周期
员工基础信息	姓名、部门、年龄、学历、岗位、职级				半年
员工薪酬	基本工资、基本工资占比、目标年薪				半年
	绩效考评信息、浮动工资（奖金、提成）				季度
	调薪记录				半年
	薪酬制度				月度

续 表

数据类别	数据名称	数据来源	提供部门	相关文件	采集周期
薪酬满意度	薪酬满意度问卷				月度
行业市场信息	对标公司人均单产、人均薪酬、竞争态势				季度
市场薪资信息	相同岗位的薪资水平				半年/年报

三、使用 Python 爬取薪酬数据

（一）任务描述

使用 Python 从人才网爬取薪酬数据。

（二）操作步骤

进入新道代码编辑器 V1.0,使用"薪酬评估代码.py",爬取北京地区、学历为大专的"大数据"相关岗位的薪酬数据。

10-2-1 爬取薪酬数据视频演示

任务三　薪酬评估数据预处理

一、人员基本信息预处理

收集到的人员基本信息中常常会出现一些错误,或是数据的形式不符合分析的要求,因此在正式的数据分析前需要对数据进行预处理,将错误数据更正或修改数据的形式。具体如表 10-3 所示。

表 10-3　人员基本信息常见数据问题及处理方式

数据类型	常见问题	处理方法
姓名	重名	在 Excel 表中,采用条件格式功能标记重复值;如姓名有重复值就不能以姓名作为数据集成的连接列
部门名称	区分一级部门和二级部门,部门名称书写错误	对照组织结构图修改
年龄	出现异常值,连续变量无法分类分析	将年龄与身份证信息进行比对;根据需要,将连续性数值变为分类数值,如分为 50 岁以上、40～50 岁、30～40 岁、30 岁以下
性别	性别出错	与身份证第 17 位数字的信息进行比对;如需转化成数值,可将"男、女"转化成"1、0"

续表

数据类型	常见问题	处理方法
学历	因名称不一致导致分类变多，区分度太细	将大类归集为一类，如中专与高中分为一类；确定分类规则并注明，如将本科结业视同本科、本科肄业视同大专、第二学位视同本科、硕士单证（有学历无学位）视同本科等
工作年限	工作年限与年龄不符	结合学历与年龄，核对工作年限；一般来讲专科毕业为21岁，本科毕业年龄为22岁，在此范围内浮动1～2岁属正常

10-3-1 数据清洗视频演示

二、薪酬满意度调查数据预处理

（一）任务描述

处理薪酬满意度调查数据中的缺失值，用中位数进行填补。

（二）操作步骤

在"数据清洗"界面选择数据表"薪酬满意度调查数据表"，对"问题5""问题10""问题15""问题20"4个字段的缺失值用中位数进行填补，清洗后可下载清洗结果。

三、外部爬取薪酬数据预处理

从外部爬取的数据也需要进行预处理。外部数据常见问题及处理方式见表10-4。

表10-4 外部数据常见问题及处理方式

常见问题	处理方法
重复值	删除
缺失值处理	平均值填充或不纳入计算范围
极端值	删除
地区	显示为城市名或省名＋城市名，需按省进行分类
一个单元格含多个数据	通过Excel的分列功能，对数据进行分列处理
薪资信息为文本数据	转化成数值

10-3-2 薪酬数据计算视频演示

（一）任务描述

根据爬取的Java开发工程师的薪酬数据，计算出月薪最高值、最低值和平均月薪。

（二）操作步骤

通过Excel中的"数据"—"分列"功能，将薪酬数据分割成最小值和最大值，再利用函数计算平均值。结果如图10-4所示。

岗位名称	薪资		岗位名称	月薪最低值	月薪最高值	平均月薪
Java开发工程师	7-9千/月		Java开发工程师	7000	9000	8000
Java开发工程师	2-2.5万/月		Java开发工程师	20000	25000	22500
Java开发工程师	1-1.5万/月		Java开发工程师	10000	15000	12500
Java开发工程师	0.8-1万/月		Java开发工程师	8000	10000	9000
Java开发工程师	0.6-1.2万/月		Java开发工程师	6000	12000	9000
Java开发工程师	0.7-1.3万/月		Java开发工程师	7000	13000	10000
中高级Java开发工	0.8-1.5万/月	➔	中高级Java开发工	8000	15000	11500
Java开发工程师	5-9千/月		Java开发工程师	5000	9000	7000
Java开发工程师	0.6-1.2万/月		Java开发工程师	6000	12000	9000
Java开发工程师/	1-1.5万/月		Java开发工程师/	10000	15000	12500
Java开发工程师	1-1.8万/月		Java开发工程师	10000	18000	14000
中级Java开发工	1-1.5万/月		中级Java开发工	10000	15000	12500
Java开发工程师	17-25万/年		Java开发工程师	14167	20833	17500
Java开发工程师	1-1.6万/月		Java开发工程师	10000	16000	13000
Java开发工程师	1.5-2.5万/月		Java开发工程师	15000	25000	20000
Java开发工程师	0.8-1.5万/月		Java开发工程师	8000	15000	11500
Java开发工程师(	0.7-1.2万/月		Java开发工程师(	7000	12000	9500
Java开发工程师	6-8千/月		Java开发工程师	6000	8000	7000
高级java开发工程	1-2万/月		高级java开发工	10000	20000	15000
java开发工程师-	4.5-6千/月		java开发工程师-	4500	6000	5250

图 10-4 根据爬取的数据计算月薪最高值、最低值和平均值

任务四 薪酬评估数据可视化分析

数据可视化分析将分析结果用图表的形式直观地呈现出来，一目了然，方便理解。薪酬评估数据可视化分析可以从人工成本、内部公平性、外部竞争性、薪酬结构以及薪酬满意度等方面进行分析。

一、人工成本分析

（一）任务描述

对不同年度的总营业收入、软件收入、云业务收入、净利润进行可视化分析。

（二）操作步骤

选择数据源"数据集—薪酬评估—人工成本数据集"，使用"年份""总营业收入""软件业务""云业务""净利润"等字段制作条形图。结果如图 10-5 所示。

10-4-1 人工成本分析视频演示

（三）结果解读

根据人工成本分析条形图，可以分析 2019—2022 年公司的收入、成本和利润之间的关系。

【个人任务】 根据人工成本分析条形图写出结论。

图 10-5　人工成本分析条形图

二、内部公平性分析

（一）任务描述

对不同性别、不同年龄、不同学历、不同部门、不同岗位类别的员工年度薪酬分布进行可视化分析。

（二）操作步骤

选择数据集"数据集—薪酬评估—员工薪酬数据集"，使用"性别""年龄""学历""部门""岗位类别""年度薪酬"制作可视化图表。

（三）结果解读

选择以故事板的方式保存可视化分析结果，如图 10-6 所示。

【个人任务】　根据内部公平性分析可视化图写出结论。

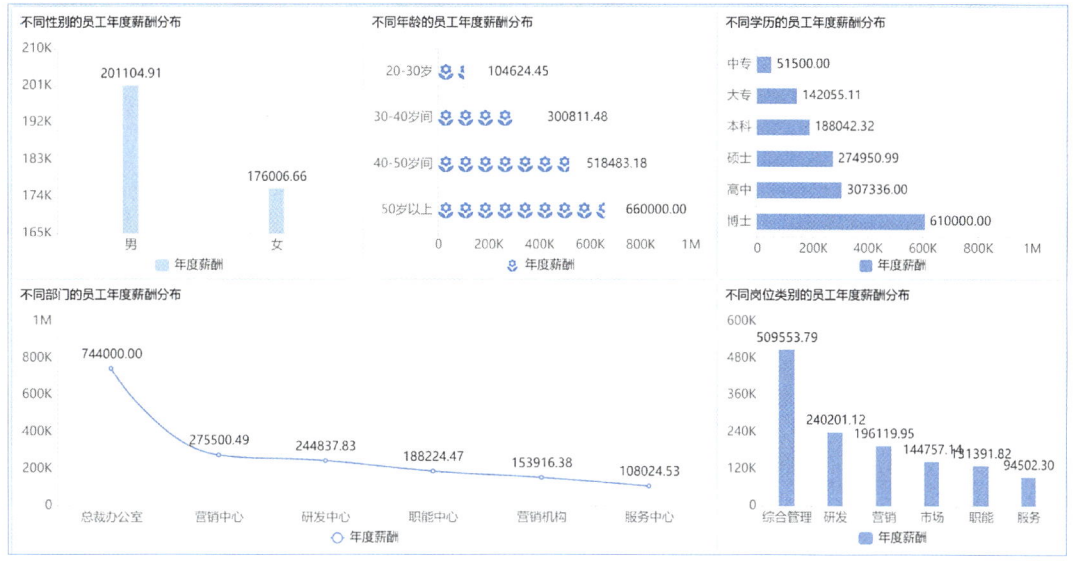

图 10-6　内部公平性分析可视化图

三、外部竞争性分析

（一）任务描述

对不同岗位市场薪资特征进行可视化分析；依据案例，分析某一个岗位序列内不同岗位的外部薪酬竞争性。

（二）操作步骤

选择数据集"数据集—薪酬评估—市场薪酬数据集"，使用"岗位序列""内部薪资""P25""P50""P75"制作"双轴图"。

（三）结果解读

利用不同岗位市场薪资特征双轴图，可以分析岗位的外部竞争性。如图 10-7 所示。

10-4-3　外部竞争性分析视频演示

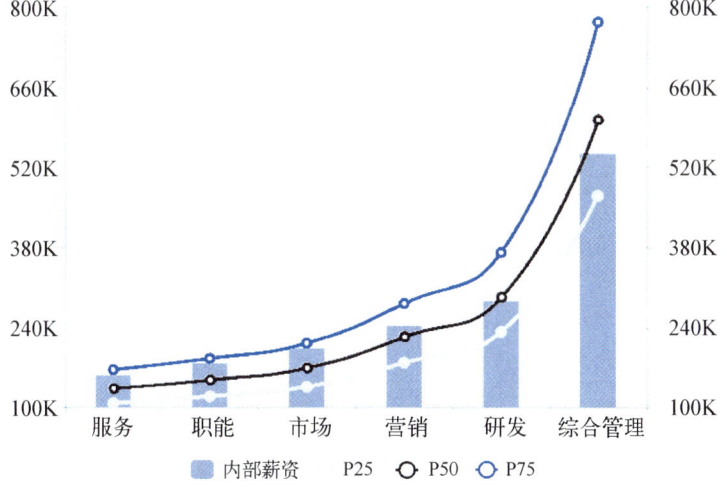

图 10-7　不同岗位市场薪资特征双轴图

【个人任务】 根据不同岗位市场薪资特征双轴图写出结论。

四、薪酬结构分析

（一）任务描述

对不同年份的人工成本总计、人员固定费用、人均浮动费用、公共福利费、HR 专项费用进行可视化分析。

（二）操作步骤

选择"数据集"—"薪酬评估"—"人工成本数据集"，根据字段"年份""人工成本总计""人员固定费用""人均浮动费用""公共福利费""HR 专项费"制作条形图。结果如图 10-8 所示。

10-4-4 薪酬结构分析视频演示

图 10-8　薪酬结构条形图

（三）结果解读

利用薪酬结构条形图分析员工薪酬的构成是否合理。

【个人任务】 根据薪酬结构条形图（见图 10-8）写出有关员工薪酬的合理性的结论。

五、薪酬满意度分析

(一) 任务描述

对不同部门的薪酬满意度、薪酬满意度5项的排序、各部门薪酬满意度的分项、研发中心各部门各岗位薪酬满意度、研发中心各岗位的薪酬满意度等进行可视化分析。

(二) 操作步骤

选择"数据集"—"薪酬评估"—"薪酬满意度调查汇总数据集";分析薪酬满意度平均分,选择"薪酬满意度平均分"制作"指标卡";分析不同部门薪酬满意度。选择"部门""薪酬满意度平均分"制作柱状图。

同理制作薪酬满意度5项排序、各部门薪酬满意度分项、研发中心各部门各岗位薪酬满意度、研发中心各岗位的薪酬满意度的图形。

(三) 结果解读

由薪酬满意度平均分指标卡可知,员工的薪酬满意度平均分是3.28分。

由不同部门薪酬满意度平均分柱状图(见图10-9)可知,总裁办公室员工的薪酬满意度最高,职能中心和服务中心的薪酬满意度最低。

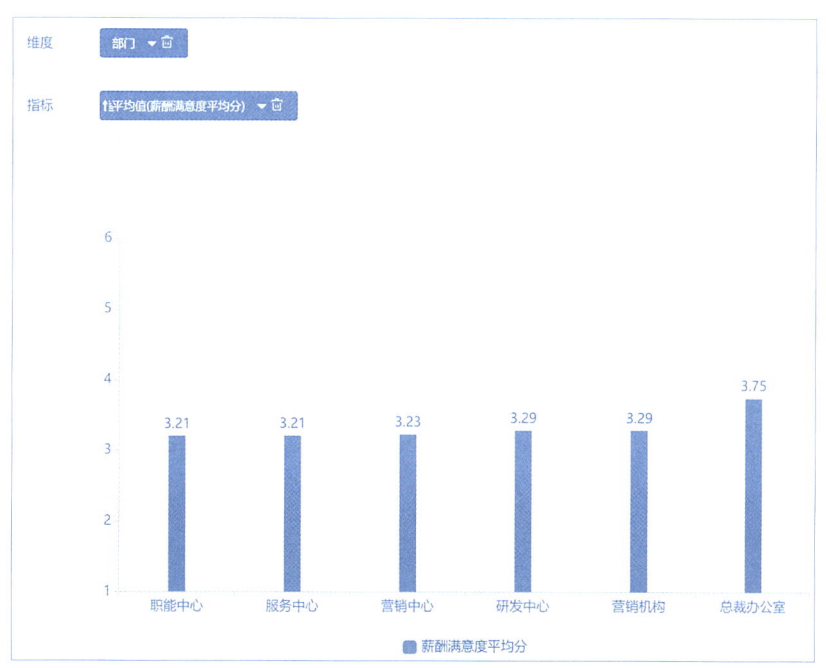

图10-9 不同部门薪酬满意度平均分柱状图

任务五 薪酬评估数据分析与挖掘

在薪酬评估数据分析与挖掘中,可以通过回归分析研究年薪受到哪些因素的影响,通过聚类分析研究不同工作年限的员工年薪与市场薪酬水平的偏离度。

一、薪酬数据回归分析

（一）任务描述
以"年薪"为因变量、"年龄""工龄""基本工资"为自变量，分析自变量对因变量的影响。

（二）操作步骤
使用数据表"数据挖掘操作示例数据"，在"回归模型"中添加自变量"年龄""工龄"和"基本工资"，添加因变量"年薪"，建模结束后，点击"查看训练结果"。

10-5-1 薪酬数据回归分析视频演示

（三）结果解读
根据"年龄""工龄"和"基本工资"，对员工"年薪"进行预测。

二、薪酬偏离度分析

（一）任务描述
以变量工作年限、市场薪酬 50 分位值（P50）、年度薪酬和与市场薪酬 50 分位值的偏离度为例，建立 K 均值算法模型。

（二）操作步骤
对数据表"薪酬偏离度分析表"中"工作年限""年度薪酬""市场薪酬 50 分位值"和"与市场薪酬 P50 的偏离度"进行 K 均值聚类分析，结果发现数据可以聚为 3 类。

10-5-2 薪酬偏离度分析视频演示

（三）结果解读
将聚类后的数据文件导出后上传到分析云，绘制可视化图形进行分析，如图 10-10 所示。

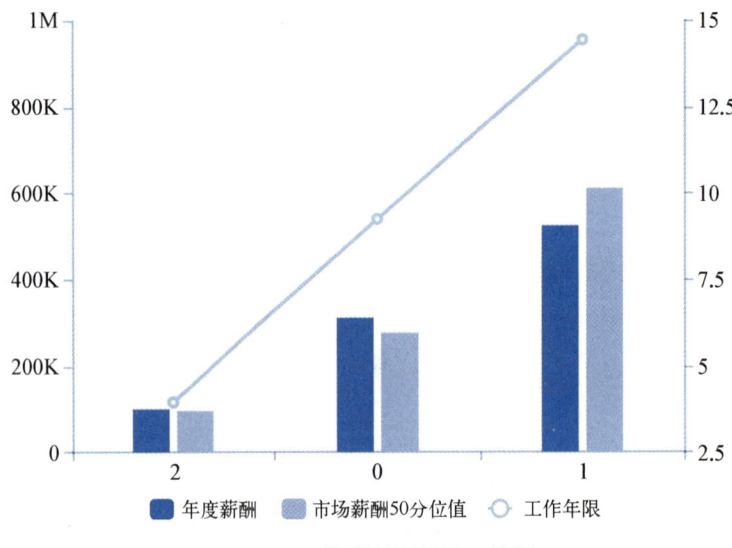

图 10-10 聚类分析结果双轴图

【个人任务】 根据聚类分析结果双轴图写出薪酬偏离度的结论。

_____

_____

_____

任务六　薪酬评估分析报告撰写

【小组任务】　根据北京阿尔法薪酬评估数据可视化分析、数据分析与挖掘的结果,撰写薪酬评估报告。下面是《北京阿尔法薪酬评估项目分析报告》的提纲,请根据提纲写出报告的简要内容。

北京阿尔法薪酬评估项目分析报告

一、前言
(一)项目背景简介

(二)项目分析目标

(三)项目分析思路与方法(可选)

二、薪酬分析与评估
(一)薪酬分析与评估维度

(二)人工成本分析
1.
2.

(三)内部公平性分析
1.
2.

(四)外部竞争性分析
1.
2.

(五)薪酬结构分析
1.
2.

(六)薪酬满意度分析
1.
2.

三、结论与建议

学 以 致 用

一、单选题

1. 关于薪酬评估的说法，错误的是（　　）。
   A. 需要对薪酬、成本、销售等数据进行分析
   B. 可以发现薪酬管理中存在的问题
   C. 只能采用内部评估的方式
   D. 可以判断现行的薪酬制度是否适合企业特点

2. 内部公平性分析主要分析的是（　　）。
   A. 薪酬的公平性　　　　　　　　　B. 薪酬的竞争性
   C. 薪酬的科学性　　　　　　　　　D. 薪酬的合理性

3. 外部公平性分析主要分析的是（　　）。
   A. 薪酬的公平性　　　　　　　　　B. 薪酬的竞争性
   C. 薪酬的科学性　　　　　　　　　D. 薪酬的合理性

4. 薪酬数据回归分析的因变量是（　　）。
   A. 年薪　　　　B. 年龄　　　　C. 工龄　　　　D. 基本工资

5. 薪酬偏离度分析使用的方法是（　　）。
   A. 回归分析　　　B. 聚类分析　　　C. 决策树　　　D. 文本分析

二、多选题

6. 企业开展薪酬评估的原因有（　　）。
   A. 提升战略适配度　　　　　　　　B. 平衡的薪酬结构
   C. 内部公平性与激励性　　　　　　D. 持续增强激励性

7. 薪酬评估的主要内容包括（　　）。
   A. 组织战略　　　B. 内部公平性　　　C. 外部竞争性　　　D. 人员成本

8. 薪酬满意度分析的主要内容包括（　　）。
   A. 薪酬水平满意度　　　　　　　　B. 薪酬提升满意度
   C. 薪酬管理满意度　　　　　　　　D. 薪酬结构满意度

9. 薪酬评估所需要的数据有（　　）。
   A. 员工基础信息　　B. 员工薪酬　　C. 薪酬满意度　　D. 客户满意度

10. 人工成本分析主要分析的指标有（　　）。
    A. 薪酬满意度　　　　　　　　　　B. 总营业收入
    C. 净利润　　　　　　　　　　　　D. 员工年度薪酬分布

> **参考答案**
> 1. C　2. A　3. B　4. A　5. B　6. ABCD　7. ABCD　8. ABCD　9. ABC　10. BC

思 维 导 图

项目十 薪酬评估
- 任务一 薪酬评估业务理解
  - 一、为什么开展薪酬评估
  - 二、什么是薪酬评估
  - 三、如何进行薪酬评估
  - 四、薪酬评估指标体系
- 任务二 薪酬评估数据收集
  - 一、数据收集的方法
  - 二、确定薪酬评估数据收集方案
  - 三、使用Python爬取薪酬数据
- 任务三 薪酬评估数据预处理
  - 一、人员基本信息预处理
  - 二、薪酬满意度调查数据预处理
  - 三、外部爬取薪酬数据预处理
- 任务四 薪酬评估数据可视化分析
  - 一、人工成本分析
  - 二、内部公平性分析
  - 三、外部竞争性分析
  - 四、薪酬结构分析
  - 五、薪酬满意度分析
- 任务五 薪酬评估数据分析与挖掘
  - 一、薪酬数据回归分析
  - 二、薪酬偏离度分析
- 任务六 薪酬评估报告撰写

项目十一

绩效分析

工作情境

华益消费品公司(以下简称华益公司)是华益集团旗下一家专门从事休闲食品销售的企业。其产品品类丰富,主要包括膨化食品、糖果巧克力、饼干等,覆盖各种不同类型的超市、零售店铺和批发市场,深受广大消费者的喜爱。为应对市场需求,公司采取直销与代理两种方式开展销售工作。目前在全国设立了五个大区,设大区经理;大区内设省、直辖市区域经理;根据需要在区域内不同地级市设置城市经理(下设业务代表、理货员等),直接在一线服务客户。如图11-1所示。

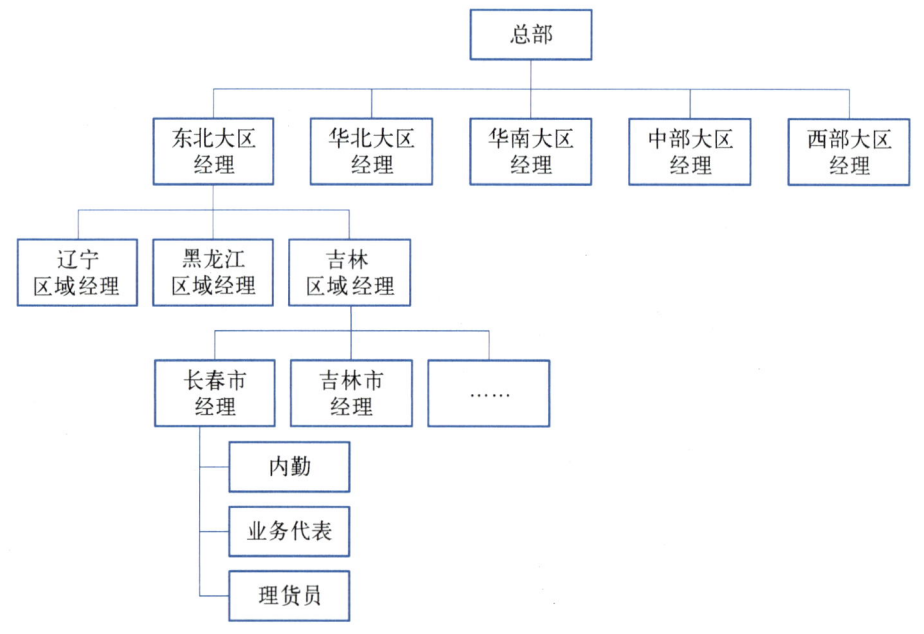

图 11-1 华益公司业务组织结构简图

随着经济增长放缓、消费增速下降、新零售渠道快速崛起,快速消费品行业竞争加剧,华益公司品牌受到较大冲击和影响,业务调整对销售模式提出了新的要求。不过值得注意的是,旅游消费持续升温,假日经济效应明显,市场对休闲食品的需求增加明显。公司提出了告别高成长时代、寻求新增长空间、逐步开发四级乡镇市场的新销售策略;改变了过去高奖金的强激励状态,开始注重内部人员管理,告别高费用时代,推动经销商和重点客户的精细化管理,维护更加深入。

面临外部环境变化和内部组织建设的要求,公司开始转变原有的人力资源战略与行动策略,以满足未来业务发展对人力资源的需求。从实现公司发展目标的角度来看,各地区以城市经理为核心的一线销售团队是最为坚实的力量,其中城市经理是最为核心的人才。过去的两年,不同大区、区域及城市的销售团队绩效出现了分化,有的地区业绩达成与成长情况并不理想。前期公司人力资源部门已经详细梳理了城市经理的岗位职责,主要包括业绩管理、市场管理、经销商管理、重点客户管理、促销活动管理、会议管理、人员管理、日常事务管理八大职责,在此基础上形成了"华益公司城市经理岗位说明书"。为了更好地推动销售团队的发展,公司还专门邀请专业咨询公司构建了城市经理的胜任力模型。

工作任务

为了凝聚共识,出台有力措施提升区域公司和城市的绩效,董事会做出一项重要决定,要求销售管理部联合人力资源部详细深入分析城市经理团队业绩状况,特别是绩效优秀人员与绩效较差人员情况,分析存在的问题,寻找销售业绩的强力驱动因素,针对性地提出改善城市经理团队业绩的行动策略与方案。李华超是销售管理部的人力资源服务经理,公司要求他整合资源,带领人力资源部门数据分析团队,充分利用大数据分析与挖掘技术来探寻城市经理团队业绩驱动因素,评估此次人力资源部拟订的城市经理区域调配计划的预期效果,提出城市经理团队建设措施建议,并填写表11-1。

查阅城市经理岗位说明书,完成情境测验。
1. 根据组织结构图,城市经理的直接上级是(   )。
   A. 大区经理　　　　B. 区域经理　　　　C. 市场经理　　　　D. 省区经理
2. 根据"城市经理岗位说明书",胜任力中责任心要求的等级为(   )。
   A. 3级　　　　　　B. 4级　　　　　　C. 5级　　　　　　D. 6级
3. 下列选项中,不属于城市经理岗位职责的是(   )。
   A. 业绩管理　　　　B. 供应商管理　　　C. 采购管理　　　　D. 促销活动管理

11-0-1 城市经理岗位说明书

表11-1　华益公司目前面临的形势

序号	外部环境变化带来的挑战	城市运营机构的应对

续　表

序号	外部环境变化带来的挑战	城市运营机构的应对
结论		

学习目标

知识目标

① 了解团队绩效概念及城市经理销售团队绩效的驱动因素；
② 掌握制订绩效及相关数据收集流程、收集方法、问卷设计内容；
③ 掌握数据预处理时缺失值、异常值、数据转换、数据关联的方法；
④ 掌握绩效场景下数据分析项目的流程、绩效影响因素等知识。

能力目标

1. 能制作自我效能感调查问卷；
2. 能对绩效数据集进行关联集成；
3. 能对团队特征、领导者特征、KPI绩效考核、绩效驱动进行可视化分析；
4. 能对绩效驱动因素进行多元回归分析；
5. 能对KPI考核等级进行分类分析并预测。

素质目标

1. 正确处理团队绩效和个人绩效的关系，培养集体主义精神；
2. 将绩效与薪酬挂钩，养成勤劳致富的中华传统理念；
3. 进行绩效分类模型构建与预测，培养科学精神；
4. 明确岗位胜任力通用要求，培养积极心态与以身作则意识。

任务一　绩效分析业务理解

华益公司召开了年度战略规划会议，高层管理者、大区经理、区域经理及总部职能部门员工参加。在会议上详细讨论了公司年度发展战略和目标。高层管理者对各大区、各区域的销售业绩提出了新的要求，不仅如此，而且要求各区域加强对各城市销售团队的支持。但在会议上，各大区、区域经理们对部分团队绩效较差的原因众说纷纭、莫衷一是，对如何有效采取措施来提升业绩尚未达成共识。另外，人力资源部牵头拟订了一份详细的城市经理在区域之间的调配计划，希望可以通过人员轮换和调整扭转部分区域的竞争劣势。

一、为什么进行绩效分析

美国组织行为学家约翰·伊万切维奇（John Ivancevich）认为企业开展绩效分析有8个方面的原因：
(1) 为员工晋升、降职、调职、离职提供重要依据；
(2) 组织对员工绩效考核的反馈；
(3) 对员工和团队对组织的贡献进行评估；
(4) 为员工薪酬决定提供依据；
(5) 对招聘选择和工作分配的决策进行评估；
(6) 了解员工培训需要；
(7) 对于培训以及员工职业生涯规划进行评估；
(8) 为工作计划、预算评估和人力资源规划提供依据。

根据约翰·伊万切维奇的观点,可以将绩效分析的原因分成两类。

(一) 人事决策指标

绩效评估是人事决策中的重要参考指标,如晋升与解聘、工作调动、加薪与减薪等都涉及绩效评估。

(二) 有助于更好地进行员工管理

绩效评估通常用于两个主要目标:评估和帮助员工发展。

1. 评估

(1) 绩效衡量:反映个人对组织的贡献,为任用、解聘和晋升等提供依据。

(2) 补偿:根据对工作绩效的评价,对员工付出的劳动做出合理平等的补偿。

(3) 激励:只要评价合理、奖惩分明,自然就会产生激励的效果。

2. 员工自我发展

(1) 加强员工的自我管理。

(2) 发掘员工的潜能。

(3) 实现员工与上级更好的沟通。

(4) 提高员工的工作绩效。

二、什么是绩效分析

绩效也称为业绩、效绩、成效等,反映的是人们从事某一种活动所产生的成绩和成果。

(一) 绩效的三纵三横层次

三纵:个人绩效、部门与团队绩效、组织整体绩效。

三横:素质(潜在绩效)、行为(绩效)、结果(绩效)。

全面绩效观认为绩效是由人的潜能(素质)、潜能发挥(行为)、潜能发挥效果(结果)共同作用的过程。

$$绩效 = 潜能(能做什么) + 行为素质(如何做) + 结果(做到什么)$$

表 11-2 绩效的三纵三横层次内容概要

	素 质	行 为	结 果
组织整体层面	核心技术能力、运营效率、领导力、共享思维、价值观等	反应速度、外界感知、社会责任、创新等	利润、销售收入、规模、市值、市场占有率、客户满意度等
部门与团队层面	运营效率、领导力、团队效能等	反应速度、创新等	利润、销售收入、市场占有率、客户满意度
个体层面	领导力、影响力、创新性等	组织公民行为、工作态度、组织承诺等	销售收入、市场占有率、客户满意度等

(二) 绩效的三个层面

组织层面:绩效是利润、销售收入、规模、市值、市场占有率、组织能力等。

个体层面:绩效是个人工作中符合组织需要的行为,是个人表现出来的符合组织需要的素质,是符合组织需要的成果等。

内容层面:绩效可分为任务绩效与周边绩效。任务绩效是指工作的直接结果;周边绩效则包括人际、意志动机等因素,一般表现为完成非本职任务、热情对待工作、积极与别人合作、严格遵守公司制度以及维护组织目标等。

(三) 团队绩效驱动过程

团队绩效驱动过程因素包括外部市场环境(如市场竞争状况、客户满意度、社会文化状况)、组织因素、领导者特征、团队特征。

1. 组织因素的驱动作用

目标合理性、运营模式、组织支持、激励机制,是影响绩效的组织环境因素。

目标合理性主要指根据战略规划与区域市场情况制定科学合理的销售目标,并进行分解。

运营模式是销售的具体管理模式,即不同企业的产品销售在渠道、价格、经销商等方面的具体运营模式。

组织支持是确保有正确的材料、工具、时间和流程,用以完成任务。

激励机制确保适当的金钱和非金钱激励措施都存在,用以激励员工绩效表现。

2. 领导者特征的驱动作用

以学习情境为例,知识技能、胜任力、自我效能感代表了影响员工绩效的个体因素。

知识技能是指个体是否具备必要的知识和技能,用来完成一个项目或目标所需的特定任务。

胜任力代表了员工担任一个职位或者在工作中是否通过学习和做出必要的努力以获得成功的能力。它体现员工与职位需求的相符与不符。其中选拔过程是否有效是至关重要的。

自我效能感指的是人们对自己行动的控制或主导。一个相信自己能处理好各种事情的人,在生活中会更积极、更主动。这种"能做"的认知反映了一种对环境的控制感,因此自我效能感反映了一种个体能采取适当的行动面对环境挑战的信念。自我效能感使人以自信的态度看待自己应对生活中各种压力的能力,唯有当其与工作环境相协调,方能激发员工对工作成就和卓越表现的渴望。吉尔伯特相信缺乏动力的痕迹是一面警钟,它说明应当去寻找信息、资源或者刺激方面的不足。

3. 团队特征的驱动作用

团队凝聚力是指团队成员以追求团队共同的目标作为情感吸引力,从而不愿离开团队。其具体表现为保持情感一致性和行为一致性,愿意进行资源共享,创造一个坦诚沟通的和谐工作氛围。

(1) 情感一致性:团队成员在情感上的相互认同。

(2) 目标一致性:团队成员对目标任务共同参与的认同。

(3) 行为一致性:团队成员表现出的一致的团队行为。

美国心理学家班杜拉(Bandura,1997)在《自我效能:控制的实践》中定义团队效能感是"团队成员对团队成功地完成特定任务或取得特定水平成就的能力的共同信念"。

(1) 团队效能感是对团队操作能力的判断或评估,而不是操作能力本身。

(2) 团队效能感不是团体成员对个体能力判断的简单累加,而是由团体成员的能力、技能决定的,同时取决于成员之间的相互评价以及互动、合作的动力关系。团队效能感是成员对团体能力的共同信念。

（3）团队效能感针对特定领域或任务而言，是团体对成功完成某一具体任务所需能力的判断，而不是对团队一般能力的判断。

【小组任务】 根据情境和相关知识，确定项目分析目标，填写表 11-3。

表 11-3 项目目标类别及任务清单

任 务 序 号	目 标 类 别	具 体 任 务
1		
2		
3		
4		

三、如何做绩效分析

实施绩效考核要明确绩效考核结果构成（100%绩效指标评价结果）和绩效考核评分及等级（评估综合得分并区分评估等级）。

（一）绩效指标及权重设定（见表 11-4）

表 11-4 年度绩效指标及权重设定

评价标准		O(Outstanding)	E(Exceed)	M(Meet)	B(Blow)	N(NeedImprovement)
定量指标	销售/营业利润	超过 110%	100%～110%	90%～100%	80%～90%	80%以下
	其他	达成目标及标准的程度				
定性指标		目标对比完成日期、数量、质量等方面远远超过而得到良好的成果	目标对比完成日期、数量、质量等方面比期待水平稍高的，可以满意的成果	目标对比完成日期、数量、质量等方面符合一定的成果	目标对比完成日期、数量、质量等方面结果需要提高的水平	目标对比完成日期、数、质量等方面结果需要提高的水平

(二) 绩效考核评分及等级(见表 11-5)

表 11-5 绩效指标评价等级的分数分配标准

等级	O(优秀)	E(超过)	M(达成)	B(未达)	N(不足)
分数	100	90	80	70	60

$$评价等级 = \sum (绩效指标评价等级的分数 \times 权重)$$

表 11-6 评价等级

等级	O(优秀)	E(超过)	M(达成)	B(未达)	N(不足)
分数	95 以上	85～95	75～85	65～75	65 以下

【**个人任务**】 请根据绩效考核方案及表 11-7 计算城市经理绩效考核评分及等级,将表中空白项填写完整。

表 11-7 城市经理年度绩效考核

成果目标	KPI	权重	目标值(万元)	实际值(万元)	达成率	评估等级	加权得分
销售成长	结算达成率	50%	1 000	1 050			
战略执行	新增客户目标达成率	20%	100	120			
	人均产值	20%	20	24			
营业利润	营业利润达成率	10%	100	83			
	总分得分	100%	——	——			

(三) 年度绩效指标计算方法及权重(见表 11-8)

表 11-8 年度绩效指标计算方法及权重

成果目标	绩效指标	计算方法/评价标准	权重
销售成长	结算达成率	结算实际/销售目标	50%
战略执行	新增客户目标达成率	新增客户实际销售额/销售目标	10%
	人均产值目标达成率	人均目标产值/实际产值	10%

续 表

成果目标	绩效指标	计算方法/评价标准	权重
营业利润	营业利润达成率	实际营业利润/目标营业利润	5%
市场费使用	可用预算使用率	可用预算实际使用/可用预算	20%
人员管理	离职率差异(季度)	实际离职率－目标离职率	5%

(四) 年度绩效指标分级及评价标准

表 11-9　年度绩效指标分级及评价标准

成果指标	O(优秀)	E(超过)	M(达成)	B(未达)	N(不足)
结算达成率	110%以上	100%～110%	90%～100%	80%～90%	80%以下
新增客户目标达成率	110%以上	100%～110%	90%～100%	80%～90%	80%以下
人均产值目标达成率	110%以上	100%～110%	90%～100%	80%～90%	80%以下
营业利润达成率	110%以上	100%～110%	90%～100%	80%～90%	80%以下
可用预算使用率	85%以下	85%～95%	95%～105%	105%～115%	115%以上
离职率差异(季度)	－3%以下	－3%～－1%	－1%～1%	1%～3%	3%以上
等级分数	100	90	80	70	60
综合得分	95～100	85～95	75～85	65～75	60～65

【个人任务】 思考上述绩效指标及数据来源,完成表 11-10。

表 11-10　年度绩效指标及数据来源

成果目标	绩效指标	提供部门	数据来源
销售成长	结算达成率		
战略执行	新增客户目标达成率		
	人均产值目标达成率		
营业利润	营业利润达成率		
市场费使用	可用预算使用率		
人员管理	离职率差异(季度)		

（五）薪酬结构与薪酬水平

学习情境中，城市经理的薪酬结构是：基本工资（40%）＋绩效工资（10%）＋绩效奖金（50%）。城市经理专业技术等级不同，基本工资参考标准也不同，详见表 11-11。

表 11-11 城市经理基本工资参考标准

专业技术等级	基本工资参考标准（元）
高级	8 000
中级	5 500
初级	4 000

城市经理根据其生活地区与工作地区的不同，基本工资要乘以不同的系数，如表 11-12 所示。

表 11-12 基本工资地区调整系数

地 区	省 区 市	系 数
东北地区	辽宁、吉林、黑龙江	0.75
西北地区	山西、内蒙古、陕西、甘肃、青海、宁夏、新疆	0.75
西南地区	广西、海南、重庆、四川、贵州、云南、西藏	0.8
中部地区	安徽、江西、河南、湖北、湖南	0.85
环渤海地区	北京、天津、河北、山东	1
东南地区	上海、江苏、浙江、福建、广东	1.2

月标准薪酬总额＝基本工资×基本工资比例

月度绩效工资＝月标准薪酬总额×绩效工资比例×月度考核系数

年度绩效奖金＝月标准薪酬总额×绩效奖金比例×12×年度考核系数

（1）基本工资按月发放；

（2）绩效工资根据月度考核结果随基本工资发放；

（3）绩效奖金根据年度绩效单独发放。城市经理团队年度绩效考核结果即为城市经理个人年度绩效考核结果。

表 11-13 月度/年度绩效等级对应系数

等级	O（优秀）	E（超过）	M（达成）	B（未达）	N（不足）
系数	1.2	1.1	1	0.8	0.4

【个人任务】 算一算下列城市经理的工资构成。

表 11-14 城市经理的工资构成

姓 名	专业技术等级	绩效考核等级	基本工资地区	月基本工资	月标准薪酬总额	月绩效工资	年度绩效奖金	年度薪酬总额
张静茹	高级	O	辽宁					
梁 静	中级	E	山西					
赵伟伟	初级	M	广西					
吕东旅	高级	B	安徽					
李天赐	中级	N	北京					
张笑笑	初级	E	江苏					

任务二 绩效数据收集

一、任务描述

城市经理绩效调查问卷应包括自我效能感、团队凝聚力与团队效能感、领导风格等部分,请利用新道云 DBE 人力资源大数据分析平台进行城市经理绩效调查问卷制作。

二、操作步骤

(1) 点击"开始任务",进入分析云,在左侧选择"填报设计",点击"+创建表单",填写"表单名称",选择表单类型"自由表单"并确认。

(2) 进入"表单样式",在"全局样式"的"表单标题"中输入标题。

(3) 进入"控件",根据问卷题目类型从"控件仓库"中选择合适的控件,并在"控件属性"中完善该表单格式。

① 描述框设置:从"控件仓库"中选择"描述控件",选择"控件属性",在"描述设置"里录入该调研问卷的描述性内容。

② 单选题设置:从"控件仓库"中选择"单选下拉",在"标题设置"的"标题"栏中输入问题序号及问题,在"选项设置"中输入各个选项,从"校验设置"中选择"该项必填"。

③ 矩形框单选题批量设置:从"控件仓库"中选择"矩形选择",在"标题设置""标题"栏中输入"二、调研问卷",在"行标题设置"中批量导入各个问题(将 Word 中的调研问题批量

11-2-1 绩效数据收集视频演示

粘贴即可),在"列标题设置"中输入各个选择项,在"校验设置"中选择"该项必填"。

(4)填报完所有调研问题后,先"预览",完善后点击"保存",再"发布"。

三、结果解读

城市经理调查问卷(员工版)

非常欢迎您参加城市经理的自我评价活动,请根据您的真实情况或真实感受进行填写,您的意见对我们的分析十分重要,非常感谢您的大力支持!

1. 所在大区: *

华北大区 ∨

2. 您的受教育程度? *

● 初中及以下
　 高中

3. 您在本公司的工作年限? *

● 1年及以下
　 2~3年
　 4~5年

4. 下面是对您在团队 凝聚力与团队效能感 的描述,每个问题从非常不符合到非常符合有5种选择。 *

如果该描述明显不符合您或者您十分不赞同,请选择"非常不符合";如果该描述多数情况下不符合您或者您不太赞同,请选择"不太符合";如果该描述半正确半错误,您无法确定或介于中间,请选择"不确定";如果该描述多半符合您或者您比较赞同,请选择"比较符合";如果该描述明显符合您或者您十分赞同,请选择"非常符合"。

	非常不符合	不太符合	不确定	比较符合	非常符合
团队内部气氛和谐,成员之间彼此信赖	●				
我喜欢与团队的其他成员进行互动	●				
相比于参加其他活动,我更愿意参加团队的活动	●				
为了更好的完成工作,我经常需要与其他成员进行沟通与协作	●				
团队所完成的工作不是单一成员能够做到的	●				
团队成员皆需同心协力,才能达成团队目标	●				

图 11-2 结果预览

【**个人任务**】 请利用新道云 DBE 人力资源大数据分析平台完成城市经理绩效调查问卷(员工版)团队凝聚力与团队效能感部分设计,从团队凝聚力与团队效能感维度写出不少于3个绩效指标。

_____
_____
_____

任务三　绩效数据预处理

一、任务描述

运用新道云 DBE 人力资源大数据分析平台对绩效分析数据进行集成。

11-3-1　绩效数据预处理视频演示

二、操作步骤

（1）点击"开始任务"，进入分析云，打开"数据准备"，在"我的数据"下新建一个关联数据集，存储在"我的数据"里；

（2）以数据源"1-城市经理基本信息数据集"的"姓名"字段与数据集 2-7 的其余 6 个数据集左连接以进行关联；

（3）点击"执行"形成关联数据集，查看并保存。

三、结果解读

图 11-3　结果预览

【个人任务】　根据数据预处理知识，写出预处理的关键步骤。

_____
_____
_____

任务四 绩效数据可视化分析

绩效数据可视化分析可以对城市经理销售团队特征、领导者特征、绩效（KPI）考核、绩效驱动因素进行可视化分析。

一、城市经理销售团队绩效情况可视化分析

（一）任务描述
运用新道云 DBE 人力资源大数据分析平台对城市经理销售团队绩效情况进行可视化分析。

（二）操作步骤
（1）点击"开始任务"，进入分析云，新建故事板；
（2）选择"城市经理绩效分析关联数据集"作为数据表，对其进行可视化制作；
（3）选择合适的图表类型，按照 KPI 考核分数与等级、各 KPI 指标完成情况等新建可视化组件，分大区进行绩效结果分析；
（4）设置可视化组件相关参数并保存。
结果如图 11-4 所示。

11-4-1 城市经理销售团队特征可视化视频演示

11-4-2 城市经理销售团队绩效情况可视化视频演示

（三）结果解读
通过故事板可直观分析不同城市经理销售团队特征、领导者特征。

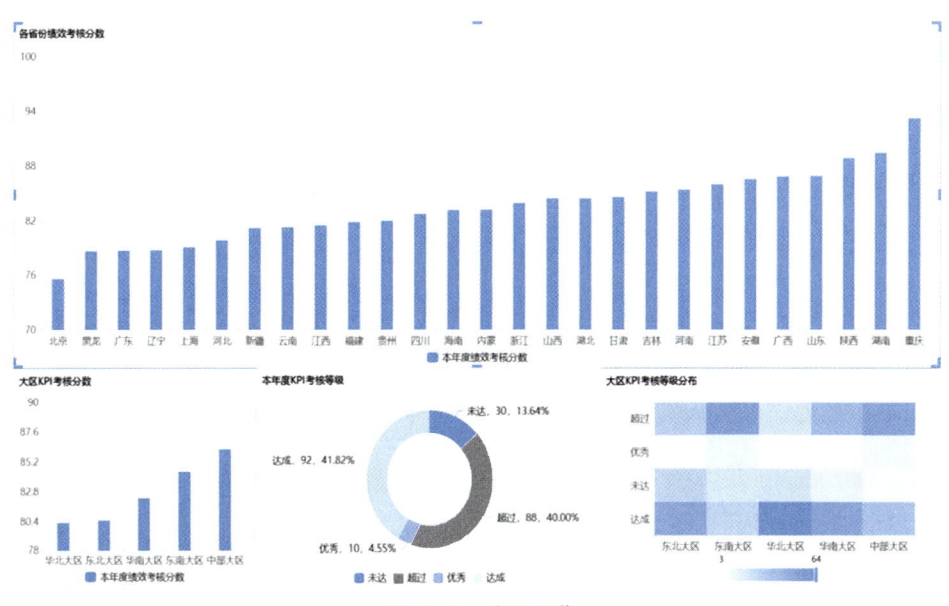

图 11-4 结果预览

【个人任务】 根据结果写出城市经理销售团队绩效考核结论。

二、绩效驱动因素可视化分析

（一）任务描述
运用新道云 DBE 人力资源大数据分析平台对绩效驱动因素进行可视化分析。

（二）操作步骤

11-4-3 绩效驱动因素可视化视频演示

（1）点击"开始任务"，进入分析云，新建故事板；
（2）选择"城市经理绩效分析关联数据集"作为数据表，进行可视化制作；
（3）选择合适图表类型，制作不同团队特征的 KPI 分数与等级分布情况图表，进行绩效比较分析；
（4）设置可视化组件相关参数并保存。
结果如图 11-5 所示。

11-4-4 绩效驱动因素回归分析视频演示

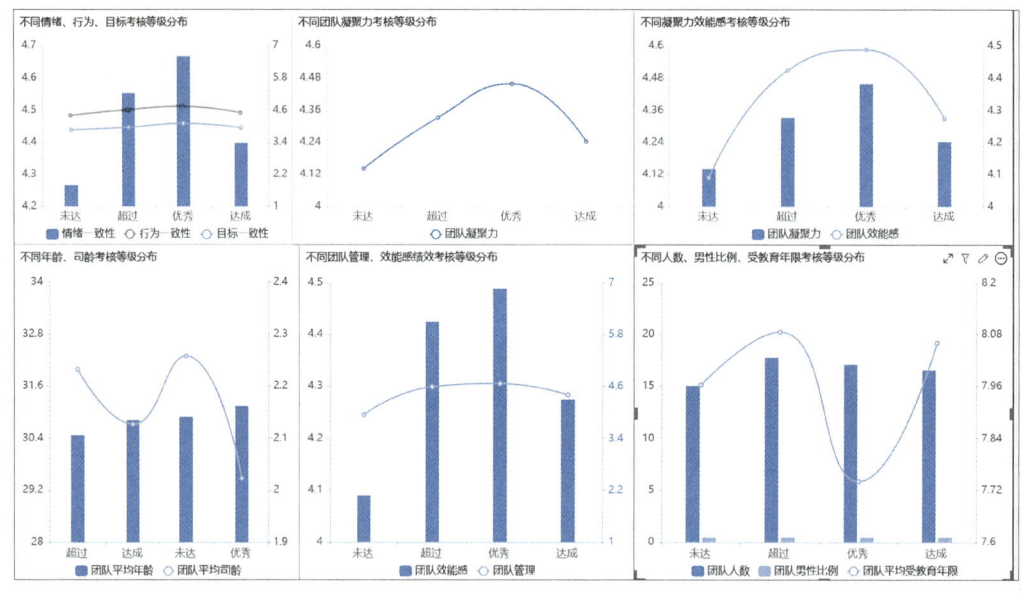

图 11-5　结果预览

（三）结果解读
写出城市经理销售团队绩效考核结论，参照本操作完成对不同城市经理领导者特征、不同组织特征、不同市场环境绩效的可视化分析。

任务五　绩效数据分析与挖掘

借助绩效数据分析与挖掘，可以对城市经理销售团队绩效驱动因素进行回归分析；也可以城市经理绩效考核等级进行分类分析并预测。

一、绩效驱动因素回归分析

在绩效驱动因素回归分析中,因变量为城市经理本年度绩效考核分数,自变量包括结算达成率等级、结算达成率等级分数、新增客户销售目标达成率考核等级分数、人均产值目标达成率考核等级分数、营业利润达成率考核等级分数、可用预算使用率考核等级分数、离职率差异(季度)考核等级分数。

(一) 任务描述

运用新道云 DBE 人力资源大数据分析平台对绩效驱动因素进行回归分析。

(二) 操作步骤

(1) 点击"开始任务",进入数据挖掘工具界面。

(2) 点击数据源,选择系统内置的"城市经理绩效分析汇总数据集",并保存。

(3) 点击模型配置,在页面左侧选择线性回归模型,因变量选择"本年度 KPI 考核分数",自变量分别选择驱动因素的变量;测试集比例为缺省,点击保存。

11-5-1 绩效驱动因素回归分析视频演示

(4) 点击"开始建模",完成后点击"查看训练结果",观察测试集预测结果图表、各驱动因素系数情况。

(5) 查看均方误差、R^2 值大小,对生成模型进行评估。

(6) 调整参数与自变量,生成最优模型。

(7) 重新调整因变量为其他绩效指标,重复上述建模及调优过程。

(8) 将最终得到的 7 个模型(包括 1 个总指标及 6 个分子指标)截图保存。

(三) 结果解读

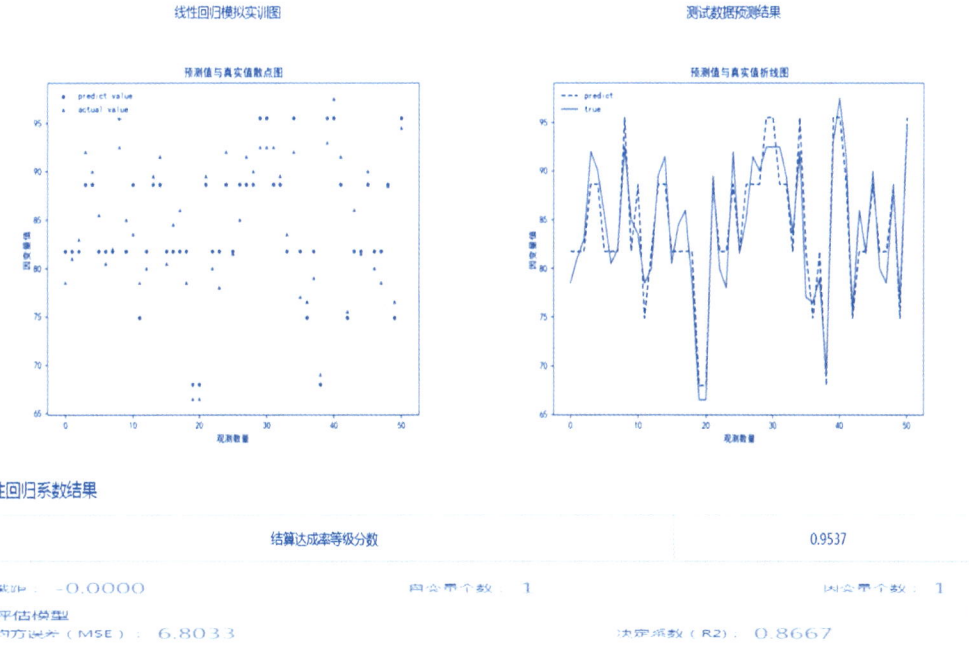

图 11-6 绩效驱动因素进行回归分析

【个人任务】 根据本年度绩效考核分数与结算达成率等级分数回归分析，依次将本年度绩效考核分数与新增客户销售目标达成率考核等级分数、人均产值目标达成率考核等级分数、营业利润达成率考核等级分数、可用预算使用率考核等级分数、离职率差异（季度）考核等级分数进行回归，对比分析相应的回归系数和决定系数，写出回归分析结论。

二、绩效分析分类预测

11-5-2 绩效分析分类预测视频演示

分类预测模型主要有决策树、逻辑回归和朴素贝叶斯，这里采用朴素贝叶斯模型。

（一）任务描述

运用新道云 DBE 人力资源大数据分析平台对绩效考核等级进行分类分析并预测。

（二）操作步骤

（1）点击"开始任务"，进入数据挖掘工具界面；

（2）点击数据源，选择系统内置的"城市经理绩效分析汇总数据集"并保存；

（3）点击模型配置，在页面左侧选择"朴素贝叶斯"模型，因变量选择"本年度 KPI 考核等级"，自变量选择驱动因素的变量，设置好参数后，点击保存；

（4）"开始建模"，完成后点击"查看训练结果"，导出训练后分类结果；

（5）查看混淆矩阵、F1 分数、ROC 曲线（精准度 0.6 以上可以进行预测）等指标对生成模型进行评估；

（6）调整参数与自变量，获取最优分类模型；

（7）选择预测数据"城市经理调配计划数据集"进行预测，导出预测结果，可以看到即将调配的人员在新区域的绩效考核结果。

（三）结果解读

模型配置中自变量选择的 10 个变量，分别代表了 4 个不同的绩效驱动因素：团队特征、领导者特征、不同市场环境、不同组织特征。

【个人任务】 根据预测数据结果写出人员调配至新区域的绩效分析结论

三、绩效预测结果与调配计划进行对比分析

11-5-3 调配计划预测对比分析视频演示

（一）任务描述

运用新道云 DBE 人力资源大数据分析平台对预测结果与调配计划进行对比分析

（二）操作步骤

（1）点击"开始任务"，打开分析云；

（2）下载的绩效分类预测结果空缺表头填写"编号"字段，其余字段设置为数值型字段，上传至分析云"我的数据"；

（3）将绩效分类预测结果与"城市经理调配计划数据集"的通过"编号"字段进行关联，建立新的关联数据集保存至"我的数据"；

编号	司龄	晋升时长	基本工资	年终奖金	压力总体评	团队人数	平均受教育	队平均年	队平均司	程度(HI	预测结果
0	13.34	7.94	3000.00	54000.00	3.98	14.00	8.20	31.30	2.00	0.11	超过
1	10.22	3.48	4800.00	79200.00	4.65	10.00	8.60	28.20	1.78	0.10	达成
2	6.31	5.06	4800.00	79200.00	4.64	8.00	7.40	32.00	1.95	0.08	达成
3	12.17	6.85	8000.00	144000.00	5.00	12.00	7.00	31.90	2.00	0.09	优秀
4	7.12	4.54	6600.00	108900.00	4.68	19.00	8.50	29.00	2.09	0.15	超过
5	8.59	3.08	4800.00	79200.00	5.00	9.00	8.30	32.10	4.00	0.08	达成
6	7.17	5.74	3000.00	54000.00	5.00	17.00	7.20	30.10	2.33	0.08	达成
7	7.71	6.86	4800.00	79200.00	4.66	20.00	9.20	29.90	3.44	0.13	超过
8	5.73	4.99	9600.00	158400.00	4.80	28.00	7.90	33.20	2.07	0.14	优秀
9	6.60	5.01	3400.00	61200.00	4.63	12.00	7.40	30.70	3.13	0.17	超过
10	9.53	4.65	4800.00	79200.00	4.73	20.00	7.20	30.80	1.33	0.08	超过
11	13.17	6.15	3400.00	56100.00	4.96	16.00	7.30	28.40	2.57	0.14	超过
12	8.85	6.33	3000.00	36000.00	3.87	23.00	8.90	32.80	1.57	0.14	超过
13	6.85	3.07	4800.00	57600.00	4.51	16.00	7.30	32.00	3.00	0.18	达成
14	9.42	2.87	3000.00	45000.00	2.88	12.00	7.30	30.20	2.14	0.13	未达
15	5.84	2.01	3000.00	36000.00	3.59	19.00	8.50	29.50	2.75	0.17	达成
16	7.86	3.03	3000.00	36000.00	4.49	15.00	8.70	30.00	4.00	0.13	达成
17	8.37	1.92	3000.00	36000.00	1.97	26.00	8.50	30.00	1.78	0.13	未达
18	7.62	2.64	3000.00	36000.00	4.09	26.00	8.00	31.90	1.60	0.13	达成
19	6.83	4.22	3400.00	40800.00	2.80	24.00	8.00	32.90	2.33	0.18	达成
20	10.90	7.58	3400.00	40800.00	4.11	16.00	8.40	30.90	1.75	0.11	超过
21	6.78	3.06	4800.00	57600.00	2.62	18.00	8.90	30.70	1.75	0.15	达成
22	11.38	8.81	6600.00	79200.00	4.90	20.00	8.30	31.80	1.88	0.10	超过
23	2.62	1.26	4800.00	28800.00	4.51	22.00	9.20	30.60	2.19	0.10	达成

图 11-7　城市经理调配计划绩效预测结果

（4）将预测结果考核等级与"城市经理调配计划数据集"本年度考核等级结果进行热力图可视化对比分析，判断城市经理调配计划的可能实施效果。

（三）结果解读

图 11-8 为本年度考核等级结果热力图，据此可判断城市经理调配计划的可能实施效果。

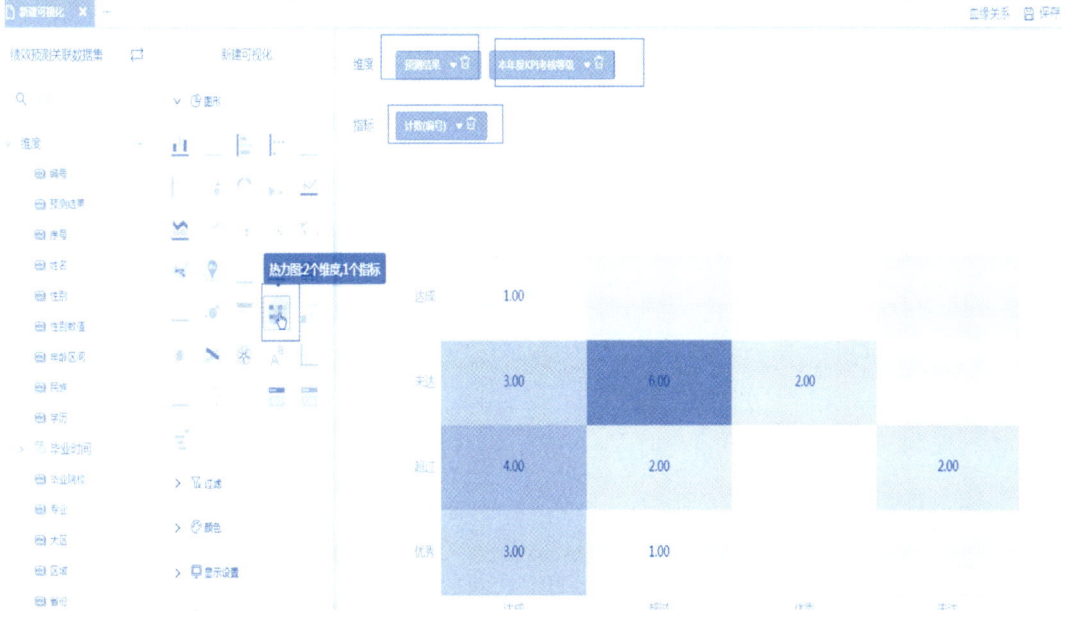

图 11-8　本年度考核等级结果热力图

【个人任务】 根据本年度考核等级结果进行热力图可视化对比分析,写出城市经理调配计划结论。

_____

_____

任务六　绩效分析报告撰写

【小组任务】 根据城市经理绩效数据可视化分析、数据分析与挖掘的结果,撰写绩效分析报告。根据提纲写出报告的简要内容。

城市销售团队绩效项目分析报告

一、前言
(一)项目背景简介

(二)项目分析目标

(三)项目分析思路与方法(可选)

二、城市销售团队绩效情况分析
(一)城市销售团队整体特征
1.
2.
3.
4.
5.
(二)城市销售团队领导者特征
1.
2.
3.
(三)城市销售团队绩效情况分析
1.
2.
3.
三、城市销售团队绩效驱动因素分析
1.
2.
3.
四、城市销售团队绩效驱动因素建模及优化
1.
2.
3.

五、城市销售团队绩效提升与改进策略

（一）团队结构方面

1.

2.

3.

（二）城市经理方面

1.

2.

3.

（三）市场环境方面

1.

2.

3.

学 以 致 用

一、单选题

1. 下列选项中，属于绩效个体层面的是（ ）。
   A. 绩效是个人工作中符合组织需要的行为
   B. 绩效是利润
   C. 任务绩效
   D. 与周边绩效

2. 新道大数据系统从领导者自我效能感看，绩效等级为（ ）的自我效能感最高。
   A. 达成　　　　B. 超过　　　　C. 优秀　　　　D. 未达

3. 新道大数据系统KPI考核等级分类回归组织特征的变量是（ ）。
   A. 团队人数　　　　　　　　B. 胜任力总体评价
   C. 年终奖　　　　　　　　　D. 自我效能感

4. 新道大数据系统从分大区KPI指标来看，结算达成率最差的大区是（ ）。
   A. 中部大区　　B. 华北大区　　C. 东南大区　　D. 东北大区

5. 新道大数据系统城市经理KPI绩效分析中，大区考核等级分布热力图里华北大区达成比例是（ ）。
   A. 46.67%　　B. 50.98%　　C. 24.59%　　D. 63.64%

二、多选题

6. 下列选项中，属于绩效三纵三横层次的有（ ）。
   A. 个人绩效　　　　　　　　B. 部门与团队绩效
   C. 员工自我发展　　　　　　D. 组织整体绩效

7. 下列选项中,属于团队特征驱动作用指标的有(　　　　)。
   A. 团队规模　　　B. 团队管理　　　C. 团队性别结构　　　D. 团队效能感
8. 下列选项中,属于领导者特征驱动作用指标的有(　　　　)。
   A. 个体特征　　　B. 知识技能　　　C. 领导风格　　　D. 团队凝聚力
9. 下列选项中,属于影响绩效组织环境因素的有(　　　　)。
   A. 目标合理性　　　B. 运营模式　　　C. 组织支持　　　D. 激励机制
10. 下列选项中,属于城市经理团队年度 KPI 绩效考核成果目标的有(　　　　)。
    A. 人均产值目标达成率　　　　B. 战略执行
    C. 营业利润　　　　　　　　　D. 结算达成率

> **参考答案**
> 1. A　2. B　3. C　4. B　5. D　6. ABD　7. ACD　8. ABC　9. ABCD　10. BC

思 维 导 图

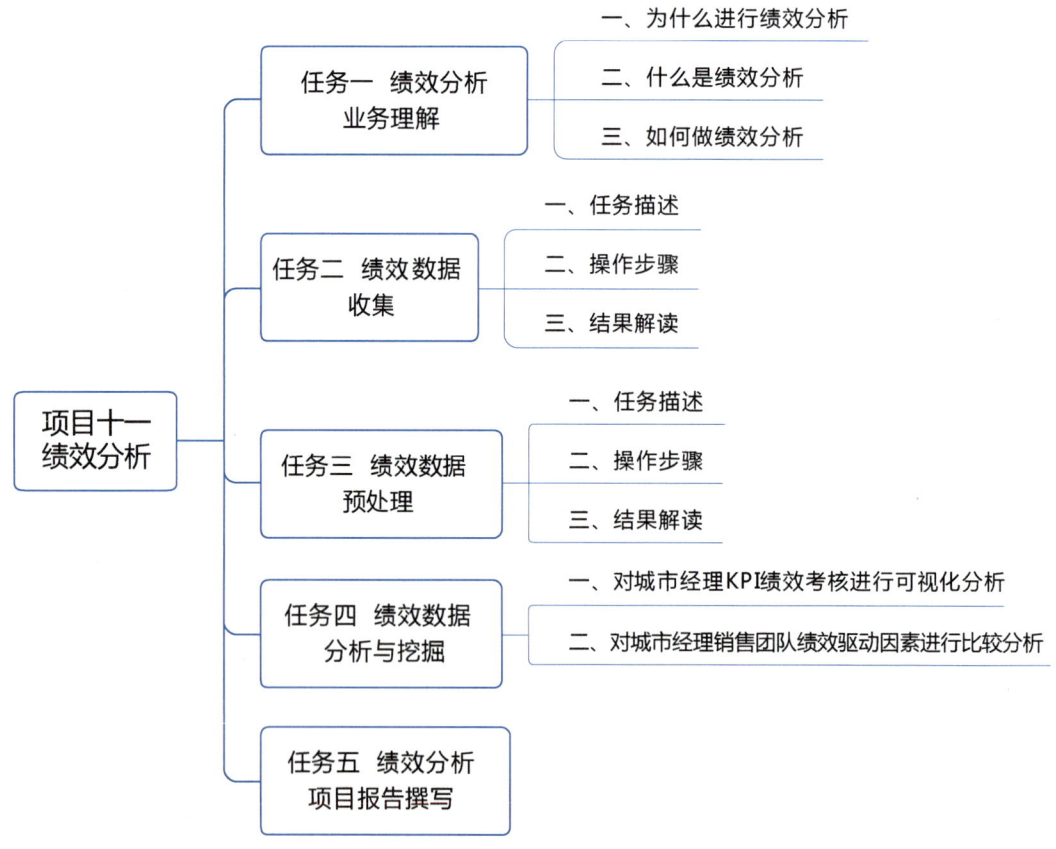

参 考 文 献

[1] 朱建斌,张路芳,刘俐伶.人力资源大数据分析与应用[M].北京:高等教育出版社,2022.
[2] 廉串德,刘佰明,等.人力资源大数据分析:理论、技术与实践[M].北京:经济管理出版社,2021.
[3] 由建勋.统计基础(第三版)[M].北京:高等教育出版社,2023.
[4] 王爱敏,王崇良,黄秋韵.人力资源大数据应用实践:模型、技术、应用场景[M].北京:清华大学出版社,2017.
[5] 郑振华.人力资源统计实务[M].上海:复旦大学出版社,2013.
[6] 蔡治.大数据时代的人力资源管理[M].北京:清华大学出版社,2016.
[7] [英]迈尔-舍恩伯格,[英]库克耶著.大数据时代:生活、工作与思维的大变革[M].盛杨燕,周涛译.杭州:浙江人民出版社,2013.
[8] 吕晓玲,宋捷.大数据挖掘与统计机器学习(第二版)[M].北京:中国人民大学出版社,2019.
[9] 郭志刚.社会统计分析方法:SPSS软件应用(第二版)[M].北京:中国人民大学出版社,2015.
[10] 王佩军.人力资源数据分析师:HR量化管理与数据分析业务实操必备手册[M].北京:中国法制出版社,2021.
[11] 徐映梅.市场调查理论与方法(第二版)[M].北京:高等教育出版社,2023.
[12] 李祖滨,汤鹏,李锐.人才盘点:盘出人效和利润[M].北京:机械工业出版社,2020.
[13] 白一荔.人才盘点 助推企业人力资源可持续发展[J].内蒙古科技与经济,2023(2):46-47,120.
[14] 史爱苹.人才盘点:为何而盘?[J].现代国企研究,2023(11):76-77.
[15] 吴思臣.企业人才盘点"五步法"[J].人力资源开发,2020(1):71-72.
[16] 杨红明.工作特征、领导行为对员工敬业度的影响:理论与实证研究[M].北京:中国社会科学出版社,2019.
[17] 刘小平,邓靖松.员工敬业度的理论研究综述[J].软科学,2009(10):107-110+122.
[18] 方来坛,时勘,张风华.员工敬业度的研究述评[J].管理评论,2010(5):47-55.
[19] 方来坛,时勘,张风华,等.员工敬业度、工作绩效与工作满意度的关系研究[J].管理评论,2011(12):108-115.
[20] 赵曙明,赵宜萱.人力资源管理:理论、方法、工具、实务(微课版)(第二版)[M].北京:人民邮电出版社,2019.
[21] 马同华.老HRD手把手教你做绩效考核[M].北京:中国法制出版社,2019.

图书在版编目(CIP)数据

人力资源大数据分析/郑振华,杨平主编. ——上海：复旦大学出版社,2025.7. ——(复旦卓越). —— ISBN 978-7-309-18046-6

Ⅰ. F243-39

中国国家版本馆CIP数据核字第20254FE897号

人力资源大数据分析
郑振华　杨　平　主编
责任编辑/张美芳

复旦大学出版社有限公司出版发行
上海市国权路579号　邮编：200433
网址：fupnet@fudanpress.com　　http://www.fudanpress.com
门市零售：86-21-65102580　　团体订购：86-21-65104505
出版部电话：86-21-65642845
上海四维数字图文有限公司

开本 787 毫米×1092 毫米　1/16　印张 13.25　字数 322 千字
2025 年 7 月第 1 版
2025 年 7 月第 1 版第 1 次印刷

ISBN 978-7-309-18046-6/F·3110
定价：59.00 元

如有印装质量问题，请向复旦大学出版社有限公司出版部调换。
版权所有　　侵权必究